作者简介

盖威 华东理工大学社会与公共管理学院讲师,2010年获复旦大学法学博士学位,主要研究社会组织法、行政督查法、老年社团维权机制等,近年来在《中国行政管理》等期刊发表学术论文十余篇,并作为主要参加人参与了多项国家和省部级科研课题。

上海市重点学科建设项目，编号B501
华东理工大学社会与公共管理学院卓越计划与重点学科建设项目

万象学术文库

盖威 ◎著

中国社团立法研究
以市民社会为视角

ZHONGGUO SHETUAN LIFA YANJIU

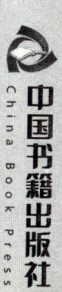

中国书籍出版社
China Book Press

图书在版编目（CIP）数据

中国社团立法研究：以市民社会为视角/盖威著.
—北京：中国书籍出版社，2015.6
ISBN 978-7-5068-4989-0

Ⅰ.①中… Ⅱ.①盖… Ⅲ.①社会团体—立法—研究—中国 Ⅳ.①D922.114

中国版本图书馆 CIP 数据核字（2015）第 138351 号

中国社团立法研究：以市民社会为视角

盖　威　著

责任编辑	李　新
责任印制	孙马飞　马　芝
封面设计	中联华文
出版发行	中国书籍出版社
地　　址	北京市丰台区三路居路 97 号（邮编：100073）
电　　话	（010）52257143（总编室）　（010）52257153（发行部）
电子邮箱	chinabp@ vip.sina.com
经　　销	全国新华书店
印　　刷	北京彩虹伟业印刷有限公司
开　　本	710 毫米 × 1000 毫米　1/16
字　　数	222 千字
印　　张	14.5
版　　次	2015 年 8 月第 1 版　2015 年 8 月第 1 次印刷
书　　号	ISBN 978-7-5068-4989-0
定　　价	68.00 元

版权所有　翻印必究

前　言

随着中国市场经济体制的逐步确立和完善，对外开放水平的不断扩大，当代中国社会正处于转型时期，涉及经济、政治、社会和文化等多个领域。已经初步形成并正在不断发展的中国社会主义市民社会在这一过程中担负着重要使命，作为市民社会的组织形式和中坚力量的社团在中国改革开放三十余年里已经取得了突飞猛进的发展，在促进中国社会主义市民社会的建设和发展过程中具有不可或缺的重要地位。但是，中国社团却正在面临着来自外部和内部的双重困境，极大地阻碍了其健康发展和长足进步，以及在推动中国社会主义市民社会发展进程中积极作用的有效发挥。其中来自外部的法律困境是中国社团所面临的诸多问题中最为紧迫的问题，只有及时修改、补充和完善现行社团立法，才能推动中国社团进一步摆脱其他困境，获得新发展，为社会主义现代化建设服务。

本文以市民社会理论为依据，以马克思的市民社会理论为指导，以建设和发展中国社会主义市民社会为背景，围绕社团、市民社会、民法和国家之间的密切联系展开论述。在市民社会理论框架下，结社自由的结果是形成社团，社团是市民社会的组织形式和载体，是建设和发展市民社会不可或缺的中坚力量。而市民社会的发展和繁荣可以在一定程度上弥补政府在公共管理和服务方面的不足，两者的良性互动与合作对于促进整个社会的发展进步具有重要意义。同时，要全面落实和规范市民社会的结社自由就必须走法治化路径，通过社团立法在市民的结社自由与国家的规范管理之间实现平衡。

它山之石可以攻玉，本文分别选取了社团及其立法较为发达且具有一定代表性的德国、日本、英国和美国作为比较研究的对象。对四个国家的社团发展历史和现状进行了阶段性概括和分析,并分别选取了德国的环保组织、日本的鹰取社区中心、英国的全国志愿组织联合会和社会企业、美国的农业合作社作为个案研究对象,以便从中总结出社团发展的基本规律,社团在推动市民社会发展中的重要作用,以及政府的支持政策,健全的法律环境在培育和促进社团发展过程中的重要地位。在此基础上,对四国社团的立法框架、法律形式、设立模式、治理结构、筹资模式和营利禁止五个方面的内容进行了比较研究,并从中总结出具有启示意义的先进立法经验。

同时,本文对中国社团的发展历史进行了简要的梳理,指出虽然在改革开放以前中国尚没有出现大规模真正市民社会意义上的独立社团,但是结社传统与文化对当代社团的发展仍然具有深远的影响。之后重点分析了中国社团及其立法的现状、问题及其主要原因,指出目前中国社团一方面在促进社会主义现代化建设和市民社会发展进程中已经发挥了多方面的积极作用,同时仍然存在一些问题与不足,包括未注册社团的民事主体资格和合法性问题、社团的独立性问题、内部治理能力问题、社会公信力问题、资金来源问题和政策倡导水平问题,以上问题均直接或间接与目前社团所处的法律环境有关,必须使社团从现有的法律困境中摆脱出来才能有效解决这些问题,以便为社团不断提高各项能力和水平提供法律保障,为发展市民社会提供完善的法律环境。在此基础上,对我国社团立法的现状进行了分析和总结,包括社团的立法框架、法律形式、设立模式、治理结构、筹资模式和营利禁止五个方面的内容。对我国现行社团立法存在的问题进行了概括和分析,指出社团基本法缺位、非法人社会团体民事主体资格尚未确立、社团合法资格难以取得、社团治理结构的法律规定缺乏可操作性、社团的筹资权和公平竞争权受限以及立法观念滞后是社团立法存在的突出问题。要有效解决以上立法问题,必须首先转变社团立法观念、注重全面培育和促进社团发展、尊重社团基本权利、确立包括非法人社会团体和社会团体法人在内的社团在民法典民事主体制度中的法律地位,在此基础上抓紧制定社团法,并建立健全配套法律制度,全面落实和规范结社自由。同时强调,目前中国社团独立性不足、综合能力有待提高的现实状况直接影响了社会主义市民社会的建设和发展水平,完善社团立法的核心任务就是增强社团的独立性和促进社团健康发展。为此社团法必须对社团的内部治理结构、筹资权和公平竞争权做出明确规定,为社团提高内部治理能力、实现资金独立和健康发展提供法律保障，从而培育出更多的市民社会意义上的独立社团。

在明确了完善社团立法总体思路的前提下，通过对目前我国民事关系发展变化的实际情况和客观需求的分析，主张首先应该通过在民法典总则中明确规定社会团体法人和包括非法人社会团体在内的非法人组织的民事主体资格，确立包括自然人、法人和非法人组织在内的三元民事主体结构。同时改变现有的法人分类方式，以是否营利为标准，将法人划分为营利法人和非营利法人，非营利法人又划分为公益法人和互益法人，社会团体法人根据是否具有公益性而分别归属于公益性社会团体法人和互益性社会团体法人。非法人组织的立法应采用民法典与单行法相结合的立法模式，在民法典总则中，非法人组织以是否营利为标准，划分为营利性非法人组织和非营利性非法人组织，前者包括合伙企业等不具有法人资格的非法人组织，后者主要指非法人社会团体。这应该是制定社团法的基础。

在民法典中对社团的民事主体资格进行了规范和定位的基础上，有必要制定社团法来具体规范社团的民事权利义务，为社团开展活动提供具有可操作性的法律依据。因此社团法应是一部以权利为本位的民事单行法，该法迫切需要解决的法律问题主要包括社团的设立模式和条件、会员的权利义务、社会团体法人的内部治理结构、社团的财产关系、基本权利义务和法律责任等重大问题。通过降低社团准入条件，改变现行严格的双重许可主义设立模式，促使更多的社团取得法人资格或登记成为具有民事主体资格的非法人社会团体，在法律的规范和指引下参与民事活动。针对目前我国社团发展中普遍存在的问题和实体法律规范的不足，本文对社团法的基本框架和重要法律问题提出了以下总体构想和具体建议：

该法的基本内容和结构安排为：第一章总则，包括立法宗旨、目的和成立社团的禁止性条件，以及社团的定义、权利能力、名称和住所；第二章设立和章程，包括发起人、社团章程的必要记载事项、申请、登记和登记之前的活动事项；第三章会员，包括会员人数、会员资格的取得、丧失及其权利义务；第四章组织机构和运行机制，包括会员大会、理事会和监事会的设置及其运行机制；第五章目的、权利义务，包括社团的成立目的、基本权利和义务；第六章财产，包括社团财产的构成、所有权、管理和支出以及终止后的财产处理；第七章变更和终止，包括社团的合并、分立、解散和清算；第八章法律责任。

社团法针对不同类型的社会团体宜采用宽严并济的设立模式,充分尊重结社自由的本义,对于不欲取得民事主体资格的任意性非法人社会团体采用自由主义设立模式,对于需要通过登记取得民事主体资格的非法人社会团体、互益性社会团体法人采用准则主义设立模式,对公益性社会团体法人采用单一许可主义设立模式。

在充分尊重社团自治的基础上,社团法应为社团事务提供必要的任意性法律规范的指引和补充,以便在社团章程中缺少相关规定的情况下提供相应的法律依据。主要包括会员资格的取得和丧失条件、会员的权利和义务、组织机构的运行机制等问题。

社团的基本权利和义务在社团法中必须具有明确的法律规定。基于目前我国社团发展中普遍存在的筹资权和公平竞争权受限问题,本文对社团基本权利和义务的研究主要集中于关系到社团生存和发展大计的以上两项基本权利。通过对国外相关立法经验的考察与总结,结合我国社团发展的实际情况,对于社团的筹资权利和营利禁止义务,社团法应根据社团的不同类型分别进行规定。对公益性社会团体法人应采用"附条件许可主义"的筹资模式,确立公益性社会团体法人通过在核准的业务范围内直接从事商业活动增加收入的基本权利,以解决目前我国公益性社团发展中普遍面临的资金困境。同时必须确立其从事商业活动所必须遵守的五项基本原则,包括商业活动范围限制原则、遵守商业活动法律规范原则、有条件税收优惠原则、风险控制原则和禁止分配原则,并建立年度最低支出制度。从而确立旨在规范公益性社会团体法人商业活动的引导型法律规范与强制型法律规范相结合的法律制度。其主要原因在于公益性社会团体法人所具有的公益性决定了其在享有更多的来自国家和社会支持的同时,必须接受更为严格的管理和监督。对于非法人社会团体、互益性社会团体法人则仍然采用"原则禁止主义"的筹资模式,将其从事营利性经营活动的范围保持在现行法律规定的范围内。

对于社团之间的公平竞争权,社团法应该予以明确承认,改变现行对社团的限制竞争的规定,承认和保障社团之间的公平竞争权,以克服现行部分社团利用垄断地位牟利从而影响了社会公信力和服务品质等弊端。同时,通过社团之间的公平竞争,有利于实现社团的优胜劣汰,促使社团不断提高自身能力和服务水平,使优秀社团能够脱颖而出,为党和政府建好言、献良策。

　　社团以财产为限对社团债务承担法律责任,而社团会员的法律责任形式则根据社团是否具有法人资格或非法人组织资格而有所不同。社会团体法人的会员对社团债务承担有限责任,这是由其所属的社团所具有的法人资格所决定的。而对于既不具有法人资格,同时也不是非法人组织的任意性非法人社会团体而言,会员对社团债务须承担无限连带责任,对其规范和管理可以准用个人合伙的相关法律规定,同时这类任意团体无法享受税收优惠。对于经过登记取得了民事主体资格、属于非法人组织范畴的非法人社会团体而言,社团法应对其法律责任做出强制性法律规定,借鉴目前德国、美国等非营利部门十分发达的国家对非法人社会团体的最新规定,要求社团章程规定其对外代表人负有将社团债务限定于社团财产范围内的义务,并确立"刺破社团面纱原则",当社团对外代表人违反相关法定或社团章程规定的义务时,要求其个人对该社团债务承担法律责任。而对于社团事务不具有相应控制力的其他会员而言,对社团债务则承担有限责任,以避免由于非法人社会团体的非营利性和会员的绝对无限连带责任为其发展带来的阻碍。

　　同时,本文还强调了完善社团立法,为建设和发展中国社会主义市民社会提供一个良好的法律环境是离不开党和政府的大力支持的,这是由中国国情以及党和政府的性质所决定的。

目 录
CONTENTS

引 言 …………………………………………………………… 1

第一章 市民社会视角的社团立法理论基础 ………………… 17
  第一节　本文对社团的界定　17
  第二节　市民社会理论概述　25
  第三节　市民社会理论对中国市民社会及民法的影响　37
  第四节　市民社会中的结社自由及其界限　42

第二章 国外社团及其立法发展经验 ………………………… 51
  第一节　德国社团及其立法发展历史与现状　51
  第二节　日本社团及其立法发展历史与现状　66
  第三节　英国社团及其立法发展历史与现状　79
  第四节　美国社团及其立法发展历史与现状　93
  第五节　国外社团及其立法发展经验的启示　112

第三章 中国社团及其立法发展历史与现状 ………………… 123
  第一节　中国社团发展历史演进　123
  第二节　中国社团立法现状　149
  第三节　中国现行社团立法检讨　161
  第四节　完善中国社团立法的总体思路　175

第四章　中国社团在民法典中的民事主体地位 ·················· 178
　第一节　民法典草案及学者建议稿之民事主体制度评析　178
　第二节　非法人组织的民事主体资格及其立法模式　181
　第三节　社团在民法典的民事主体制度框架中的基本定位　190

第五章　中国社团法的若干立法思考 ························· 195
　第一节　总体设想　195
　第二节　立法模式、名称及基本内容　198
　第三节　关于社团法中若干法律问题的具体思考　200

结　论 ··· 212

参考文献 ·· 215

引 言

一、研究背景和意义

(一)研究背景

20世纪80年代以来世界各国的社团组织飞速发展,在全球范围内兴起了一场"社团革命",又被称为"全球结社革命"。这场革命并非历史的偶然,而是具有深刻的历史背景,是各国对全球范围内存在的种种社会、经济和政治等方面的问题所做出的反应。二战以后特别是冷战结束之后,全球经济和社会发展均面临诸如人与自然和谐共生的可持续发展等新的要求,"市场失灵"与"政府失灵"是现代社会解决发展问题所面临的新困境。然而涉及社会各个领域、种类繁多的社团组织及其活动为解决市场失灵和政府失灵提供了新的尝试和可能性。凯恩斯主义在20世纪20年代末至30年代中期成功解决了西方资本主义社会的经济危机的同时,也带来了国家权力无限膨胀的负面结果。以福利社会标榜的国家将权力集中于行政部门,日益渗透到人们日常生活的方方面面,机构膨胀,人浮于事,财政赤字,人的创造力萎缩等弊端极大地影响了社会的进步和经济的发展,于是凯恩斯主义遭到了挑战和诟病。为了应对这种国家权力无限膨胀的弊端,各国纷纷提出建立有限政府的口号并付诸行政体制改革,力图释放出一定的空间给予社会,将国家权力返还给社会,建立起社会的自我管理、自我服务的多元化治理模式。

我国同样经历了这场全球社团革命。20世纪70年代末我国开始推行经济体制改革,逐步实现由计划经济体制向市场经济体制的转轨。市场经济的发展使蕴藏于社会各个层面的多元化需求得以释放，而原有的计划经济体制下的一体化社会只能满足社会普遍性需求，无法提供不同于普遍性需求的多元化的产品和服务，这就为社会自主空间的生发带来了契机。改革开放三十余年间，政府进行了一系列的转变政府职能的政治体制改革，力图实现"小政府，大社会"的目标，这一过程是由政府主动推动的国家与社会关系的重塑过程，政府让渡出一定的空间给予社会，逐步改变了国家几乎控制整个社会生活的一体化社会，与此同时以市场经济为基础的新的社会结构形态正在建构的过程中，这一新的社会结构形态的一个显著特点在于政府从更多的直接控制领域退出，使更多的社会管理职能向社会移转，其中最为重要的承载主体之一就是社团，社团是市民社会的结构性支柱，是市民社会的组织形式和中坚力量，有些学者甚至直接以社团等社会组织作为市民社会的代名词。随着社会领域的自组织越发活跃、数量剧增，逐渐出现了一个不断扩展的社会生活的自主空间，这一高度依赖于政府权威，私人自主的生活空间以及人们在其中的活动所构成的社会就是当前初具雏形并正在发展的中国社会主义市民社会。

在世界范围内普遍认识到单纯依靠国家解决社会问题的机制存在诸多弊端的情况下，理论界开始对国家权力及其界限进行重新定位。在此背景下，许多学者重提17、18世纪流行于西方的市民社会理论，引发了市民社会理论的复兴。该理论的核心理念是相信社会具有自我调节、自我管理和自我服务的能力，社会应当区别于行政国家而独立存在，强调社会的独立性和自治性。我国对市民社会问题的研究发端于20世纪80年代末，在短短二十余年的时间里，这一问题引起了来自多个学术领域学者的热衷关注、研究和大讨论，已经成为一个跨学科的热点问题。可以说，中国理论界关于市民社会问题的讨论是当今世界范围内市民社会理论复兴潮流的一个组成部分，同时也是中国社会转型过程中一系列讨论和思辨的一环。由于市民社会一语系产生于西方的历史悠久的概念，有学者就此质疑作为西方分析框架的市民社会理论是否能够适用于中国。诚然，市民社会理论确实形成和发展于西方历史经验的基础之上，其内在逻辑蕴含着深刻的西方文化背景，但是随着市民社会理论的复兴，其对东欧、东亚等国家和地区已经发生了重大而深远的影响。更为重要的是市民社会一语在历经时代变迁以后，其概念已经发生了一系列深刻而巨大的变化，并且不断具有了不同于以往的新的意涵。中国的市民社会已经初露端倪,有学者用"看得见的市民社会"来描述市民社会目前在中国的发展状态,诸如已经建立并不断完善的市场经济体制,日益走向多元化的社会结构,不断增长、愈发活跃的社团等社会组织,以及全面展开并不断深化的基层民主和社会自治等市民社会的构成要素均已具备,这些社会现实无不预示着市民社会正在中国悄然兴起并蓬勃发展。虽然她仍然弱小并且存在着许多自身的局限和来自外部的制约因素,但是随着中国市场经济的不断发展,政治体制改革的持续推进,制度环境的日益完善,社会结构的逐步调整,中国的市民社会一定会取得长足的发展与进步,必定在进行社会自治、增进社会福祉、参与公共事务的管理以及政策倡导等诸多方面有所作为。

中国社会转型具有若干外在表现形式,国家的社会主义法治体系日趋完善,社会自主机制逐步形成,独立的组织性社会力量开始在社会生活中发挥越来越重要的作用,其中作为市民社会组织形态之一的社团,其独立程度是市民社会成熟度的重要标志。时至今日,社团已经成为当代世界上许多国家社会治理领域的重要组织力量,社团在一定意义上是代表着市民社会与政府进行合作和互动的。中国的市民社会尚处于起步阶段,仍不成熟,数量众多、种类多样的社团正在不断发展壮大,但是社团数量的增长与市民社会的发展之间还没有形成应有的正相关系,"小政府、大社会"的格局尚未形成,对于社团组织的发展壮大,结社自由的全面落实与社会秩序稳定之间的关系问题仍然存在一定的认识误区,从而制约了社团的健康发展。中国的法治化建设与市民社会的发展应该是相辅相成的,然而目前我国社团所面临的法律、政策环境已经成为其持续健康发展的外部障碍,社团的独立性不强、综合能力不高、筹资权利受限、政策倡导力发展不平衡等问题已然显现,这些问题的出现直接制约了中国社会主义市民社会的建设、发展和成熟。民法作为市民社会的一般私法,肩负着调整市民社会平等主体之间不断发展的社会关系的重任,其发挥作用的领域必然随着中国社会主义市民社会的发展而不断扩大。

本文在这一背景下以市民社会理论为依据,通过对中国社团发展历史、现状及法律、政策环境的考察,研究社团在促进中国社会主义现代化建设和市民社会发展进程中的作用、不足与原因,希望能够从私法的角度,通过对民法典民事主体制度的研究,对社团法在社会主义法律体系中的地位和主要内容的研究,为完善中国社团立法有所裨益。

(二) 研究意义

本文以市民社会理论为依据,立足于民法这一私法领域来研究如何完善中国社团立法问题,在当代中国具有重大的理论价值和实际意义。

第一,对于中国市民社会问题的进一步研究,有助于我们更加深入和全面地理解马克思的市民社会理论。市民社会理论是马克思主义整个思想体系的一个重要组成部分,在市民社会理论发展史上具有重要的地位。马克思主义的市民社会理论涉及了与市民社会关系密切的民法的产生和发展问题。长期以来我国理论界对于马克思的市民社会理论的研究和关注十分有限,对于马克思市民社会理论加以研究和解读,对于正确理解市民社会、国家与民法的关系及其本质等问题具有十分重大的理论价值。市民社会虽然具有自主自律的功能,但是自身仍然具有一定的局限性,需要法治来对其予以规范和调整,因此国家通过法律制度对市民社会进行必要的有限度的干预又显得十分迫切。虽然在中国目前市民社会尚未发育成熟,但是不等于在培育市民社会的过程中放弃对其必要的管理和约束,扶持和管理两者缺一不可、相辅相成。从这个意义上讲,市民社会不仅决定着国家和法律,而且需要国家和法律,对于市民社会、国家和法律关系本质的认识,为我们发展中国社会主义市民社会这一实践提供科学的方法论意义上的指导。

第二,关于社会团体在人类历史的不同发展阶段的表现形式、功能、所处的制度环境、与国家的关系、与市民社会关系的历史演进和发展现状等问题的梳理和研究,对于进一步明确国家的政策与法律制度对于市民社会以及社会团体所具有的外部影响力,明确国家在建构和发展市民社会中的地位和作用,明确社会团体与人类社会发展的正相关性,指导中国在建设社会主义市民社会过程中注重社会团体这一组织载体的正面作用,充分发挥国家在改善社会团体的法律环境、规范和控制国家权力、培育中国的市民社会并促进其健康发展等方面的积极作用和现实意义。

第三,在市民社会的理论框架下,结社自由是市民社会的核心,社团被视为国家权力向社会回归的桥梁和纽带,社团肩负着发展中国社会主义市民社会的历史使命。在全球社团革命和市民社会理论复兴的背景下,社团参与社会治理和公共服务,通过自由结社和社团解决政府失灵、市场失灵等危机。市民社会理论在20

世纪末作为反对国家权力过度膨胀和干预社会生活的基础性理论,其实践意义在当代表现为各种社团的发展和公共领域的活跃,社团的发展壮大与市民社会之间从应然关系上讲应该表现为正相关性,然而目前中国的社团虽然在改革开放后数量激增,但是在中国特定的历史环境下仍然没有发挥出其在促进市民社会发展中所应有的推动作用。突出表现为独立性、自治性较弱,相当数量的社团与政府关系密切,表现为较强的行政依附性和浓厚的官方、半官方色彩。一些经济性社团违背了其非营利性的本质,表现为较强的营利性或利用垄断地位牟利。甚至还有相当数量的社团面临合法性危机,过高的准入门槛使其对依法取得社会团体法人这一合法的主体资格望而却步,转而谋求法外生存,国家对于非法社团也采取了部分容忍的态度,只要其行为没有触犯法律,并没有主动追究其主体资格的非法问题。另外,公益性社会团体法人的筹资权利受到限制,筹资渠道偏窄导致的资金困境已经成为社团发展的新瓶颈。上述问题的出现主要原因在于目前我国社团立法观念滞后,社团立法已经不能满足社团发展的客观需要,在一定程度上成为社团健康发展的桎梏,并且阻碍了社团在推动中国社会主义市民社会发展进程中功用的发挥。因此研究中国社团的合法性问题,分析现行社团立法存在的弊端和缺陷,探求完善社团立法的总体思路和具体对策,已经成为当代中国所面临的迫在眉睫的重大课题,对于增强社团的独立性和自治性,培育出更广泛的市民社会意义上的独立社团,建设和发展成熟的中国社会主义市民社会,进而在中国实现善治具有重大的现实意义。同时也是中国社会主义法治建设进程中非常重要的一环,对于我国未来民法典民事主体制度和社团立法的完善可谓意义重大。

第四,法学界关于社会团体法律环境的专题研究多见于人权、国际公约等公法学领域,而立足于民法学领域所进行的系统研究则较少,特别是以发展中国社会主义市民社会为背景,从民法角度对社团立法问题进行系统的研究尚属少见。民法是市民社会的一般私法,随着中国社会主义市民社会的不断发育和日趋成熟,民法的调整范围和领域必将随之拓展。市民社会决定国家和法律,市民社会的生长和发育需要市民结社自由的实现,而能否实现结社自由的关键在于社会团体法律制度是否合理和完备,完善社团立法无疑成为发展中国社会主义市民社会的一项迫切的客观需求。将这两个问题结合起来进行研究,为研究中国社团立法问题提供了一个全新的视角和方法,同时为建构和发展中国的市民社会开辟了新的路径和切入点。广大社团作为重要的民事主体,以明确社团的民事主体资格为基础,以制定社团法为核心,以建立健全配套法律法规为补充,逐步完善社团立法对于解决社团的合法性问题、治理机制不健全问题、筹资权和公平竞争权等基本权利受限问题、独立性不强以及政策倡导力不足等问题,促进社会团体作为民事主体参与平等主体间的社会关系,丰富和活跃市民社会生活,推动社会团体作为市民社会的中坚力量发挥更为积极的建设作用无不具有积极的现实意义。

第五,研究如何在中国自觉建构和发展社会主义市民社会,以及完善作为市民社会中坚力量的社会团体法律制度问题,有利于引导人们走出对于结社自由、社团发展与社会秩序稳定之间关系的认识误区,有利于避免运用中国传统"官反民"的观点指导中国市民社会建构的错误倾向。在许多人的思想观念中,社团代表了民间社会,与国家和政府的关系是对立的,支持社团开展活动,意味着将会给社会稳定带来负面影响,不利于社会主义市场经济建设,可能影响改革开放和社会发展的大局。诚然,社会秩序的稳定的确是我国进行社会主义现代化建设的坚实基础和根本前提,离开了稳定就谈不上改革与发展,但是无论是改革还是发展,都是一个动态的过程。马克思主义认为,运动是绝对的,静止是相对的。我们所追求的稳定应该是一种不断向好的方向发展的变化,而不是一潭死水,腐朽僵化。因此应该大力扶持社团依法开展活动,积极参与经济建设,解决矛盾,提供服务,满足需求,实现社会自我组织、自我管理、自我服务,为国家献计献策,实现与国家的双向良性互动,推动中国市民社会的发展。同时,通过对此问题的研究,可以更加深刻地认识到市民社会与国家和市场一样,存在自身的局限性,可能因志愿失灵而无法发挥其正常的功能。因此,为了克服市民社会的不自足性,除了需要市民社会不断完善自身机制以外,还有赖于国家提供完善的法律制度等外部条件,不能因为中国的市民社会尚处于萌芽时期就一味地强调培育而忽视规范和管理。

二、研究现状述评

以发展中的中国社会主义市民社会为背景从私法角度研究社团立法问题,经过检索,并无相关博士论文的研究成果。虽然如此,学术界关于市民社会理论问题、结社自由、社会团体及其法律问题的研究,对于本文的研究仍然具有不容忽视的作为基础性研究成果的借鉴意义。

(一)研究现状综述

1. 关于中国是否存在市民社会的问题

对于中国是否存在一个市民社会的问题目前学界已经基本达成共识,认为在当代中国是存在市民社会的。中国学者对市民社会的定义可以概括为是与市场经济相联系的政治国家的对应物,不仅是自主自治的社会领域,同时也是非政治化的生活领域,主要包括经济领域、社会领域和文化领域,目前仍以经济生活为主。市民社会的目的是实现个体的物质利益、满足个体交往和发展的需要。在当代中国已经初步形成了市民社会的一个非常重要的标志就是存在不断增长、活跃的民间社会组织(马长山,2006);中国之所以能够形成市民社会,根本原因在于市场经济体制在我国的确立和逐步成熟,市场经济体制对我国社会结构的影响是导致一个新型的社会主义市民社会的崛起(俞可平,2005);市场经济的发展启动了中国社会由单一性走向多样性的历史进程,市民社会日渐形成,并推动了多元社会权利的扩展(马长山,2002);而中国政府日益重视法制和法治,使公民的结社自由开始具有实质性意义(俞可平,2005)。

2. 促进中国市民社会发展的实际意义

学者们一方面普遍认为在中国已经形成了一个市民社会,但是由于外部环境的制约,市民社会仍然非常弱小,与建设"小政府、大社会"的目标尚有一段差距。为此很多学者从培育和发展中国市民社会的现实意义入手来分析和论证为何要培育和发展中国市民社会。首先,市民社会的多元自主性权利对权力具有制约和平衡的功能(马长山,2006);其次,市民社会的兴起奠定了基层民主特别是社会自治的组织基础,正在兴起的中国民间组织是沟通政府和公民的一座重要桥梁,20世纪80年代后成长起来的众多民间组织已经成为影响政府决策的重要因素和推动政府改革的强大动力源(俞可平,2002)。

3. 如何发展中国市民社会

有学者对建构中国市民社会提出了"两个阶段发展论",第一阶段为形成阶段,在国家从上至下推动进一步改革的同时,加速转变政府职能,主动地、渐进地撤出不应当干涉的社会经济领域;社会成员则充分利用改革的有利条件和契机,有意识地、理性地由下至上推动市民社会的营建,这一阶段的活动主要集中和反映在经济领域。第二阶段为成熟阶段,社会成员在继续发展和完善自身的同时,逐步参与和影响国家的决策活动,并与国家形成良性互动关系(邓正来,2008)。这一主张将市民社会问题纳入到在中国现代化进程中如何调整社会结构的框架之下,并集中于市民社会理论的轴心,即国家与社会的关系问题。

关于在发展中国市民社会中政府与社会的关系问题,有学者强调中国市民社会不是传统的"民反官"模式,其基础是社会主义市场经济,与西方市民社会自发形成方式不同,中国市民社会的形成过程将高度依赖中央权威(鲁品越,1994)。

4. 社团与发展市民社会的关系

社团与市民社会具有密切的联系,社团在促进市民社会发展中具有不可或缺的地位和作用。首先,培育和发展市民社会,促进和保障多元社会权利,注重发挥民间社会组织的功能,能够形成对国家权力的制衡,从而促进法治秩序的形成(马长山,2006);其次,社团是国家权力回归社会的重要桥梁(马长山,2002);最后,非营利组织是现代市民社会的核心,中国市民社会的成长是以非营利组织的发育为标志的(贾西津,2004)。

5. 结社自由与社会秩序的关系

针对国内基于秩序中心主义的观念,担心结社自由会造成社会秩序不稳定的后果,一些学者经过研究提出了自己的观点。首先,社团是实现社会自律秩序,维护社会稳定的中坚力量。社团作为国家和市民社会之间的重要纽带,在制约权力滥用的同时还能有效防止个人权利的滥用;社团担负着政治社会化和有序化的重要职责;作为不同群体利益代表的社团,能够实现纵向沟通和横向协调,以及市民社会内部力量的自我协调与平衡(马长山,2002);其次,结社自由并不必然导致社会秩序的混乱,而禁止或限制结社自由也不必然带来社会秩序的稳定,两者之间的关系归根结底取决于若干中介性变量,包括历史文化传统、经济发展水平、所处的历史阶段和政权的耐受性、配套的制度和机制、结社自由的治理模式等五个因素。通过对五个中介性变量在我国的具体情况的分析,可以得出以下结论:即结社自由是达致我国社会秩序稳定的一个必要条件(周少青,2008)。

学者们意图通过强调结社自由的功能和价值、社团所肩负的社会责任,呼吁在更大程度上获取社会的认可和政府的信任与支持。

6. 社团发展现状与特点

改革开放以后虽然我国的社团等社会组织已经取得了突飞猛进的发展,但是不容否认的是在其发展过程中是存在一定的问题和不足的,很多学者对此问题进行过研究和分析,指出社团等民间社会组织具有独立性不足、动员能力不强和公信力不高等三个方面的不足和特点(马长山,2002);以社团等民间组织为代表的中国公民社会是典型的政府主导型的,具有明显的官民双重性;处于正在形成之中,还很不规范;具有某种过渡性,还很不成熟;自主性、自愿性和非政府性等典型特征还不十分明显;发展很不平衡,不同的民间组织在社会政治经济影响方面差距很大(俞可平,2002);从宏观上看我国社团等民间组织具有与政府关系相对密切,但自主活动能力较差;社会影响力不断扩大,但影响决策的能力有待提高;独立成长能力较高,但国际交流合作较少;总量增长迅速,但发展还不平衡等特征(任振兴,2006)。概括地讲,独立性不足、自身能力有待提高、社会影响力发展不平衡是目前我国社团发展过程中出现的比较普遍的问题。

7. 社团的发展困境

关于社团在发展过程中面临的困境,主要包括注册困境、定位困境、人才困境、资金困境、知识困境、信任困境、参与困境和监管困境(何增科,2006),以及合法性困境。改革开放之后我国各种社团的数量出现了爆发式增长,在取得了很大发展的同时,不同程度的合法性问题却影响了社团的健康发展。各种社团为了应对合法性问题而千方百计地开掘合法性资源,所诉诸的多元合法性标准包括社会合法性、行政合法性和政治合法性。1998年《社会团体登记管理条例》要求社团必须同时满足"政治上达标、行政上挂靠、符合法律程序、得到社会支持"的多重标准才能获得法律合法性。当一个社团没有同时满足以上条件而无法获得法律合法性时,便试图寻求其他途径来获得某一个方面的合法性以维持自身的生存、发展。这样必然导致法律的权威受损,特别是在法律合法性缺乏社会合法性支持的情况下,客观上使法律成为人们忽略和规避的对象,有悖于我国建设社会主义法治国家的目标。结社自由的法治化需要得到普遍遵从的"制定得好的良法",只有良法才能体现结社自由法治化的基本精神(周少青,2008)。

正是因为目前中国的社团在发展过程中面临一系列来自政策和法律方面的障碍,从根本上造成了制约其健康发展和长足进步的各种难以克服的外部困境。因此,要使社团彻底摆脱目前所面临的各种困境,必须在政策和法律层面有一个根本的改观,否则只能成为空谈。

8. 社团立法存在的主要问题及解决对策

第一,结社基本法的立法模式。

结社基本法的立法模式包括分散立法和统一立法两种形式。分散立法模式的优点在于立法机关可以根据各类非营利组织的成熟程度分别掌握立法进度,立法难度较低,所制定的法律针对性较强、操作性较强。缺点在于不同的非营利组织立法之间的规范重复现象严重,从而增加对立法资源及执法资源的消耗,使非营利组织缺乏一部统揽全局的法律,不利于对非营利组织法律属性的整体把握,不利于非营利组织相互间的身份认同和资源整合。而统一立法模式的优缺点恰好相反。我国应采用统一立法模式作为未来非营利组织基本法的立法模式,即制定一部至少能够涵盖社会团体、民办非企业单位及基金会的非营利组织法,从而实现我国非营利组织法的法典化。关于基本法的功能模式问题,包括管理法模式、保障法模式和混合模式三种选择,非营利组织基本法应采用混合模式。对于法律的内容模式,宜采用行为法模式,即主要内容涉及非营利行为的界定、种类、行为方式及法律责任、非营利主体及其合法与非法的界限等,规范的核心指向是非营利行为,而不是非营利组织(刘太刚,2009)。

第二,社团立法框架。

目前中国社团立法框架存在的主要问题包括:一是缺乏一部管理民间组织的"母法";二是立法指导思想存在偏差;三是立法层次偏低(俞可平,2006)。民间组织法律体系中在行政法规与宪法之间缺乏一个位居"法律"层次的立法,目前法律层次的立法缺位已经导致居于行政法规层次的立法不堪重负,制定民间组织法,重新制定或修改民间组织法规,逐步建立完善的民间组织法律体系,是时势之必然,法治所必需(谢海淀,2004)。

为了解决上述问题,首先,立法部门应抓紧制定一部管理民间组织的统一法律,对民间组织的法律地位、主体资格、登记成立、活动原则、经费来源、税收待遇、监督管理、内部自律等做出明确规定,为制定相关的管理法规和政策提供基本的法律依据(俞可平,2006)。其次,非营利组织立法涉及包括民事法律关系在内的多个方面的法律关系,应从具体问题入手开展立法,一是通过修订完善有关登记管理条例,规范非营利组织的设立行为;二是在民法典中确立公益法人制度,明确非营利组织的财产法律关系;三是通过有关监管条例或对某一类非营利组织的专项立法,明确非营利组织的法人治理结构与行为规范;四是通过有关的税收法规,完善对非营利组织的鼓励和优惠政策(许安标,2006)。

第三,政府对社团等非营利组织的外部监督管理体制。

关于中国社团的外部监管体制,许多学者进行了深入细致的研究和评析,在总结了国外可资借鉴经验的基础上提出了改革和完善建议。

目前我国对社团等非营利组织的"归口登记、双重负责、分级管理"的管理体制的弊端包括:(1)双重管理体制的有效需要登记管理机关和业务主管部门的分工明确又密切配合,但在实际运行中两个部门经常相互推诿;(2)业务主管部门管理社团缺乏动力,人力、物力的有限性制约了对社团进行有效管理的积极性(吴玉章,2006);(3)业务主管单位以监督指导的名义对社团内部管理进行直接干预的做法削弱了其自治性;(4)非竞争性原则和跨地域活动限制原则不利于民间组织的良性竞争和健康发展;(5)缺乏免税资格审核和税务监管乏力使民间组织的非营利性难以充分体现;(6)民间组织重大活动请示报告制度和年度检查制度不利于民间组织的自主发展;(7)对民间组织的处罚、撤销或吊销方面赋予登记管理机关和业务主管部门的自由裁量权过大(何增科,2006);(8)严格的双重许可的结果是抑制了民间社会的生成或助长了非法社团的出现(刘培峰,2007)。

有的学者选取了具有代表性的美国等六个国家作为比较研究的对象,就政府对社团的外部监管制度进行了比较研究,对各国非政府组织的管理经验进行了总结并为我国提出了相应的对策建议:一是完善非政府组织管理制度体系必须立足于中国国情;二是完善法人制度,实施分类管理;三是逐步完善监管制度与机制;四是完善相关机制和政策,加大对民间组织的扶持力度(褚松燕,2008)。

第四,社团的民事主体资格。

对于社会团体法人的民事主体资格在学术界和法律界已经达成共识,存在争议的是不具有法人资格的社会团体等非法人组织是否应当在民事主体制度中占有一席之地。目前的民法典草案和学者建议稿对于我国民法典是否应该承认非法人组织的民事主体资格问题存在两种不同意见,一是全国人大常委会法制工作委员会的民法典草案和以王利明教授为代表的民法典草案学者建议稿(王利明,2005),不赞成在民法典中承认非法人组织的民事主体资格;二是以梁慧星教授为代表的民法典草案学者建议稿(梁慧星,2004),主张在民法典中明确承认包括不具有法人资格的社会团体在内的非法人组织的民事主体资格。两种截然相反的意见反映了学者及立法者对于目前我国非法人组织在民事活动中的地位及其立法问题的不同认知和意见。

目前我国很多学者一方面已经意识到承认非法人组织民事主体资格的必要性和紧迫性,同时对于是否打破现行的二元民事主体结构以及确立何种非法人组织立法模式问题则持有谨慎态度。有学者认为20世纪末非营利团体的兴起给传统的民法主体结构所依凭的市场交易主体理论带来了冲击,实务的发展使各国开始重视非市场交易团体的社会价值而通过民事主体单行法的方式确立了其民事主体地位。在反思德国二元民事主体结构和法人制度的基础上,我国在制定民法典时应慎重考量新类型的民事主体在民事主体法律制度建构中的地位问题(赵万一,2009)。

第五,社团的内部治理结构。

目前中国社团的内部治理结构存在的主要问题包括:(1)理事会成员的构成、理事会和执行层的关系、理事会虚设和个人化控制等问题;(2)监事会的问题(田凯,2008)。社团等非营利组织内部管理的法律制度必须就以下内容做出规定:一是组织章程的最低要求;二是最高权力机构的设置;三是管理者的要求及责任;四是决策程序(蔡磊,2005)。对于非营利法人的治理依据、意思机关、执行管理机关及其监督机制,应借鉴公司治理结构模式,以社团章程为治理依据,会员大会为最高权力机构和意思机构,理事会(董事会)为对外代表机构和社团事务执行管理机构,监事会为内部监督机构,形成权力机构、执行机构和监督机构互相配合、互相制约的内部治理模式(金锦萍,2005);应该增强权力机构的行为能力,形成科学的治理结构,完善内部控制制度,建立健全制度保障,明确社会组织的使命并提升领导人的素质(邬爱其,2009)。

第六,社团的财产法律关系。

社团组织的财产具有公共性,社团组织自身对其所占有的财产不能享有法律上的所有权,而只是管理权;社团组织的财产不能在社团成员之间进行分配;社团组织解散的时候,剩余财产必须按照社团组织成立的宗旨或财产自身所设定的目的进行处分。社团组织的财产不论其产生、使用、处分都必须符合公共目的,对于社团组织的财产应当采取减税或免税政策。在法律制度上,应该通过制度设计最大限度地发挥社团组织财产的功能,保证社团组织的财产能够产生最大的社会效益(莫纪宏,2006)。

(二)对已有研究成果的简要评析

对于社团及其立法问题的研究,学者们采用了实证研究、制度分析、理论分析、历史分析、功能分析、比较研究等多种研究方法,涉及了历史学、哲学、社会学、行政管理学、公共管理学、政治学、法学等多个学科领域,已经成为学术界一个跨学科、综合性的热点问题。社会团体作为一个具有多重身份、参与了多重法律关系的主体,既是行政法律关系的相对人,也是经济法律关系的参与者,更是民事法律关系的主体。学术界虽然一再呼吁要尽快完善社团立法、抓紧制定一部专门规范和调整社团组织和行为的基本法,但是对于如何完善社团立法问题的系统性研究则是比较少的,特别是从私法角度进行系统研究的著作则是更少的。针对现阶段我国市民社会及社团发展的特点、现状与主要问题,分析社团立法应该以哪些法律问题为重点规制对象,完善现行社团立法的逻辑起点与核心任务是什么?如何确立社会团体法人和非法人社会团体在民事主体制度中的法律地位?社团法应该是公法,还是私法?是管理法,还是权利法?是组织法,还是行为法?这部法律在整个法律体系中的地位如何?总的指导思想是什么?基本原则又是什么?法律的基本内容应当包括哪些方面?需要着重解决的法律问题有哪些?具体解决办法又是什么?完善社团立法与发展中国社会主义市民社会之间具有怎样的关系?在吸收和借鉴以往研究成果的基础上,对于这些问题进行研究并寻求解决对策应该是民法这一私法领域的学者所肩负起来的责任。本文以市民社会理论为依据,从民法的角度研究以上社团立法问题,正如前文所述,是具有积极的理论价值和现实意义的。

三、研究方法和内容

(一)研究方法

本文综合运用了历史研究的方法、比较研究的方法、功能分析的方法、法社会学的研究方法,以发展中的中国市民社会为背景,着重从民法的角度对社团立法问题进行了研究。

本文的第一章、第二章和第三章均运用了历史研究的方法。其中第一章追溯了市民社会理论及其法律观的历史演进;第二章对德、日、英、美四个国家的社团及其立法发展历史进行了阶段性的概括和分析。第三章对中国社团及其立法的发展历史进行了概括和分析。

第二章和第三章均运用了比较研究的方法,对德、日、英、美四国与中国的现行社团立法进行了比较研究,并结合中国实际,从中寻找中国在完善现行社团立法过程中可资借鉴的先进经验。

第一章、第三章均运用了功能分析的方法,第一章阐释了市民社会中结社自由及社团立法的主要功能;第三章在分析中国社团发展现状时阐释了社团在当代中国社会主义市民社会建设中所发挥的主要社会功能及其政策倡导功能的现状。

本文还综合运用了法社会学的研究方法,以建设和发展中国社会主义市民社会为背景,结合中国目前与社团立法问题密切相关的社会现象、社会条件进行了系统的研究和分析,包括中国社团发展现状,社团立法的实施现状、主要作用和法律实效等问题。通过考察现行社团立法与社会现实及其客观需要之间的关系,寻求修改、补充和完善现行社团立法,建立更具实效的社团立法模式和内容的建设性意见和解决办法。

(二) 内容

1. 基本思路

在市民社会理论的框架下,社团、市民社会、民法以及国家之间具有十分密切的联系,结社自由的结果是形成社团,社团是市民社会的组织形式和载体,是建设和发展市民社会不可或缺的中坚力量。而市民社会的发展和繁荣可以在一定程度上弥补政府在公共管理和服务方面的不足,两者的良性互动与合作对于促进整个社会的发展进步具有重要意义。同时,要全面落实和规范市民社会的结社自由就必须走法治化路径,通过社团立法在市民的结社自由与国家的规范管理之间实现平衡。结社自由权作为一项基本的民事权利,决定了对结社自由的落实和规范应以民法为核心。

中国已经逐步建立了日趋成熟的市场经济体制,客观上形成了一个有中国特色的社会主义市民社会。要进一步实现"小政府、大社会"的发展目标,就必须重视社团等社会组织在社会主义现代化建设中的地位和作用,积极推动社会主义市民社会的发展和成熟。广大社团在促进中国市民社会发展的进程中已经发挥了多方面的积极作用,同时仍然存在很多方面的问题和不足。

结合目前中国社团发展的实际情况,独立性不足和能力有限是两个最大的问题,要增强社团的独立性和自治性,不断提高社团能力,就必须通过完善社团立法使社团首先在经济方面实现充分独立,并通过公平有序的竞争在社团之间实行优胜劣汰,使优秀社团能够脱颖而出,成为不同社会利益的优秀代表者,为党和政府建好言、献良策,配合党和政府管理好社会公共事务,从而在中国实现善治目标。因此,如何为社团的筹资权和公平竞争权提供充分的法律保障应该是现阶段完善社团立法的核心任务。

为此首先应该确立社团在民法典民事主体制度中的基本法律地位,建立公益法人制度,承认非法人组织的民事主体资格,为广大社团能够以自己的名义作为独立的民事主体参与民事活动、明确权利义务关系提供法律依据。以此为基础,通过制定民事单行法即社团法来具体规范和调整社团的组织和行为,明确社团的基本权利和义务,特别是筹资权和公平竞争权,为实现社团的独立性和自治性、不断增强自身能力提供法律保障,并为逐步建立成熟的社会主义市民社会提供一个良好的法律环境和优秀的组织基础。

2. 主要内容

第一章是本文的基本理论部分,首先追溯了市民社会理论及其法律观的历史演进过程,进一步明确了不同的历史时期市民社会概念的内涵和外延,特别对马克思等经典理论作家的市民社会理论及其法律观进行了阐释,对市民社会、社团、民法、国家之间的密切联系及其本质关系进行了分析,提出了随着中国市民社会的发展,必将带来社会关系的发展变化,从而要求民法领域随之不断拓展的判断。指出目前中国社会主义市民社会的发展和社团的发展壮大已经带来了社会关系的一系列变化,对民法也提出了新的要求,需要我们通过修改和完善现行民法来适应这些客观需求。之后探讨了市民社会与结社自由理念之间的密切关系,以及在保障和落实结社自由的同时,对结社自由给予一定程度限制的必要性和价值。在此基础上分析了对结社自由进行限制的范围以及实现结社自由法治化与社团立法之间的关系。

第二章选取了德国、日本两个大陆法系国家和英国、美国两个英美法系国家为代表,分别对以上四个国家的社团发展历史、现状及社团立法现状进行了梳理和研究,从中总结出社团发展的基本规律、社团立法在促进社团和市民社会发展中的重要作用以及先进的社团立法经验。并且从这四个国家分别选取了当代具有代表性意义的社团组织为实证研究对象,从中总结出代表全球社团发展先进水平的组织运作模式和制度经验,以期对如何建设和发展中国市民社会有所启示。

第三章对中国社团的发展历史与现状进行了梳理,分析了社团在促进中国社会主义市民社会发展进程中的作用、主要问题、不足及其制度原因,同时对社团立法现状进行了阐释和分析,在借鉴国外先进社团立法经验的基础上,结合目前中国社团立法中存在的主要问题,提出了完善中国社团立法的总体思路。

第四章以我国正在制定的民法典为背景,对国内具有代表性的民法典草案和建议稿所设计的民事主体制度和法人制度框架进行了比较和评析,结合中国实际,提出了本文针对中国未来民法典法人制度的框架及民事主体制度的建议,即建立公益法人制度,并打破现行的二元民事主体结构,明确包括非法人社会团体在内的非法人组织的民事主体地位,以便适应其进行民事活动时对明确、合法的民事主体资格的客观需要。

第五章在通过制定民法典明确了社会团体法人和非法人社会团体的民事主体资格的基础上,进一步探讨了社团法的法律性质、法律功能、立法目的与宗旨、基本原则以及需要解决的主要问题,包括任意性非法人社会团体、作为非法人组织的非法人社会团体、互益性社会团体法人和公益性社会团体法人的设立模式、会员的基本权利和义务、社团章程、社会团体法人的组织结构和运行机制、社团的筹资权利和营利禁止义务、社团之间的公平竞争权,以及不同类型的社会团体的法律责任等重要法律问题。

结论部分总结了全文的内容、基本观点和主要创新点。

第一章

市民社会视角的社团立法理论基础

第一节 本文对社团的界定

一、社团的概念

社会团体(简称为"社团"),有狭义和广义之分。狭义的社会团体是由会员自愿组成,为实现其会员的共同意愿,按照其章程开展活动的非营利性社会组织。区别于民办非企业单位和基金会。广义的社会团体按照目前学界的使用习惯,经常与非营利组织、非政府组织、第三部门以及社会中介组织等称谓相互替代,范围相当广泛。本文所研究的社会团体及其立法问题,主要是狭义上的社会团体。然而由于本文还涉及国外的社会团体及其立法问题,在世界范围内就社会团体及与之相近概念的外延尚未形成一致的认识,因此在行文过程中有时不得不交替使用这些概念。

在我国,社会团体是与民办非企业单位、基金会并列的三种非营利性社会组织的法律形式,在实践或学术研究中经常被简称为"社团"。社会团体的表现形式相当广泛,全国各级社团涉及了包括科技与研究、生态环境、教育、卫生、社会服务、文化、体育、法律、工商业服务、宗教、农业及农村发展、职业及从业组织、国际及涉外组织等社会生活的各个领域,是中国社会主义市民社会不可或缺的重要组成部分。

二、与相关概念的辨析

1. 社团法人(Corporate Association)

在我国"社团"常常成为社会团体的代名词,人们往往交替使用,两者的含义完全相同。但是因为名称上的相似性,易于导致与"社团法人"概念的混淆。众所周知,以德国等国家为代表的大陆法系国家的民法以成立基础为依据将法人划分为社团法人和财团法人。根据这一划分标准,在我国依法取得法人资格的社会团体法人实际上可以归属于社团法人的范畴,此时社团法人与社会团体法人是包含与被包含的关系;而社团法人与社会团体是部分包含的关系,社团法人不包括社会团体中尚未获得法人资格的"草根社团"。

2. 社会团体法人(Corporate Social Organization)

根据我国现行相关法律制度,社会团体必须具备法人条件,没有依法获得法人资格的大部分社会团体属于非法,可能随时被清理整顿或取缔。本文认为,随着我国社团立法的不断完善,将通过修改和完善现行的民事主体法律制度,确立不具有法人条件的社会团体的民事主体资格,使一些现有的尚不具备法人条件的社团摆脱非法身份。

本文所研究和使用的社会团体的外延并不局限于目前在我国具有合法地位的社会团体法人,还包括其他大量的不具有法人资格的社会团体。不具有法人资格的社会团体是广义上的非法人社会团体,根据本文对民法典民事主体制度的研究,以是否已经依法取得民事主体资格为标准,将其进一步划分为不具有民事主体资格的任意性非法人社会团体(简称为"任意团体")和依法登记取得民事主体资格的、属于非法人组织范畴的非法人社会团体。届时我国的社团将包括具有民事主体资格的非法人社会团体和社会团体法人,以及不具有民事主体资格的任意团体三种法律形式,这一划分是社团法对不同类型的社团进行分类规范和管理的基础。

3. 民间组织(Civil Organization)

"民间组织"是我国特有的名词,1998年由国务院将设立于民政部的原社会团体管理局改为民间组织管理局,民间组织也成为官方正式用语。狭义的民间组织是指依法在我国民政部门注册登记取得法人资格的非营利组织,按照依法注册登记的形式可以分为社会团体、民办非企业单位和基金会三种类型,共同特点是"得到政府认可,具有较严格的组织性和明确的法律地位"①。其中社会团体是人的集合体,而民办非企业单位和基金会则是以财产为基础的集合体。广义的民间组织还包括事业单位、人民团体等。最广义的民间组织甚至还包括了属于市场部门的以营利为目的的企业。我们通常是在前两种意义上使用民间组织概念的,目前最为普遍的是在狭义上使用的,并且通常与国外的非营利组织等概念相通。

4. 社会组织(Social Organization)

广义的社会组织是指人们为实现特定目标而建立的共同活动的群体,包括各种类型的社会群体,如政治组织、经济组织、文化组织、军事组织和宗教组织等。狭义的社会组织专门指非营利组织,包括社会团体、民办非企业单位和基金会。2006年10月中共十六届六中全会通过《关于构建社会主义和谐社会若干重大问题的决定》,第一次提出并论述了"社会组织"的三种类型及其参与社会管理和公共服务的功能。在我国狭义的社会组织与民间组织的外延是一致的,由国家民间组织管理局主办的网站名称就是"中国社会组织网"。

5. 中介组织(Medium Organization)

中介组织是指在政府与社会,政府与市场之间起桥梁和纽带、沟通与媒介作用的社会组织。范围广泛,不仅包括非营利性社会组织,还包括了与市场经济密切联系的经济性社会组织。诸如具有公证、监督性质的中介机构,如公证机构;体现服务、中介、代理性质的中介组织,如会计师事务所、律师事务所;发挥沟通、协调职能的自律性中介组织,如各种行业协会和商会等。学者们在强调社团等非营利性社会组织的沟通媒介作用时常常称之为社会中介组织。

6. 非政府组织(Non-governmental Organization)

非政府组织简称为"NGO",起源于第二次世界大战以后,最初是指在国际社会中超越各国政府层面来处理国际关系的组织。目前非政府组织已经被应用于国家内部,在我国也被广泛使用,主要指区别于政府向公众提供公共产品或公共服务的社会组织。比如中华全国妇女联合会,自1995年开始将自己的性质认定

---

① 王名,刘培峰.民间组织通论[M].北京:时事出版社,2004:15.

为非政府组织。① 它是中国共产党和中国政府联系妇女群众的桥梁和纽带,是国家政权的重要社会支柱之一,同时也是妇女的群众性社会团体。由于全国妇联还承担了部分行政职能,因此通常被称为"官方 NGO",与"非官方 NGO"或"草根 NGO"相对,反映了中国的部分社团所具有的官方色彩,类似的还有中华全国总工会、中国共产主义青年团等等。严格地讲,我国官方社团的性质更接近于行政机关,而非市民社会意义上的独立社团。

7. 非营利组织(Non-profitable Organization)

非营利组织在不同国家和地区有不同的称谓。非营利组织在美国被广泛使用,美国财务会计准则委员会(FASB)将其定义为符合以下特征的实体:

①该实体从捐赠者处获得大量的资源,但捐赠者并不因此而要求得到同等或成比例的资金回报;

②该实体经营的目的不是为了获取利润;

③该实体不存在营利组织中的所有者权益问题。

非营利组织具有志愿性、公益性、民间性和非营利性特征。② 在我国,非营利组织通常是指具有以社会公益为目的,不以营利为目的,在政府备案,受相关法律法规调整,并享有一定税收优惠待遇等特征的社会组织。有学者认为它是第三部门组织的别称,事实上在学术研究中非营利组织经常与其他相近的概念相通使用。

8. 第三部门组织(Third Sector Organization)

第三部门组织是与政府部门(第一部门)和市场部门(第二部门)相并立的非私人领域,虽然各国对于第三部门组织的定义各不相同,但是独立于政府和市场的诸如社团、基金会等非营利组织、非政府组织都属于第三部门组织的范畴。

---

① 维基百科 http://zh.wikipedia.org/wiki/%E4%B8%AD%E5%8D%8E%E5%85%A8%E5%9B%BD%E5%A6%87%E5%A5%B3%E8%81%94%E5%90%88%E4%BC%9A.

② 智库百科 http://wiki.mbalib.com/wiki/%E9%9D%9E%E8%90%A5%E5%88%A9%E7%BB%84%E7%BB%87.

9. 市民社会组织（Civil Society Organization）

市民社会是"组织化的社会生活领域"①，市民社会组织作为这一组织化的结果，是独立于政府部门的，不以营利为目的的，向社会提供服务的志愿性组织。从概念的外延方面看，范围最广的就是市民社会组织。同时，这一称谓也反映了社团等社会组织形式与市民社会的密切关系，正如有学者所说的，市民社会是志愿的、自发的（大部分）、自立的和自治的组织化的社会生活领域。而市民社会组织则使市民所关切的事务引起了更为广泛的公共关注。②

对于第三部门组织、市民社会组织、非政府组织、非营利组织彼此之间的关系，著名学者王名教授在接受《21世纪经济报道》的记者采访时曾经这样概括：它们"指的都是同一类的社会组织，即独立于政府和企业市场体系之外的非营利的、公益导向的社会部门。"③事实的确如此，虽然从严格意义上讲，这些概念最初的含义并不完全相同，但是国内学者对于这些概念往往交替使用，反映了这些组织的多元性和边界的模糊性。在我国，虽然本文更为赞同使用"非营利组织"的概念，但是将来很有可能在官方文件、法律文件以及学术著作中都将广泛使用"社会组织"的概念，原因在于这一概念不仅涵盖性强，适合中国的文化与国情，与党和政府提出的社会建设的目标相吻合，党的第十七次全国代表大会以后，"民间组织"的提法曾在多个场合被"社会组织"所替代。而且该词易于被人们所理解和接受，在"社会组织"以及与之相近的几个关键词中，我国学者对百度网站的搜索情况进行整理后表明，网页主题词数量由多至少分别是社会组织、非政府组织（或NGO）、民间组织、公民社会、非营利组织（或NPO）和第三部门。④ 可见"社会组织"一词在我国已经深入人心，使用频率很高。但是由于各国对于这类非政府性、非营利性组织的称谓差异很大，因此在进行学理研究特别是比较研究时往往需要

---

① Peter Grajzl, Peter Murrell. Fostering civil society to build institutions, Why and when. Economics of Transition Volume 17(1) 2009, 2.
② 参见 Peter Grajzl, Peter Murrell. Fostering civil society to build institutions, Why and when. Economics of Transition Volume 17(1) 2009, 2.
③ 王名. 中国第三部门之路. http://news.tsinghua.edu.cn/new/news.php? id = 12053,2005年12月25日.
④ 参见黄晓勇主编. 中国民间组织报告(2009～2010)[M]. 北京：社会科学文献出版社，2009:15.

交替使用上述概念。

三、社团的基本属性

关于社团的基本属性存在多种学说,本文认为能够概括和反映社团本质的属性应当包括以下七个方面的内容,具体理由如下:

第一,自愿性。从本质上讲,社会团体是以契约关系为基础的自然人或组织的自愿组合,是其会员意思自治的结果,是其会员基于对自身利益的关切、融入社会表达其诉求的愿望或是出于对公共利益的关切所做出的选择。结社自由是私法自治的一个方面,包括成立的自由、参加的自由、退出的自由、开展活动的自由、不结社的自由等内容。基于结社自由,自然人和组织都享有根据自主意愿选择是否组建社团、是否参加社团、是否退出社团、如何开展社团活动、以及是否拒绝参加社团的自由,不受任何组织和个人意志的强迫和非法限制。

第二,志愿性。所谓"志愿",从字面上理解意思为"志向和愿望"①,其中"志向"是指"关于将来要做什么事"②,"愿望"是指"希望将来能够达到某种目的的想法"③。无论是公益性社团还是互益性社团,无论是社会团体法人还是非法人社会团体,其会员组建或参加社团都是带有一定目的性的,即希望通过组建或参加社团来实现某种愿望或开展某项活动,与"志愿"一词的含义非常吻合,因此可以用志愿性来概括社会团体的属性。"志愿"又区别于"自愿","自愿"是指"自己愿意"④,即没有被强迫,两者的含义并不相同,因此不能互相取代。

第三,组织性。社会团体是会员为了共同目的而组织建立起来的、能够满足和增进彼此利益或具有某种社会公益性的非营利社会组织。社会团体法人依法必须具备一定的组织形式,具有严密的组织机构和运行机制,包括固定的会员、组织章程、为实现社团目的和宗旨而开展的活动以及社团内部机构之间的权利义务关系等等。社会团体的组织性并不代表必须具备法人条件和获得法人资格,非法

---

① 中国社会科学院语言研究所词典编辑室. 现代汉语词典[M]. 北京:商务印书馆,2006(5):1756.
② 同上.
③ 同上:1681.
④ 同上:1810.

人社会团体往往也具备一定的组织形式,而非分散、无序的个人或组织的简单联合或相加。

第四,非营利性。区别于市场部门以营利为目的的企业组织,社团不以营利为目的,社会团体法人的财产不归属于任何自然人或组织会员所有,其运作产生的收益不得用于会员分红,当社会团体法人解散或破产时其剩余资产应转交给其他宗旨相同或相近的非营利社会组织。对于社团是否能够从事商业活动,各国立法实践存在差异,但是总体发展趋势为允许其通过从事商业活动来获取利润,非营利性并不等于绝对不能开展商业活动,特别是在政府对社团的资助、会费收入、社会捐助以及服务性收费比较有限的情况下,禁止其开展商业活动将不利于社团的长足发展。目前对于我国的社团来说,获得经济上的独立是真正实现其独立性和自治性的关键,只要商业活动的利润没有被违法使用和分配,就没有违背社团的非营利性本质。

第五,独立性。有学者称之为民间性或非政府性,强调社团是独立于政府的社会组织,具有体制、组织、人员和经济上的独立性,不是政府的组成部分,独立于政府的行政体制。而且享有活动自主权,不受政府、组织和个人的非法干涉和控制。本文认为民间性和非政府性均没有独立性准确,独立性既能够概括出社团独立于政府的特点,同时还强调了社团组织人格上的独立性和非依附性。

第六,自治性。社会团体的自治性与独立性关系密切,独立是自治的前提,自治乃独立的结果。自治是指为了实现社团的目的和宗旨而独立自主地开展活动,在人事、财务、决策等方面实行有效的自主管理、自我服务和自主发展。在自治的基础上为社会服务、替政府分忧、向政府建言献策,实现与政府良性互动的伙伴关系。我国《社会团体登记管理条例》第五条规定:"国家保护社会团体依照法律、法规及其章程开展活动,任何组织和个人不得非法干涉。"这是社团实现自治的必然要求和法律保障。

第七,非政党性。我国共有八个民主党派,民主党派是在中国大陆范围内八个参政党的统称。各民主党派在政治上拥护中国共产党的领导,享有宪法范围内的政治自由、组织独立和平等的法律地位。譬如中国民主促进会,是以从事教育文化出版工作的知识分子为主、具有政治联盟性质的、致力于建设中国特色社会主义的政党,是同中国共产党通力合作的参政党。八大民主党派通过参加中国人民政治协商会议实现参政议政，不属于社会团体的范畴。非政党性应属于我国社团的基本属性之一。

对于非宗教性和排除特异性，主张此两种性质为社会团体基本属性的学者们要么将宗教性团体排除于自己所研究的社团范畴，要么同时将宗教性团体和政党性团体排除于自己所研究的社团范畴，并基于此将其认定为社团的基本属性，本文认为这不够准确。原因在于从我国的实际情况来看，宗教性团体作为社会团体而存在是客观事实。譬如上海市天主教爱国会，是由上海天主教教职人员和教徒组成的爱国群众团体，其宗旨为："团结全市神长教友，拥护党的领导，走社会主义道路，积极参加社会主义建设和各项爱国运动，保卫世界和平，并协助政府贯彻宗教信仰自由政策。"为了解决我国宗教社团的登记和管理问题，1991年国务院根据《社会团体登记管理条例》专门制定了《宗教社会团体登记管理实施办法》。可见，宗教界的合法结社组织属于社会团体范畴，并且受到政府的充分尊重。事实上，我国的宗教社团在举办慈善活动、推动民族团结、扩大国际交流和参与社会主义现代化建设等方面都发挥了广泛的积极作用，少数从事违法或犯罪活动的宗教结社并不能抹杀宗教社团的诸多贡献和社会地位。

至于公益性是否属于社会团体的基本属性，本文认为尚不能够成为所有社会团体的基本属性。对于公益性社会团体来讲，会员都是出于为某一目的性公益事业做出一定的贡献并且促进该公益事业的发展为志愿的，但是社会团体种类繁多，各自的目的和宗旨也不尽相同，除了公益性社会团体之外，生活中还存在着大量的不以公共利益为目的的社会团体，它们是以满足和增进会员彼此之间的利益为目的的，如各种兴趣爱好组织，像花鸟协会、钓鱼协会、相声大会等等。这类社团不具有公益性，但是在客观上也不能否认其具有一定正的外部性，在满足和增进会员利益的同时也起到了增进社会公共利益的效果。譬如成立于2007年的上海凌云相声大会，是一个专门从事相声等曲艺表演的非营利性社团组织，演员主体由专业相声演员和曲艺票友构成。针对在上海市的"新上海人"不断增多的实际情况，以普通话进行相声表演，客观上在一定程度上扩大了相声艺术在上海这一位于中国长江三角洲地区的国际大都市的影响力，推动了相声艺术的发展。凌云相声大会有时也会参加公益演出，比如2008年12月7日至14日在上海举办的《戏无界、爱无疆公益展演》，以"用戏剧搭建梦想，用书籍成就人生"为主题，旨在为建立乡村小学图书室筹集书籍。其中12月10日就是凌云相声大会的《爱心曲艺专场》演出，参加这一公益演出的还有上海交通大学的学生社团"阳光剧社"，于12月7日和8日两天进行了《毕业那天我们说相声》的公益表演。但是并不能就此断言凌云相声大会和阳光剧社都是公益性社团，应该说两者都是以互益性为主的社团，总体上讲公益性尚不能成为其本质属性。这一点在某些学者给市民社会所下的定义中就有所体现："市民社会是家庭、国家和市场以外，人们联合起来以促进共同利益的竞技场。"[1] 社团作为市民社会的组织形式，并非全部以促进公共利益为目的，也包括以促进"彼此之间"的共同利益为目的的社团，而这种社团就是互益性的。因此本文并不赞同在民法典民事主体的分类中取消互益性法人这一法人类型，否则将把广大互益性社会团体法人排除在外，与社会现实不符。

综上所述，本文所研究的社团的内涵是指由会员自愿组成，为实现会员的共同意愿，按照其章程开展活动的非营利性社会组织。其外延包括社会团体法人和不具有法人资格的社会团体。所应具备的基本属性包括：自愿性、志愿性、组织性、非营利性、独立性、自治性和非政党性。

第二节 市民社会理论概述

"市民社会"是由英文"Civil Society"翻译而来的，也有国内学者将其翻译成"民间社会"或"公民社会"。前者多见于台湾地区，后者在公法领域比较常见。中国学者在最初介绍和研究"Civil Society"时，主要将其译为市民社会，不仅仅是对市民社会与国家的二元结构的主张，更是在可欲可行的基础上强调市民社会与国家的良性互动。但是中国学者对"Civil Society"的译法在现阶段出现了新的变化，何增科先生也曾谈及这一变化，即进入21世纪以来，"公民社会"这一新译法日益为我国学者所普遍接受。[2] 集中反映了国内学者对"Civil Society"译法的具

---

[1] Kees Biekart. Measuring Civil Society Strength: How and for Whom? Development and Change 39(6): 1172 (2008).

[2] 参见何增科. 公民社会和第三部门研究引论[A]. 见：何增科. 公民社会与民主治理[M]. 北京：中央编译出版社，2007:83-95.

有代表性的喜好和倾向,意在强调作为独立于政治国家的社会实体,除了享有不受政治权力任意干预的自由之外,还有参与国家政治事务的愿望和必要;同时可以避免"市民"一词在中国传统文化中所带有的一定的贬义色彩,譬如"小市民"、"市侩"、"市井小民"等等。而且不易于和"市民"所具有的"城市居民"的含义相混淆;还有一些学者认为"市民社会"一语在马克思经典著作译本中比较常用,很多人将其与资本主义社会画上等号,无法体现"Civil Society"理论在当代社会主义中国的积极现实意义,而"公民社会"是一个褒义的称谓,能够强调公民的政治参与和对国家权力制约的政治学意义。正是基于以上原因使"公民社会"一词在国内的使用频率越来越高。尽管目前国内学者经常交替使用市民社会和公民社会两个术语,两者的内涵被普遍的认为没有实质性的差异,然而本文仍然主张应该普遍使用"市民社会"的译法,具体理由如下:

第一,"公民"一词被普遍使用于我国的各种法律文件中,包括各种民商事法律规范在内,譬如《民法通则》。众所周知,公民是指具有一国国籍之人,其概念的外延并不能全面涵盖我国法律规范对人的效力范围。以民法为例,除了中国公民之外,在中国领土内的外国人和无国籍人的民事活动同样受我国民法的规范和调整,也就是说在中国领土内的自然人绝大部分属于民法对人效力的范围。正因如此,许多民法学者在其著作中普遍使用"自然人"来代替"公民"这一概念。严格来讲,我国法律文件中所普遍使用的"公民"一词是不够严谨和科学的,不利于在经济全球化背景下,世界各地日益频繁的民商事交往活动所需要的对我国法律法规的准确理解和适用。

第二,市民社会成员的涵盖范围广泛,并不局限于一国公民,活动范围也并不局限于民商事活动等"私"的领域。市民社会的成员,包括个人和组织,参与的社会关系具有多重性。他们既是民事关系的主体,受作为私法的民事法律规范的调整;同时也是其他社会关系的主体,如行政管理关系的相对人,受作为公法的行政法律规范的调整。"市民社会的主体、基本要素是从事物质生产和交往活动的'市民',而不是从事政治活动的'公民'。"①在我国参与社会管理、公共事务和公益慈

---

① 罗谟鸿,邓清华,胡建华,李芳编著.当代中国社会转型研究[M].重庆:西南师范大学出版社,2007:17.

善活动是所有市民社会成员所共同享有的权利,特别是在全球化时代,国际交流与合作日益频繁,会有更多的国际友人参与中国的公益事业,为中国的社会发展做出贡献,他们虽然不是中国公民,却可以说是中国市民社会建设的参与者。

第三,"市民社会"一词虽然在马克思经典著作的中文译本中经常出现,并且在一定场合具有资本主义社会的含义,但是在马克思那里,以市场经济为基础的资本主义社会仅仅被认为是市民社会最典型的代表,并没有将市民社会与资本主义社会等同起来。因此这并不能构成我们舍弃这一译法的理由,词语本身的内涵从根本上来讲是人类社会赋予的,关键在于如何理解。市民社会概念既是一个历史概念,也是一个在当代社会被普遍使用和理解的概念,而且中国学者在最初引入、介绍和研究这一概念时采用的便是"市民社会"的译法,曾经是最为流行的术语。尽管对社会结构存在国家、市场和市民社会三分法的理论,但是仍然不能否认市场经济与市民社会的密切关联,强调和弘扬市场经济在发展市民社会中的重要地位不仅无可厚非,而且非常必要。

第四,中国传统"市民"一词的含义并不妨碍我们接受和理解"市民社会"的概念。徐国栋先生在《人性论与市民法》的第二章《从公民到市民》中指出,在古罗马时代,市民的概念与公民的概念并无明确界分,当时市民的概念同时涵盖了个人的公共生活和私人生活两个方面。但是封建时代的市民已经建立起与商业生活的联系,与基本过农业生活的罗马市民形成对照。到了民族国家时代,市民成为自利的行为方式的代名词,与任何居住地点无关。[①] 在今日中国市场经济条件下,即使是生活在农村的农民也无法完全实现自给自足,和生活在城市里的居民一样是依赖于市场经济的"市民"。生活在"市民社会"中的"市民"并不专指生活在城市里的居民,而是"与任何居住地点无关"的自然人和社团等组织。

同时,如果因为"市民"一词在中国传统文化中带有一定的贬义色彩就拒绝使用"市民社会"的概念,那么是否在科研领域里一旦涉及不易被理解或因历史文化背景的差异可能导致歧义的术语,便舍弃更加科学而准确的概念或译法而"另辟蹊径"呢?何况已经有学者指出,与"Civil Society"相对应的德语的标准译法就是

---

① 参见徐国栋. 人性论与市民法[M]. 北京:法律出版社,2006:49-50.

"市民社会",而非"公民社会"。① 再者,20世纪90年代东欧的部分"公民社会组织"最终演变为与政府相对抗的政党,从而丧失了 Civil Society 本应与政府建立和保持的合作伙伴、良性互动关系。因此说如果从历史的角度来探寻"公民社会",也并不完全是"褒义"的,而"市民社会"也并不是"贬义"的,我们在翻译外来词语时应该充分尊重词汇的原意,而不应该因为欲将自己的价值观附加在其中文译法之上而影响了翻译的准确性。

第五,与"民法"相对应的英文为"Civil Law","民法"一词最早来源于罗马法的"市民法",而我国"民法"一语是从日语翻译而来的。目前日本学界公认日语的"民法"是由日本学者津田真道将荷兰语"burgerlyk regt"(意为"市民法")用汉语翻译为"民法"而来的。② 可见,日语的译法并未完全遵从荷兰语的原意,是对荷兰语中"市民法"的意译了。民法作为市民社会的一般私法和市场经济的基本法,与市民社会及市场经济均具有密切联系,对民法属性的这一判断在当代中国仍然适用。

正因如此,本文认为中国学者特别是民法学者在研究市民社会理论及其相关问题时,应该坚持使用"市民社会"这一概念。

一、古典市民社会理论及其法律观

古希腊亚里士多德在其《政治学》一书中首先提出了"Politike Koinonia"的概念(拉丁文译为*Societas Civilis*),指的是"所有城邦都是某种共同体,所有共同体都是为着某种善而建立的(因为人的一切行为都是为着他们所认为的善)。很显然,由于所有的共同体旨在追求某种善,因而,所有共同体中最崇高、最有权威、并且包含了一切其他共同体的共同体,所追求的一定是至善。这种共同体就是所谓的城邦或政治共同体。"③这里的城邦或政治共同体是与野蛮社会相对的文明社会。同时,法律被认为是治理城邦的良好方式,"法律不同于政体,它是规章,执政者凭它来掌握他们的权力,并借以监察和处理一切违法失律的人们。"亚里士多德被认为是古典市民社会理论的奠基人。

---

① 刘太刚. 非营利组织及其法律规制[M]. 北京:中国法制出版社,2009:19.
② 参见魏振瀛. 民法[M]. 北京:北京大学出版社、高等教育出版社,2007(3):2.
③ [古希腊]亚里士多德. 颜一,秦典华译. 政治学[M]. 北京:中国人民大学出版社,2003:1.

公元前 1 世纪,古罗马政治理论家西塞罗明确了传统意义上市民社会概念的含义,认为市民社会"不仅指单个国家,而且也指业已发达到出现城市的文明政治共同体的生活状况"①。西塞罗被认为是同时在市民社会、政治社会和文明社会三重意义上使用这一概念的代表。② 西塞罗认为法律是公民联盟的纽带,由法律确定的权利是平等的,市民社会应该是公民的法权联盟。法律的制定是为了保障公民的福祉、国家的繁荣昌盛和人们的安宁而幸福的生活。③

在 17 至 18 世纪市民社会理论受到了卢梭、洛克等思想家的重视,他们是自由主义市民社会理论的代表。在卢梭和洛克那里,市民社会与政治社会是同一概念。"在自然法哲学传统中,市民社会并不是后来人们所理解的那样指前国家社会,相反,根据该词的拉丁语含义,它同政治社会是同义词,也即它同国家含义相同。自然法哲学家洛克就曾把这两个词互换使用。而在卢梭那里,他所讲的市民状态指的就是(政治)国家。"④

卢梭主张私有制必然产生确立国家和法律的诉求,对于私有制产生以后人们的各种欲望,"乃是社会的产物,正因为有这些欲望才使法律成为必要的。"政治社会的存在是源自民众对管理者的授权和委托,这种委托契约的基础是双方必须共同遵守的法律。

洛克作为结社自由理论家从天赋人权的角度论述了结社自由的必要性,试图从人类发展史的角度说明国家权力的起源及其与人民权利的关系。洛克认为,人们建立国家是以一致同意为必要条件的,国家建立以后政府的权力是有限的,必须受到使自然权利转变为市民社会的政治权力而建立的契约内容的限制,人们之所以建立这一契约,目的就是使自然权利免于受到侵犯。洛克同时强调法律对于保障个人自由与权利不受侵犯的重要性。他指出:"人们加入社会的重大目的是和平的和安全的享受它们的财产,而达到这一目的的重大工具和手段是那个社会制定的法律……"⑤"不管是绝对的专断权力,还是不依据固定的、长期有效的法

---

① 参见何增科. 公民社会与民主治理[M]. 北京:中央编译出版社,2007:4.
② 同上.
③ 参见[古罗马]西塞罗. 论共和国论法律[M]. 北京:中国政法大学出版社,1997:219.
④ 袁祖社. 权力与自由[M]. 北京:中国社会科学出版社,2003:25.
⑤ [英]约翰·洛克. 赵伯英译. 政府论两篇[M]. 西安:陕西人民出版社,2004:205.

律进行的统治,两者都是与社会和政府的目的不一致的。如果不是为了保护他们的生命、权利和财产,如果不是用有关权利和财产的明确法规来保障他们的和平与安宁,人们就不会放弃自然状态的自由而加入社会,并愿受它的约束。"①可见,洛克还主张为了保护个人权利和自由不受非法侵犯,有必要通过具有相当稳定性的明确的法律制度②来予以实现,从而克服"有许多缺陷"③的自然状态和"随心所欲的专断权力"④之种种弊端,因此法律的目的并非废除或限制自由,而是保护和扩大自由。在洛克那里,"公民社会"就是政治社会,他认为:"……无论在什么地方,不管有多少人结合成为一个社会,以致每个人都放弃其自然法的执行权,把它交给公众,在那里也只有在那里才有一个政治社会或公民社会。"⑤而是否具有一个明确的权威来裁判其成员之间的纠纷并使其成员服从是区别"自然状态"与"公民社会"的一个重要标志。虽然在洛克那里还没有完成公民社会与政治国家的理论分野,但是洛克所主张的以法律来防止个人权利不受侵犯,保护和扩大自由的观点在今天仍然具有积极的现实意义。

古典市民社会理论没有明确区分市民社会与政治国家,但却不约而同地强调了法律的重要性。法律被认为是限制国家权力、维护个人权利和自由的有效工具,同时也是国家管理公共事务的必要手段。

二、现代市民社会理论及其法律观

现代市民社会概念是对政治国家和市民社会相分离的现实的反映,是在黑格尔第一次完成了市民社会与政治国家的理论分野之后,在马克思对其予以完善的基础上形成的。

(一)黑格尔对现代市民社会理论的贡献与不足

黑格尔在其著作《法哲学原理》中认为:"市民社会是处在家庭与国家之间的

---

① [英]约翰·洛克. 赵伯英译. 政府论两篇[M]. 西安:陕西人民出版社,2004:209.
② 洛克在《政府论两篇》中对于法律、法规的"明确"和"固定"曾经多次提及,从而强调国家通过明确、稳定的法律制度来实行社会统治的重要性。
③ [英]约翰·洛克. 赵伯英译. 政府论两篇[M]. 西安:陕西人民出版社,2004:201.
④ 同上:219.
⑤ 同上:179.

差别阶段"①,因此在黑格尔那里市民社会不仅是独立于国家的,而且不包括家庭的范畴。"自从法律、公共道德和宗教被公开表述和承认,就有了关于法、伦理和国家的真理。"②"市民社会,这是各个成员作为独立的单个人的联合,因而也就是在形式普遍性中的联合,这种联合是通过成员的需要,通过保障人身和财产的法律制度,和通过维护他们的特殊利益和公共利益的外部秩序而建立起来的。"③因此,黑格尔主张市民社会是为了满足成员需要而形成的联合,并且需要通过建立法律制度和外部秩序来保护市民社会中的权利。

黑格尔认为市民社会包含三个环节:即需要的体系、司法、警察和同业公会。其中,"需求的体系"构成了市民社会及其活动的主要内容。黑格尔同时认为人基于私有财产权的有效性来保护自己的财产权具有合法性。而契约是人们实现和维持所有权的"中介"④,人格上的彼此平等和独立是契约的要件之一,于是所有权和人格都具有了法律上的效力,需要法律对其进行保护。最后,需要以警察为代表的国家对内部行政事务的管理,以及市民社会成员依据自身的特殊技能组成的同业公会。原因在于市民社会成员在追求财富的过程中,"既受到他的任性和自然特殊性的制约,又受到客观的需要体系的制约"⑤。对于这种偶然性仅有司法的保护是不够的,还需要警察和同业公会。其中警察是国家的代表,从外部保护市民社会成员的特殊利益。黑格尔认为同业公会的作用在于从内部促进其成员的特殊利益的实现,这一观点在当代仍然适用。

黑格尔对于当代市民社会理论的贡献不仅局限于完成了政治国家与市民社会在理论上的分野,还体现于黑格尔对于市民社会团体的起源、本质和目的的理论阐释。黑格尔向我们展示了对这些团体起源的深刻理解,与其说是利益的聚合不如说是对认同的渴望,人们期望通过参加这些团体而被认为是"大人物",正如这些团体因为其共同的努力而被认为是社会不可或缺的组成部分一样。黑格尔认为市民社会团体不应该是满足特定利益的倡导者团体或压力团体,而是应该以

---

① [德]黑格尔. 范扬,张企泰译. 法哲学原理[M]. 北京:商务印书馆,1961:197.
② 同上:3.
③ 同上:174.
④ 同上:81.
⑤ 同上:237-238.

通过要求人们以高于个人和团体私利的视角来思考令人满意的政治生活来"教化"人类的欲望为目的。① 黑格尔关于经济性社团在市民社会中的重要地位以及市民社会团体所应具有的高于个人和社团本身的更高远的目标的理论阐释在当代社会仍然是具有重大的理论意义和实践价值的。黑格尔还明确了现代"市民"概念的外延,"作为抽象的结果,黑格尔的市民概念已完全同城市人脱离开来,而成为社会上以一定的方式活动的人,不管他们是居住在城市还是乡村。"②

然而,在国家与市民社会关系的问题上,黑格尔对市民社会给予了低评价,对国家则大加赞扬,从而建立了"国家高于市民社会"的理论架构,没能对市民社会与国家关系的本质形成一个正确的判断。

(二)马克思的市民社会理论及其法律观

马克思关于市民社会、政治国家和法律发展关系的思想,是通过长期的理论研究和社会生活逐步形成和发展起来的。他纠正了黑格尔对国家与市民社会关系的错误认识,认为"……政治国家没有家庭的天然基础和市民社会的人为基础就不可能存在。它们是国家的必要条件。"③市民社会是政治国家的基础,是市民社会决定政治国家,而不是政治国家决定市民社会。

对于市民社会与政治社会的分离标志,马克思认为"只有法国革命才完成了从政治等级到社会等级的转变过程,或者说,使市民社会的等级差别完全完成了社会差别,即没有政治意义的私人生活的差别。这样就完成了政治生活同市民社会的分离过程。"④

马克思还认为市民社会是人类的生产和交往发展到一定历史阶段的产物,他指出:"在生产、交换和消费发展的一定阶段上,就会有一定社会制度、一定的家庭、等级或阶级组织,一句话,就会有一定的市民社会。"⑤市民社会集中反映了作

---

① 参见 Jeffrey Church. The Freedom of Desire: Hegel's Response to Rousseau on the Problem of Civil Society. American Journal of Political Science, Vol. 54, No. 1, January 2010, pp. 137 - 138.
② 徐国栋. 人性论与市民法[M]. 北京:法律出版社,2006:45.
③ [德]马克思,恩格斯. 马克思恩格斯全集(第1卷)[M]. 北京:人民出版社,1956:251 - 252.
④ 同上;344.
⑤ [德]马克思,恩格斯. 马克思恩格斯全集(第27卷)[M]. 北京:人民出版社,1972:477.

为交换主体的个人的经济关系,而这种经济关系突出地表现为法律对市场主体的所有权、自由和平等的尊重与保护,市民社会的商品交换是自由和平等的现实基础。①

同时,马克思并没有将市民社会仅仅概括为"经济关系",他认为市民社会与社会组织同样具有密切的关联,市民社会"这一名称始终标志着直接从生产和交往中发展起来的社会组织,这种社会组织在一切时代都构成国家的基础以及任何其他的观念的上层建筑的基础。"②因此,在马克思那里市民社会不仅仅是人类生产活动的产物,同时也是人类交往活动的结果,是"全部历史的真正发源地和舞台"③,市民社会不仅是人类历史发展的现实基础,也是各种社会意识和理论的产生基础。

对于市民社会、私法与生产力之间的关系,马克思认为在生产方式没有改变的情况下,私有制和私法的发展没有在工业和贸易方面引起进一步的后果;而一旦生产方式发生了改变,私法和私有制便起到了应有的作用。而私法和私有制的产生,使市民社会获得了进一步的发展,反之市民社会的发展又推动了私法的进步。马克思的这一观点反映了法律只有与一定的物质生产方式相适应,才能真正发挥其促进社会发展的功能。④ 因此,生产关系必须适应生产力的发展,在此前提下,作为上层建筑的私法才能促进人类社会生产的进步,才能够促进市民社会的发展,而市民社会发展了,反过来又会推动私法的进步。

市民社会理论在马克思整个思想体系的形成过程中居于重要地位,它颠覆了黑格尔"国家高于市民社会"的理论架构。同时,黑格尔和马克思均认为市民社会与国家之间是相辅相成、相互影响、相互制约的辩证关系,两者都以联系的观点辩证地看待市民社会与国家之间的关系。马克思的市民社会理论还特别强调了市民社会与私法之间的辩证关系,对于当代人类社会如何处理生产力、生产关系和

---

① 参见秦国荣. 市民社会与法的内在逻辑——马克思的思想及其时代意义[M]. 北京:社会科学文献出版社,2006:264.
② [德]马克思,恩格斯. 马克思恩格斯选集(第1卷)[M]. 北京:人民出版社,1995(2):131.
③ [德]马克思,恩格斯. 马克思恩格斯全集(第3卷)[M]. 北京:人民出版社,1972:41.
④ 参见秦国荣. 市民社会与法的内在逻辑——马克思的思想及其时代意义[M]. 北京:社会科学文献出版社,2006:218.

私法之间的关系仍然具有重要的指导意义。

三、当代市民社会理论及其法律观

(一)当代学者对马克思市民社会理论的新发展

马克思的市民社会理论在当代西方受到了很多学者的关注并得到了新发展。当代市民社会理论以葛兰西、哈贝马斯等人物为代表。葛兰西强调市民社会对政治国家的基础和决定作用,主要从意识形态和文化批判角度界定市民社会。他既反对仅仅用经济事实说明人类历史,又反对把国家等同于专政机关或强制性机器(他称之为政治社会),也反对把国家职能仅仅归结为暴力职能。他把国家分为狭义的国家和广义的国家,狭义的国家指政治社会的国家,广义的国家是政治社会和市民社会的统一体。他特别强调国家的伦理或文化职能。① 但是葛兰西的市民社会理论并没有辩证地看待市民社会与国家之间的关系。

当代德国学者哈贝马斯在推动市民社会理论发展的过程中居于重要地位。20世纪30年代以后,西方社会发生了巨大变化,行政权力加强了对社会各个领域的渗透,商业原则侵蚀了社会文化生活领域,社会被严重物化。哈贝马斯精辟地分析了市民社会在当代西方所发生的重大变化及后果。他认为包括政治系统和经济系统两个方面的系统世界的运行遵循的是权力和金钱的逻辑,人们在系统世界的行为受这一逻辑的支配。生活世界则是由"文化传播和语言组织起来的解释性范式的贮存",系统世界对人们所赖以真实存在的生活世界构成了致命的威胁,其结果是生活世界的再生产出现了深刻的危机,为了恢复这两个世界的平衡,需要建构"理想的生活世界",使社会文化系统摆脱政治化和商业化的影响而获得独立发展。② 哈贝马斯的市民社会理论强调了独立于政府和市场的市民社会通过文化传播克服前两者所带来的弊端的必要性和重要性。哈贝马斯对当代市民社会理论的主要贡献在于,在现代市民社会理论完成了市民社会与政治国家的理论分野之后,进一步将市场部门从市民社会中分离出去,着重强调了市民社会的文

---

① 参见何增科. 市民社会概念的历史演变[A]. 见:何增科. 公民社会与民主治理[M]. 北京:中央编译出版社,2007:15.
② 同上:17-18.

化传播功能。

以此为基础,美国学者柯亨和阿拉托对市民社会理论做了新的阐释,他们认为市民社会是介于经济和国家之间的社会相互作用的一个领域,由私人领域(特别是家庭)、结社领域(特别是自愿性社团)、社会运动及各种公共交往形式所构成。主张采取市民社会——经济——国家的三分法,认为经济系统已从市民社会中分离出去而构成了一个独立的领域,主张以社会为中心的研究模式。① 这一划分方式也得到了中国当代部分学者的赞同,张勤教授曾经谈道:"中国 30 年来的改革是一个'总体性社会'的全能型'国家'逐渐退出'市场'和'社会'领域的过程,或称为国家与社会关系的重塑过程。'政企分开'、'政事分开'、'政社分开'、'党政分开'等举措,均意味着国家职能的转变,个人的经济活动、话语表达、自我组织、自我管理等的空间逐渐被释放出来,国家、市场、社会的三元格局正在形成。'社会'空间的出现体现在许多方面,其中最重要的是公民社会的核心要素——公民社会组织的发展。"②市民社会、经济和国家的三元划分方式引导人们将研究的焦点集中于市民社会的自愿结社、公共交往和社会运动领域。

英国学者马克·尼奥克里尔斯秉持西方马克思主义立场,回顾了国家与市民社会概念在黑格尔和马克思的市民社会理论中的重要地位,指出两者都认为国家与市民社会相辅相成,是一种辩证的关系。但是在西方马克思主义者葛兰西那里,虽然国家与市民社会的分立关系得到了恢复,但是丧失了两者之间辩证关系的本质。而福柯过于强调社会的作用,摒弃了国家。强调应该恢复国家与市民社会之间的辩证关系的本质,既反对自由主义者将国家与市民社会完全对立,又反对摒弃国家与市民社会的分立而偏废国家或市民社会的任何一方。主张国家与市民社会的辩证关系是通过现代社会的管理机制体现出来的,而法律是这种机制的内核。③ 马克·尼奥克里尔斯阐述了一种马克思主义国家理论,通过辩证地分析和看待国家与市民社会之间的关系,强调了国家权力的重要性,以及国家通过

---

① 参见何增科. 市民社会概念的历史演变[A]. 见:何增科. 公民社会与民主治理[M]. 北京:中央编译出版社,2007:19.
② 张勤. 中国公民社会组织发展研究[M]. 北京:人民出版社,2008:53.
③ 参见姜明安. 中文版序[A]. 见:[英]马克·尼奥克里尔. 管理市民社会[M]. 北京:商务印书馆,2008:1.

法律进行社会管理的重要性。

(二)治理和善治理论:市民社会及社团与政府对公共事务的良好治理

治理理论认为,与统治不同,治理是各种公共的或私人的个人和机构管理其共同事务的诸多方式的总和。治理虽然需要权威,但是这个权威未必来自政府,且无须国家的强制力量加以实现。统治的权力运行方向是自上而下的,而治理是一个上下互动的管理过程。有效的治理必须建立在国家和市场的基础之上,是国家和市场手段的补充。治理可以弥补国家和市场在调控过程中的不足,但也存在内在的局限性,诸如不具备国家的强制力,无法像市场那样自发地进行资源配置等,因此也存在治理失灵的可能性。有鉴于此,如何克服治理失灵成为一个有待研究和解决的问题。

在诸多的解决办法中,"善治"(Good Governance)[①]理论最具影响。善治的本质在于它是政府和市民对公共生活的合作管理,是政治国家与市民社会的一种新型合作关系,是两者的最佳状态。善治是使公共利益最大化的社会管理过程,其实质是国家权力向社会的回归。善治既离不开政府,也不能没有市民,善治的过程是一个还政于民的过程,反映了政府与市民之间的良好合作,社团组织在利益表达和协调过程中起到了中介作用,推动政府和市民的沟通与合作,促进善治的发展。市民社会是善治的现实基础,没有健全发达的市民社会,就没有真正的善治。对于治理理论的认识有一种需要克服的危险倾向,即认为治理是建立在国家主权无足轻重的基础上,从而削弱或否定国家和政府在治理中的重要作用。[②]

20世纪90年代以来善治理论发展的现实基础来自于世界各国市民社会及其社团组织不断发展壮大的事实。集中反映了在经历了政府权威不断发展并几乎渗透到社会生活各个领域的背景下,人们对于这样一种政府权力无限扩张及其所带来的负面效果的反思与试图改变的努力。而这一努力并非仅仅来自于社会大众层面,政府也同样意识到了无限政府、全能政府的不足,在政府自上而下的主动推动之下和社会大众自下而上的积极配合之下,一场公共治理的变革由此展开。因此,要弥补政治国家的不足,实现善治目标,就必须促进市民社会的发展,充分

---

① 又译为"良好的治理"。
② 参见俞可平主编. 治理与善治[M]. 北京:社会科学文献出版社,2000:1-8.

发挥社团的中介作用，推动市民与政府之间的良性互动。

第三节　市民社会理论对中国市民社会及民法的影响

一、市民社会理论对发展中国市民社会的影响

20世纪八九十年代以来市民社会理念在全球范围内得以复兴，被称为全球市民社会思潮，其直接原因在于受到了东欧以及苏联国家进行社会转型的影响。人们援引的市民社会概念不再是与政治社会具有相同含义的古老概念，而是一个与国家相对，部分独立于国家的市民社会概念。中国大陆、台湾地区和西方汉学界于20世纪80年代下半叶陆续引入此概念。除了受到了全球市民社会思潮的影响之外，不同的学者和论者有着各自的研究趋向或诉求。① 西方汉学界更加注重对中国史的描述和解释，而不在于对中国将来如何发展的关怀。与西方汉学界不同的是，大陆学者与台湾学者虽然所处的经济和政治环境有所差别，但是基于自身对所处的客观社会环境的亲身体认所产生的强烈的本土关怀情结是一致的。他们所反映出来的首要意图便是对现实的批判和精神的整合，其任务首先就是如何构建起中国的市民社会。② 市民社会理论研究的热潮之所以在中国兴起，一个非常重要的原因是学者们将其视为分析和解决问题的强大理论工具，当代市民社会理论普遍认为市民社会代表了"善"、"满足"、"制约"、"平衡"、"秩序"等积极正面的意义和价值。国内学者关于市民社会的讨论也是"以市民社会与国家、市场以及市民之间的关系为中心展开的。"③正如有学者所总结的："在不同的历史时期市民社会有着不同的理论形态和实际内容，它总是与国家纠缠在一起，呈现

---

① 参见邓正来，[英]J.C.亚历山大编.国家与市民社会——一种社会理论的研究路径[M].北京：中央编译出版社，2005：7.
② 同上：13.
③ ERIKA MEIN. Literacy, Knowledge Production, and Grassroots Civil Society: Constructing Critical Responses to Neoliberal Dominance. Anthropology & Education Quarterly, Vol. 40, Issue 4, pp. 355.

出或是经济、或是文化、或是社会的意义,甚至在一定程度上被政治化。但社会与国家的关系,推而广之,个人与国家、社团与国家、市场与国家的关系始终是市民社会理论与实践的轴心。"①

在这一点上"台湾学者"主张将"民间社会"作为一种抗争国家的手段,由此民间社会与国家的关系构造成为服务于这种抗争的手段,而非目的。这样的主张与"造反对立说"所倡导的只有反抗国家和官员,才能维护市民的利益相一致。关于市民社会与国家之间的关系尚有另一种观点:即"避风港说",主张对国家不予理睬只在已经形成的市民社会领域进行活动。而大陆学者的观点与以上两种完全不同,在思维路径和市民社会与国家之间关系的结构方面的认识均形成了自己的见解,传统的精英式思维路径为自上而下的"新权威主义"和"民主先导论",前者主张依靠强大的政治权威为经济发展提供良好的条件;后者主张先进行政治体制改革,以保障中国经济的发展。这两种方式都遭到了批判,大陆市民社会论者更希望在市民社会与国家之间能够实现自下而上和自上而下的良性互动模式,并且把它作为一种目的性状态②。此种市民社会与国家关系的结构被称为"良性互动结构说"③,其要旨在于国家承认市民社会的相对独立性并提供法律保障,市民通过各种渠道影响国家的决策,制衡国家的力量。

这也是本文所赞同的观点,并且强调中国的市民社会应该是社会主义市民社会,这是由中国的人民民主专政的国家性质所决定的,由这一国家本质所规定的政体必定是代表人民群众根本利益的。那么国家与市民社会之间当然不是一种对立关系,而应当是积极的、正面的、和谐的互动关系。而这一关系的建立和发展有赖于政府自上而下的主动推动和社会自下而上的积极行动,两者缺一不可,并且前者将居于主导地位。

在全球性市民社会思潮的影响下,我国大陆学者形成了构建中国社会主义市民社会的独到见解,概括起来讲就是在市民社会与国家之间实现自下而上和自上

---

① 罗谟鸿、邓清华、胡建华、李芳编著. 当代中国社会转型研究[M]. 重庆:西南师范大学出版社,2007:19.
② 参见邓正来,[英]J. C. 亚历山大编. 国家与市民社会——一种社会理论的研究路径[M]. 北京:中央编译出版社,2005:15.
③ 邓正来. 市民社会理论的研究[M]. 北京:中国政法大学出版社,2002:14.

而下的良性互动关系。关于市民社会的要素,存在三种不同认识:第一种观点认为只要存在不受制于国家权力支配的自由社团,便存在市民社会;第二种观点主张只有整个社会能够通过那些不受国家支配的社团来构建自身并协调其行为时,才存在市民社会;第三种观点强调在具备了第二个条件的基础上,当这些社团能够相当有效地决定或影响国家政策的方向时,才能构成市民社会。

可见,对于市民社会内涵的认识不同,对其构成要素就会有不同的认知和要求。按照"良性互动说"的目标要求,我国的市民社会需要严格的达到第三个条件才算成熟和完善。由于受到中国历史条件和人们思想观念等因素的影响,虽然各种社会团体已经取得了长足的进步和发展,在社会生活的各个领域发挥着不同的作用,但是市民社会要克服内部的不足和外部困境从而实现可持续发展则尚需时日。客观地讲,中国的市民社会尚不成熟并且其发展之路必定漫长。因此本文认为首先要实现市民社会对第二个层次的要求,即赋予广大社团以独立的发展空间,充分实现其自主性。要实现这个层次的要求,在我国宪法已经明确承认了结社自由的前提下,必须尽快制定和出台结社基本法,为培育和发展市民社会意义上的独立社团提供法律保障。在此基础上才能进入到发展中国市民社会的第二个步骤,即在社会团体实现独立自主健康发展的前提下对国家政策进行积极的、正面的影响和倡导,建设民主、和谐、成熟的社会主义市民社会。要完成这一步骤,必须以社团能力的全面提高为必要条件,同时离不开党和政府的主导与支持。

基于市民社会和社团之间所具有的密切的内在关联,作为市民社会的组织形式和中坚力量的社团肩负着发展中国市民社会的历史使命。因此,在建设和发展中国市民社会的过程中,必须合理定位社团角色,充分发挥社团功能。社团应该成为社会治理和民主政治的参与者,不同群体利益的代表者,社会与政府之间的沟通者,行政权力的监督者,以及公共政策的倡导者。随着社团不断发展、成熟,公共政策倡导者应该是社团的一项非常重要的角色,要建设和发展成熟的中国社会主义市民社会,就必须重视和发挥各类社团特别是公益社团的政策倡导功能,使之能够为党和政府建言献策,为中国社会主义现代化建设服务。在此进程中,必须积极推进社会主义法治建设,依法规范和管理社团,为提高社团能力提供法律服务,为中国市民社会的健康可持续发展以及社会主义民主政治的长足进步提供不断完善的法律环境。

二、民法是市民社会的一般私法①

民法与市民社会有着深厚的历史渊源,民法是市民社会的基石。"市民社会观念从其产生的那一刻起就与民事立法和民法文化发生了极其密切的联系,民法本身就是市民社会的有机组成部分。"②通过考察作为现代民法起源的"古罗马市民法"的发展历程我们可以看到:古罗马市民法首先是调整罗马市民关系的法律,随着古罗马帝国的不断对外扩张,市民法已经无法满足古罗马市民以外的社会关系的需求,因此由法官按照自然法精神裁判纠纷,逐步形成了适用于被征服地区居民的万民法,而后两者逐渐融合,公元六世纪由罗马皇帝查士丁尼将现有法律汇编为《查士丁尼法典》,是为前资本主义市民社会的民法。③ 欧洲封建时代的城市法为现代市民法输入了自由、平等的因子。这一时期的市民阶级虽然区别于现代意义的市民,但是已经具有了自由、平等、富于公益精神且生活在团体中的基本特征。④"随着民族国家的建立,过去归共同体管辖的一些事务现在被收服到国家的权力下,于是,过去的小'公域'现在变成大'公域',市民所依附的共同体由小变大,过去离他们很近的公务现在变得遥远了,他们也就愈加频繁地成为私人。"⑤1804年《法国民法典》开创了诉讼法与实体法相分离的先河,是公私法分离的重要标志。该法诞生于资本主义的自由竞争时期,此时具有独立人格、自由平等的市民以财产所有者的身份开始出现,并逐步形成了被认为脱离国家和政治领域的市民阶层,调整其关系的法律被称为市民法。《法国民法典》所宣称的"天赋人权"思想正是这一历史背景的反映,其英文名称 Civil Code 也可译作市民法典。随着资本主义社会化大生产的发展,民法中规定的实质上的不平等逐渐被实质上的平等所取代。

《德国民法典》是德意志帝国于1900年1月1日施行的民法法典,被视为新

---

① 刘士国.中国民法典制定问题研究[M].济南:山东人民出版社,2003:1.
② 赵万一.民法的伦理分析[M].北京:法律出版社,2003:24.
③ 参见谢邦宇主编.罗马法[M].北京:北京大学出版社,1990:18-23.
④ 参见徐国栋.人性论与市民法[M].北京:法律出版社,2006:34-36.
⑤ 同上:39.

市民法的代表,全称为 Bürgerliches Gesetzbuch(简称 BGB)。① "Bürgerliches"中的"Bürger"就是"市民"的意思,新市民法就是以"Burgher"的词根命名的市民法。②与罗马法和《法国民法典》相比较而言,《德国民法典》进一步降低了对其规制对象的道德要求。也就是以市民而非公民作为其人性标准。③ 本文认为这是由该法的立法背景和目的所决定的,主要是为了规范和调整人们的市场经济活动而进行的民事立法。对于经济活动所必需的以诚实信用原则为代表的道德要求已经通过立法转化为法律规范,人们的经济活动更多地受到法律的调整和契约的约束,而对于经济活动所不必需的那些道德要求就显得不如以往那么严格和苛刻了。

马克思对于市民社会及其民法的认识至今仍具有广泛而深远的影响,强调市民社会是国家的前提和基础。马克思主义认为市民社会、民法和国家之间具有密不可分的联系,经济基础决定上层建筑,而上层建筑又反作用于经济基础。马克思所使用的经济基础的概念在内涵上虽然与市民社会不能等同,但是在市场经济条件下,经济基础却是市民社会关系的本质与核心,作为上层建筑的民法当然由其决定并为之服务,因此民法的调整方法、规范形式和调整对象应该不断适应和满足市民社会的客观要求。

三、中国市民社会的发展决定了其民法领域的拓展

我国民法是私法的这一本质属性已是不争的事实。就现有的民法调整范围来看,平等自由的民事主体,包括自然人、法人、合伙等组织形式,可以独立自主地进行契约等多种形式的交往活动,接受民法的调整,满足自身和社会发展的需求,这些市民社会的领域"正是适合民法规定的"④。目前,我国民法典正在抓紧时间制定过程中,其中总则编是整个民法典的基础,其抽象的、一般的规则为民法的发展提供了依据,民事主体制度是民法典总则的一项重要内容。随着我国改革开放

---

① 参见维基百科 http://zh.wikipedia.org/wiki/%e5%be%b7%e5%9b%bd%e6%b0%91%e6%b3%95%e5%85%b8.
② 参见徐国栋.人性论与市民法[M].北京:法律出版社,2006:47.
③ 同上.
④ [日]星野英一.张立艳译.民法劝学[M].北京:北京大学出版社,2006:148.

与市场经济的发展,自然人、法人以外是否存在第三类民事主体虽然仍有争议,但"三主体说"逐渐占据优势,即民事主体除了自然人和法人,尚包括第三类主体——非法人组织。随着我国经济体制改革和政治体制改革的逐步深入,以营利为目的的法人和非法人组织大量存在,除此之外,不以营利为目的的非法人组织也是大量涌现。我国现行《民法通则》事实上已经承认了以合伙组织为代表的第三类民事主体的存在,司法实践也已经证明了明确承认其民事主体地位的必要性。在我国民法典中进一步明确承认非法人组织的民事主体资格,恰恰是民法适应和满足市民社会关系发展变化的必然要求。

我国正大力发展社会主义市场经济,市民社会虽未成熟却处于不断发展繁荣的进程中,各种社团、财团、信托等形式会以更加积极、正面、活跃的面貌不断涌现,广泛地参与市民社会生活,在自身协调发展壮大的基础上,积极参与政治生活,实现与国家的良性互动。我国民法作为社会主义市民社会的一般私法,调整对象为市民社会中的各种社会关系,其发挥作用的领域必然随着中国市民社会的发展而不断扩大。同时民事法律制度的完善与市民社会的发展又是相辅相成的,"民法观念的发达和民法制度的完善又对市民社会的发展和定型化发挥了重大作用,作为私法重要内容的民商法律制度已成为现代市民社会赖以正常运转的一个非常重要的组成部分。"①

因此建设和发展中国社会主义市民社会绝对离不开民法的不断充实与完善,以社团法为代表的市民社会结社基本法正是民法不可或缺的有机组成部分,在探讨市民社会的结社自由问题时也绝对无法绕开社团及其立法问题而展开。

第四节 市民社会中的结社自由及其界限

一、市民社会与结社自由

"市民社会的基本结构是以契约性关系为网络组合而构成的社会系统,而联

---

① 赵万一.民法的伦理分析[M].北京:法律出版社,2003:22.

结契约当事人的纽带则是意思自治。意思自治理念构成了市民社会发展的原动力,给社会注入了新鲜的活力。"①"由于私法主要表现为民法,因此私法自治就主要表现为意思自治。"②而私法自治原则发展至今,在民法领域主要体现为五个方面的内容,即财产自由、合同自由、遗嘱自由、婚姻自由和结社自由。结社自由是私法自治原则的主要表现形式之一。

因此,市民社会与结社自由具有密切的内在联系。"结社自由从最初作为资本主义宪法所确立的'市民社会'的法律基础到作为被国际人权公约和各国宪法所承认的'普遍人权',其间经历了比较漫长和复杂的演变过程。"③从17世纪至19世纪是结社自由理念确立和自由社团形成和发展阶段,在理论层面主要探讨结社自由对限制国家权力、捍卫自由和促进民主的意义等问题;从20世纪初至60年代是结社自由国际化与人权化阶段,主要运用市民社会的结社自由理论呼吁立法,促使结社自由的法治化,在捍卫劳动者的结社权,探索国家通过何种模式与社团进行互动以增进整个国家或某些利益团体的利益等问题;20世纪70年代以来则进入全球社团革命阶段,结社自由观念被普遍接受并被融入人权观念中。④ 结社自由是市民社会的内在要求和本质特征,是市民社会的核心,"结社自由保障的是组成公共团体的权利,是保障每一个人享有自由的组织生活的权利。"⑤结社自由的直接后果是在社会中形成了由人们自由结社组成的具有中介性质的公共领域,在改变了国家与社会关系的同时,也改变了人与人之间关系的模式,实现了人们社会关系从身份制向契约制的转变,从共同体模式向社团模式的转变,为个人创造了按自己的内心意愿和真意来决定自己的权利义务关系的机会。⑥

当代市民社会理论普遍认为,结社是自由的,结社自由包括积极和消极两个方面,即个人不经许可建立组织的权利和不被强制属于某一组织的权利。结社自由的结果是形成社团,各国结社立法中所指的社团主要是以公益为目的的非营利

---

① 赵万一. 民法的伦理分析[M]. 北京:法律出版社,2003:101.
② 同上:100.
③ 莫纪宏主编. 全球化与宪政[M]. 北京:法律出版社,2005:91.
④ 参见王名,刘培峰. 民间组织通论[M]. 北京:时事出版社,2004:62.
⑤ 莫纪宏主编. 全球化与宪政[M]. 北京:法律出版社,2005:99.
⑥ 参见王名,刘培峰. 民间组织通论[M]. 北京:时事出版社,2004:60-62.

性团体,或者是以服务会员为目的的互益性社团。结社自由的基本内容应该包括:建立社团的权利;制订章程和自主活动的权利;取得法人资格或独立法律地位的权利;结盟和建立联合会的权利;加入国际组织的权利;以社团的身份参与诉讼的权利;以社团的身份取得和处分财产的权利。①

在当代,结社自由既是一项基本的民事权利,也是一项宪法性权利,同时也是人们用于维护该项权利的理论工具。在市场经济条件下,结社自由意味着公共领域和市民社会的形成与发展。因此,要建设和发展中国社会主义市民社会,必须全面落实结社自由,包括充分尊重和保障建立社团的权利、社团自主活动的权利、取得法人资格或独立法律地位的权利、结盟和建立联合会的权利、以社团的身份取得和处分财产的权利。

二、结社自由的界限

（一）结社自由具有一定界限的必要性

英国著名哲学家霍布豪斯曾经说过:"普遍自由的第一个条件是一定程度的普遍限制。没有这种限制,有些人可能自由,另一些人却不自由。"②人作为社会的一分子,任何自由都不是毫无边界的,结社自由的界限应该通过国家立法来加以明确,对结社自由予以必要的限制对于一个民族、一个国家而言,具有十分重大的现实意义和不可或缺的必要性。关于这一点很多学者已经进行过十分充分的论证和阐述,本文在此不做赘述而仅对其中三个非常重要的方面稍加强调。

首先,是真正实现结社自由的需要。

古今中外,关于法律和自由的辩证关系,很多学者进行过研究和总结,其中不乏十分精辟的概括。如著名的古罗马学者西塞罗就曾经说过:"为了自由,我们做了法律的奴隶。"③法国思想家孟德斯鸠在谈及什么是自由时也曾经说过:"在一个国家里,也就是说,在一个有法律的社会里,自由仅仅是:一个人能够做他应该

---

① 参见刘培峰.欧盟国家的社团立法:一个初步的介绍[J].环境法律评论,2004,(秋季号):288.
② [英]霍布豪斯.朱曾汶译.自由主义[M].北京:商务印书馆,1996:9.
③ [古罗马]西塞罗.徐奕春译.西塞罗三论[M].北京:商务印书馆,1999:95.

做的事情,而不被强迫去做他不应该做的事情。"①"自由是做法律所许可的一切事情的权利;如果一个公民能够做法律所禁止的事情,他就不再有自由了,因为其他的人也同样会有这个权利。"②我国古代著名的思想家、教育家孔子说过"七十而从心所欲,不逾矩"③,他认为在"从心所欲"的同时"不逾矩"乃人生需要一定岁月的积累才能达到的一种境界,遵从规矩才能随心所欲,强调真正的自由与约束相伴。《现代汉语词典》对"自由"的第一条解释为:"在法律规定的范围内,随自己意志活动的权利。"④一个人生活在社会里,没有无权利的义务,也没有无义务的权利,任何绝对的权利和自由都是不存在的,只有在合理限度内存在的自由才是真正的自由。

其次,是维护社会秩序稳定的需要。

不被规范和限制的结社自由由于缺乏必要的界限,没有为人们的结社行为提供明确的指引,使人们没有办法对自己的结社活动的后果做出预测,造成对结社自由的滥用,导致对他人合法权益的侵犯,甚至与政府进行对抗,成为影响社会秩序稳定的消极因素。而依法规范和限制的结社自由可以使人们能够对自己的违法结社活动的不利后果做出预测,从而指引人们不去做法律所允许之外的结社活动,将自己的结社行为限定在合法的限度之内。同时我们应该看到,如果一个国家的法律对结社自由的限制和干预超出了必要合理的界限,那么也会引发结社行为的法律风险,人们的结社活动很有可能逾越该法律所允许的界限,从而降低法律实效,损害法律权威,扭曲人们本应享有的结社自由,使政府与社会之间的关系要么变得紧张,要么趋于松散。

最后,是保障国家安全和社会公共利益的需要。

古今中外,无数实例表明,如果不对结社自由加以必要而合理的限制,就易于导致损害社会公共利益甚至破坏国家安全的不利后果。比如某些恐怖组织利用人们淳朴的宗教信仰策划和实施自杀式炸弹袭击,不仅扼杀了无数无辜群众的生

---

① [法]孟德斯鸠. 论法的精神(上)[M]. 张雁深译. 北京:商务印书馆,1959:183.
② 同上.
③ 孔子. 论语·为政篇[M]. 长春:吉林文史出版社,2004:31.
④ 中国社会科学院语言研究所词典编辑室编. 现代汉语词典[M]. 北京:商务印书馆. 2006(5):1809.

命和家庭幸福,而且严重影响了居民正常的生产、生活,给当地的经济造成了毁灭性的打击,并引发了人道主义危机,为世界其他国家和地区的人民及国际组织增添了救济压力。孔子说"过犹不及"①,意思是过和不足都是一样不可取的。对于结社自由不可一味只强调约束和限制,同时应该认识到结社自由本来是人基于社会性这一本质属性的基本需求,约束和限制结社自由是为了更充分地实现结社自由,只有认识到这一点,才能恰当地将这种限制保持在一个必要而合理的限度内。

(二)对结社自由进行限制的表现形式

1. 对结社主体的限制

各国对结社主体总体上不加限制,仅个别群体的结社自由受到限制。一般情况下表现为对政府公务人员,如警察,或者军人这些具有特殊职业和身份的人的结社自由加以限制。工人的结社自由也一度受到广泛的限制,但是在国际工人运动和劳工立法的推动下,各国普遍取消了对工人结社自由的限制,通过参加国际公约或国内立法的形式肯定和保障工人通过参加工会来维护自己的合法权益,并且将限制工人结社自由的做法视为对工人的就业歧视,而通过劳动立法等形式反对就业歧视也是目前各国比较普遍的做法。目前我国对结社主体的限制对象主要是公务人员等具有特定职业和身份的人,如规定警察、法官和检察官不得参加"非法组织"等。

2. 对结社目的的限制

各国对结社目的的限制主要是出于维护和保障国家安全、政权稳固、公共利益和法律权威的考虑。《法国非营利社团法》第三条规定:"成立社团所要实现的目的是被禁止的,违反法律、善良风俗的,或者其目的是危害国家领土和政府共和政体的,该社团无效。"②《俄罗斯社会联合组织法》第十六条第一款规定:"禁止其目标或行动旨在于实施极端主义活动的社会联合组织的成立,并禁止其开展活动。"③瑞士《民法典》第五十二条第三款规定:"违背善良风俗或有违法目的的机构、团体组织,不能取得法人资格。"④《联邦德国结社法》第二章《社团的禁止》第

---

① 孔子. 论语·先进篇[M]. 长春:吉林文史出版社,2004:215.
② 金锦萍,葛云松. 外国非营利组织法译汇[M]. 北京:北京大学出版社,2006:100.
③ 同上:199.
④ 李本公. 国外非政府组织法规汇编[M]. 北京:中国社会出版社,2003:187-188.

三条第一款规定:"如果社团管制机关认为,一个社团的目的和活动是与刑法相抵触的,该社团的宗旨是不利于宪法秩序的、不利于国际团结友好的思想的,并且经社团管制机关以命令加以确定后,对这个社团应予禁止。在一般情况下,随同禁令,对社团财产予以扣押和没收。"①类似针对结社目的的限制在多国社团立法中均有规定。

3. 对结社行为的限制

各国对结社行为的限制主要表现为对组建社团和已经组建的社团活动的限制。与对结社主体和结社目的的限制相比较而言,各国对结社行为的限制更为普遍,特别是对结社以后社团活动的限制。

《立陶宛共和国社团组织法》第三条规定:"社团组织应该在立陶宛共和国宪法、本法、其他法律法规和行政规章规定的范围内开展活动。社团组织应该在其章程规定的基础上开展活动。章程应该按照本法规定的程序制订。具备以下条件的社团组织应该被禁止:企图推翻或改变立陶宛共和国的宪法结构的;破坏立陶宛共和国领土完整的,主张战争、暴力或集权政府和极权政府的;会引起种族、宗教或社会冲突的;限制人权或自由的;违反立陶宛共和国法律或立陶宛共和国签订了的国际条约的;为其他国家利益服务(其利益与立陶宛共和国的利益相违背)的;其成员单位反对立陶宛共和国的独立和领土完整的社团组织的成立应该被禁止……"②《爱沙尼亚非营利社团法》第四十条第一款规定出现"非营利社团的目的或者事业活动违反法律、宪法秩序或者善良风俗"③的事由时,"法院可以根据内务部或者其他利害关系人的请求判决解散非营利社团"。④ 我国《宪法》第五十一条规定:"中华人民共和国公民在行使自由和权利的时候,不得损害国家的、社会的、集体的利益和其他公民的合法的自由和权利。"⑤《社会团体登记管理条例》第四条第一款规定:"社会团体必须遵守宪法、法律、法规和国家政策,不得

---

① 王名,李勇,廖鸿,黄浩明编著. 日本非营利组织[M]. 北京:北京大学出版社,2007:275 - 276.
② 李本公. 国外非政府组织法规汇编[M]. 北京:中国社会出版社,2003:251.
③ 同上:229.
④ 同上.
⑤ 中华人民共和国宪法. 中华人民共和国中央人民政府网站 http://www.gov.cn/ziliao/flfg/2005 - 06/14/content_6310_4. htm,2005 年 6 月 14 日.

反对宪法确定的基本原则,不得危害国家的统一、安全和民族的团结,不得损害国家利益、社会公共利益以及其他组织和公民的合法权益,不得违背社会道德风尚。"①可以说大部分国家对于结社行为的限制同样是出于维护和保障国家安全、政权稳固、公共利益和法律权威的考虑。

三、结社自由的法治化与社团立法

(一)对结社自由进行限制的必要限度

英国著名哲学家约翰·密尔在谈及社会凌驾于个人的权威的必要限度时曾经说过:"一个人的行为的任何部分一到有害地影响到他人的利益的时候,社会对它就有了裁判权,至于一般福利是否将因为对此有所干涉而获得增进的问题则成为公开讨论的问题。但是当一个人的行为并不影响自己以外的任何人的利益,或者除非他们愿意就不需要影响到他们时(这里所说有关的人都指成年并具有一般理解力的人),那就根本没有蕴蓄任何这类问题之余地。在一切这类事情上,每人应当享有实行行动而承当其后果的法律上的和社会上的完全自由。"②对结社自由的干预和限制应该以不侵犯和损害他人合法权益、社会公共利益以及国家利益和安全为目的,并且只有在这个限度内才是必要的和合理的限制。如果结社行为没有侵犯到以上利益,那么就不应该受到任何限制,而是完全自由的。因此,对结社自由的全面理解应该包括创设社团的自由,加入或拒绝加入的自由,活动的自由,退社的自由。正如《俄罗斯社会联合组织法》第三条《公民结社权的内容》所规定:"公民的结社权,包括根据自愿原则成立社会联合组织以维护共同利益和实现总目标的权利,加入或拒绝加入现有的社会联合组织的权利,以及毫无阻碍地退出社会联合组织的权利。社会联合组织的成立有助于实现公民的权利和合法利益。公民享有依照自己的意愿、未经国家权力机关和地方自治机关的事先许可,成立社会联合组织的权利以及在遵守其章程规定的条件下加入上述社会联合组织的权利。由公民成立的社会组织可以依照本联邦法律规定的程序登记和获

---

① 社会团体登记管理条例. 中国社会组织网 http://www.chinanpo.gov.cn/web/showBullte-tin.do?id=16084&dictionid=1202.

② [英]约翰·密尔. 论自由[M]. 许宝骙译. 北京:商务印书馆,1959:90.

得法人权利,或者不进行国家登记就开展活动并获得法人权利。"①

(二)结社自由为何要走法治化的路径

在明确了结社自由要有必要的界限的前提下,如何明确这一界限并保证其必要性就成为另一个十分重要的问题。"人的社会行为之所以要自觉地遵循规则,或者说人为什么要制定并遵循法律并成为法律行为的主体即法律上的人,这是由于人类的社会存在及其社会行为的本质属性所决定的。"②"当人类从经验中发现,人们离了社会便不可能存在,而且人们如果放纵他们的欲望,也就不可能维持社会;于是那样一种迫切的利益便迅速地约束住他们的行为,而以遵守我们所谓正义法则的那些规则的一种义务加于人们。"③众所周知,法律对人们的行为具有预测、指引、强制、教育和评价等功能。无论从法律功能的角度考虑,还是从各国立法与实践经验的角度来考察,结社自由法治化路径可以在对结社自由进行必要而合理的限制的同时有效保障结社自由的实现。正如霍布豪斯所言:"自由和法律之间没有根本性的对立。相反,法律对于自由是必不可少的。当然,法律对个人施加限制,因此它在一个特定时候和一个特定方面与个人的自由是对立的。但是,法律同样也限制他人随心所欲的处置个人。法律使个人解除了对恣意侵犯或压迫的恐惧,而这确实是整个社会能够获得自由的唯一方法和唯一意义。"④

在世界各国纷纷以国内法的形式承认和保障结社自由的基础上,从20世纪初开始人类社会还在国际范围内展开了结社自由法治化的实践。比如将结社自由理念贯彻于劳动关系中以及旨在消除种族歧视的国际公约中,包括1919年国际劳工组织颁布了致力于保护劳动者结社权的公约;1948年联合国大会通过的《世界人权宣言》规定了组织和加入工会的权利以及和平结社的自由;1966年《公民权利和政治权利国际公约》规定了结社自由以及组织和加入工会的自由以及1965年《消除一切形式种族歧视国际公约》规定了禁止在行使结社自由权利方面进行种族歧视的条款。

同时,前文所列举的目前各国对结社自由进行规范和限制的立法实践也是最

---

① 金锦萍,葛云松. 外国非营利组织法译汇[M]. 北京:北京大学出版社,2006:193 – 194.
② 王利民. 论人的私法地位——从一个制度的分析[M]. 北京:法律出版社,2007:19.
③ [英]休谟. 关文运译. 人性论[M]. 北京:商务印书馆,1980:610.
④ [英]霍布豪斯. 朱曾汶译. 自由主义[M]. 北京:商务印书馆,1996:9.

好的证明,从各国社团发展演进的历史进程我们还将看到,限制、落实和保障结社自由最终还是要通过立法来实现的,结社自由法治化是一条符合人类社会历史发展规律和趋势的有效路径。通过结社自由的法治化路径,可以达致国家与市民社会、个人的结社自由与国家对社团监管之间的平衡。

(三)结社自由法治化的基本前提——有法可依

"有法可依、有法必依、执法必严、违法必究"是建设法治国的必然要求。要实现结社自由的法治化,有法可依是基本前提,是必要不充分条件。离开了这一基本前提和条件,结社自由法治化就犹如一纸空文。中国要建设社会主义民主法治国家,实现结社自由及其法治化,也必须遵循这一基本规律,首先做到有法可依。而且这正是立法机关所应当履行的义务,正如两百多年以前英国著名法学家边沁所言,制定法律既是最高权力机关的权力,也是其应当履行的义务。① 从目前我国的实际情况来看,虽然结社自由已经在宪法中加以明确,并且还有若干法律、法规和规章进行规范和调整,但是要真正实现结社自由的法治化还有相当长的路要走,可谓任重道远。我们应该清醒地认识到:"在权利和权力的关系中,权利本位的法律精神意味着:公民的权利是国家权力的源泉,也是国家权力配置和运作的目的和界限,即国家权力的配置和运作,只有为了保障主体权利的实现,协调权利之间的冲突,制止权利之间的相互侵犯,维护和促进权利平衡,才是合法的和正当的。"② 要实现结社自由权,仅有公法规范是远远不够的,只有国家的管理权力却没有个人的结社权利,那么这种"权力"就无异于空中楼阁,是缺乏最根本的"权利"作为"源泉"和基础的。因此当前我国最为迫切的社团立法任务当属抓紧制定并出台作为民事单行法的结社基本法,并以此为中心建立健全配套法律制度,完善社团立法,逐步实现结社自由的法治化。

---

① [英]边沁. 沈叔平等译. 政府片论[M]. 北京:商务印书馆,1995:227.
② 张文显. 20世纪西方法哲学思潮研究[M]. 北京:法律出版社,1996:507.

第二章

国外社团及其立法发展经验

第一节 德国社团及其立法发展历史与现状

一、德国社团发展历史演进①

(一)德国社团发展历史

德国拥有为了自由和权利而奋斗的悠久历史。被誉为"结社之邦"、"社团化国家",各种社团组织数量众多,在德国社会生活的方方面面发挥着重要作用并且影响广泛。德国社团发展大致经历了以下四个历史阶段:

第一阶段:以中世纪的行会为代表。

这一时期处于封建社会的德国自然经济居于主导地位,商品经济发展缓慢,一些农民来到城市,以生计为目的,在商品价格和生产资料来源等方面进行信息交流,相互支持。一些手工业集团进行合作,组成行会组织,行会包含了契约、规定、会议和集会的意思。有了行会组织的支持和保护,手工业者得以摆脱封建社会的人身依附关系,成为城市里经济独立的自由人。同时行会组织对个体手工业

---

① 本部分关于德国社团发展历史的内容主要参考了王建芹等. 从自愿到自由——近现代社团组织的发展演进[M]. 北京:群言出版社,2007:136-151. 王名,李勇,黄浩明编著. 德国非营利组织[M]. 北京:清华大学出版社,2006:24-54. 以及[美]莱斯特·M.萨拉蒙等. 贾西津,魏玉等译. 全球公民社会——非营利部门视界[M]. 北京:社会科学文献出版社,2007:83-99.

者的产品质量进行监督,为确保产品质量、提高行业声誉和促进行业发展起到了积极的推动作用。从总体上讲,行会组织对于规范商业活动,促进商品经济的萌芽与发展,维护城市商业秩序均发挥了积极作用。可以说"中世纪城市行会对德国人结社精神的影响弥深。行会文化衍生出了一种新的公共道德:社会成员无论出身、地位、族群和信仰如何不同,都应遵守共同的规则、纪律和职业道德。这打破了中世纪的封建等级制度,滋生出平等观念、公共伦理和团体意识,成为德意志文化中一种普遍的公共精神。"①

正因如此,当时的政府也乐于看到行会权力发挥功能,认可了行会权力。虽然行会组织并没有获得法律的明确认可,但是在行业组织和自治方面还是进行了初步有益的尝试,培养了市民的民主意识,其实质为政府与行会性社团对部分社会公共事务的共同管理,为日后德国市民社会的发展奠定了基础。

第二阶段:18世纪至20世纪初以新兴资产阶级市民组织及劳动结社为代表。

随着德国资本主义生产关系的萌芽与发展,各种以新兴资产阶级为主体的市民组织方兴未艾,它们代表资产阶级的利益,在与封建政权的矛盾中迂回前行。德国资本主义经济的发展造就了一批工人阶级,19世纪的德国先后出现过互助储金会、工人教育协会等工人结社,它们是代表无产阶级利益的自愿结社,肩负着反抗封建王朝与资产阶级双重压迫的历史重任。

在声势浩大的无产阶级革命的压力下,当时的德国政府不得不建立起以消除革命为目的的社会保障制度作为政治投资。在工人结社与政府长期博弈的过程中逐渐形成了社团自治原则,在当时结社自由尚未得到法律认可的情况下,是政府对社团的让步与妥协,同时工人结社活动也推动了德国社会保障制度的建立。

第三阶段:二战后普遍发展的各种结社组织。

二战后德意志联邦成立,奉行自由竞争的同时强调社会秩序,并不排斥以市场经济为基础的国家对经济的干预。在民主政体和市场经济条件下,德国社团发展进入了新阶段。结社权利重新受到重视,各个社会领域的社团不断涌现,包括各种经济性社团如行业协会、工商业联合会,兴趣爱好类社团如集邮协会,还有文化、体育、学术等领域的社团,以及旨在消除贫困、提供社会扶助的公益性社团

---

① 王名,李勇,黄浩明编著. 德国非营利组织[M]. 北京:清华大学出版社,2006:24-25.

等等。

战后德国结社组织的活跃促使联邦德国于1961年成立了经济合作部,开始有计划地向市民组织提供资金,支持其在发展中国家开展援助活动,从而构建起政府与市民组织之间的合作框架。正是有了来自政府的支持,德国的市民组织更加有能力、有信心去关注发展中国家的经济与社会发展问题,为发展中国家的教育、卫生等事业的进步做出了一定的贡献。因此,可以说来自政府的认可与支持是各类结社组织发挥积极作用的外在助力。

第四阶段:20世纪70年代后参与和影响政府决策的市民结社。

20世纪70年代以后,德国各地先后出现了市民倡议会,通过监督、评议和建议等方式,旨在维护市民权益,关注和影响政府的公共决策。70年代至80年代各种环保组织开始发展壮大,对人们的社会生活和政府的公共决策都发挥了积极有益的影响,如德国绿色和平组织。它们在资金和道义上均得到了政府和民众的大力支持。再比如德国工业协会,是另一种具有相当大的政治影响力的社团,集中代表了德国商业部门的利益。2004年9月13日,该协会在其网站上刊发了一则新闻,称关于减少飞机噪声的法规(试行本)削弱了德国经济的出口力。这一主张对于德国环境部门是否施行该法规的决策起到了一定的影响。① 这一时期是德国社团发展进程中又一个质的飞跃,在实现社团独立、自律、自治的基础上,积极主动地与政府互动,参与并影响公共政策的制定,是社团发展的新阶段。

我们可以得到这样的启示:社团能够有效参与公共政策的制定过程并发挥积极的影响,建立与政府之间的良性互动关系。这种关系并非在社团发展的最初阶段就能实现,是需要经过双方长期的磨合与合作,在逐步增进彼此信任的基础上才能建立起来的一种理想的互动关系模式,两者是一对矛盾的统一体,在相互作用中实现双赢。

概括起来,德国政府与社团的关系先后经历了几次转折:1816年普鲁士政府的否定,1871年的部分承认但尚未得到法律认可,直至1919年德国宪法将结社权上升至宪法权利,结社权终于获得了法律的认可并得到了政府的完全承认和大力支持。而结社权在获得法律认可和政府支持以后促使社团为社会做出了更多有

---

① 参见[德]多利斯·雷兰克.德国:结社之国[J].中国改革,2005,(11):56.

益的贡献。

（二）德国社团发展现状

在德国，非营利组织以社团数量最多，因此社团往往成为非营利组织的代名词。它们或是通过动员个人和社会资源以解决社会重大问题的社会组织，如地球之友；或是为了拥有共同兴趣爱好的人群提供一定的场所和空间，旨在增进其成员利益的兴趣团体或利益集团，如纸牌爱好者团体、德国车主协会。① "社会团体"一词在德国的含义甚广，几乎等同于人们通常所讲的"非营利组织"的范畴。② 德国具有以强有力的政府支持为特征的、规模可观的非营利部门。

由美国霍普金斯大学萨拉蒙教授领导的约翰·霍普金斯非营利部门比较项目的调查结果显示，非营利部门已经成为德国一个坚实的经济力量，在国家的消费和就业中占有很大的份额，如德国的环保产业创造了近百万人的就业，其环保技术及产品出口居世界首位。③ 具体体现在以下三个方面：④第一，是一个940亿美元的产业。宗教成分不计算在内，1995年德国非营利部门的运营费用高达944亿美元，占国家GDP的3.9%。第二，是一条重要的就业途径。容纳了144万个全职就业岗位，占全国非农业就业的4.9%，服务行业就业的12%和全部政府部门⑤就业的30%。第三，就业人数多于全国最大的私营企业。1995年非营利部门的就业量是全国最大的私营企业西门子公司就业人数的四倍。第四，在非营利部门就业的人数超过了很多实体企业。在该项目调查的22个国家中，德国非营利部门占全国非农业就业的比例超过了22国的平均值即4.8%，但是仍低于某些西欧国家及其他发达国家的水平。

根据以上数据我们可以得出这样的结论：在促进经济增长和扩大就业两个方

---

① 参见[德]多利斯·雷兰克. 德国：结社之国[J]. 中国改革，2005,（11）：56.
② 李本公主编. 国外非政府组织法规汇编[M]. 北京：中国社会出版社，2003：362.
③ 参见王名，李勇，廖鸿，黄浩明编著. 日本非营利组织[M]. 北京：北京大学出版社，2007：192.
④ 参见[美]莱斯特·M. 萨拉蒙等. 贾西津等译. 全球公民社会——非营利部门视界[M]. 北京：社会科学文献出版社，2007：85. 对于作者所论及的志愿者的贡献，笔者认为志愿者是为非营利部门贡献过时间和精力的人，性质上不同于支薪人员，不应该计算在就业人数中，因此仅引用作者谈及的前四个方面.
⑤ 此处全部政府部门包括中央、地方和各级政府。参见[美]莱斯特·M. 萨拉蒙等著，贾西津等译. 全球公民社会——非营利部门视界[M]. 北京：社会科学文献出版社，2007：85.

面的贡献已经成为德国社团在当代发展的新亮点。

目前德国的社团按照是否登记可以划分为登记社团和未登记社团。根据德国司法部门提供的数据,注册登记的社团数量可达55万个,未经登记的社团也在50多万个左右。无论是否登记,均具有以自愿为原则、不以营利为目的、独立于政府、以谋求更广泛的公共利益为目的、参与公共管理和影响公共政策的特征。

(三)德国社团如何增强社会影响力——以地球之友等环保组织为例①

根据王名等学者赴德国实地调研的个案报告《草根联盟——地球之友(BUND)》,地球之友是由美国人David Brower于1969年在加州成立的,目前在70多个国家拥有100万合作会员,其会员是不同的环保NGO,因此可以说地球之友是旨在保护环境的草根组织联盟网络。与绿色和平组织在各国设立分支机构的组织和工作方式不同,欧洲的地球之友会员组织规模大小不等,德国的一个地球之友联盟成员有30万个人会员,200多名专职工作人员。

德国的环保工作拥有广泛的群众基础,在德国很多人都相信环保要依靠的是群众和环保NGO,而不能完全依赖政府。德国的环保群众基础并不是一朝一夕建立起来的,而是经历了较长时间的社会各界的努力才达成的。根据对该实地考察后形成的调研报告的分析,本文认为可以归结出以下几个方面的经验:

首先,从德国政府角度看,一是20世纪50、60年代以来,德国政府将许多政府职能释放给非营利组织,从而在一定程度上促进了德国非营利组织的大发展。二是税收优惠政策是地球之友能够从社会得到更多资助的重要原因。三是德国法律规定,公民在年满22岁取得社会保障号之前,必须具有一年社会服务的经历,因此在德国有很多人作为志愿者参与到公益活动中去。四是德国非常重视环保教育,从幼儿园到学校,都非常重视培养环保意识、传授环保知识,并采用课堂讲解与有趣的课外活动相结合的方式进行。

其次,从德国环保组织角度看,一是开展公众环境教育,通过发放免费杂志、提供免费讲座、主办环保杂志、充分利用环保网站等渠道向社会传达环保信息和环境变化的背景知识,使环保理念逐步深入人心,进而影响政治家和商人,使他们

---

① 本部分内容参见王名,李勇,廖鸿,黄浩明编著.日本非营利组织[M].北京:北京大学出版社,2007:190-211.

重视自己的意见和建议并付诸行动。二是通过会员影响其家庭成员,从而扩大影响。目前德国各类环保组织的会员人数大约在 1500 万人,约占全国人口的 1/6,通过这些会员向其家庭成员宣传环保理念和环保知识,可以使全国近一半的人都能参与到环保活动当中。三是通过多种形式向政府表达观点和主张,比如写信给政府、将意见传递给政府官员或诉讼等方式来倡导并影响公共政策的制定。四是争取社会各界的资金支持,通过会员交纳会费、向工商界寻求赞助等渠道扩大资金来源,从而保证有充足的资金为开展环保活动提供支持。

尽管这些经验是来自德国环保组织的实践,但是却能够反映出社团发展中的一些普遍规律,可以类推适用于很多社会领域,包括社团如何开展活动来宣传主张、扩大社会影响,政府如何鼓励和支持社团开展公益活动,特别是运用法律手段促使更多的人志愿参与社会公益活动,均值得我们参考和借鉴。

二、德国社团立法现状

(一)立法框架

德国是大陆法国家,同时具有很强的普通法传统。对于严谨的德国人来说,"法律比自由的观念常常更为重要"①。德国的社团立法比较完整,表现为多层次的立法框架。宪法中规定了对结社自由的保护,根据德国宪法,"结社"指的是两个以上的法人或自然人依照同一宗旨组成的社团;一个社团要拥有共同的宗旨;任何公民都有权组织或参加社团;社团及其内部会员和领导机构的权利受法律保护。同时具有两个方面的限制:一是不得触犯刑法;二是不得违反宪法秩序或国际团结友好的思想。同时对劳动者的结社权进行了特别强调。②《德国民法典》专门就社会团体的注册登记、基本分类、治理结构、基本权利和监管等问题进行了详细规定。同时《联邦德国结社法》对结社的原则、社团的定义、社团管制的措施及其实施细则也进行了明确规定。此外行政立法也从不同的角度对社团及其活动进行规范和调整。德国作为一个联邦制国家,强化社会团体在法律范围内的自

---

① [英]阿米·古特曼等. 吴玉章,毕小青等译. 结社——理论与实践[M]. 北京:三联书店,2006:368.
② 王名,李勇,黄浩明编著. 德国非营利组织[M]. 北京:清华大学出版社,2006:31.

治,通过公共舆论监督以及地方立法来抑制和处罚社会团体的违法行为。

(二)法律形式

《德国民法典》按照是否具有法人资格为标准将社团划分为有权利能力社团和无权利能力社团两种类型。其中有权利能力社团的规定比较详细,而无权利能力社团的规定则比较简要。

有权利能力社团区分为外国社团和本国社团。外国社团最初是为了德国的殖民社团制定的,现在主要适用于住所在国外而在国外不具有权利能力的社团。[1] 这类社团要具备权利能力只能通过特许制获得。

本国社团根据其是否以经营营利性事业为目的,分为营利性社团和非营利性社团。营利性社团又叫作经济性社团,根据《德国民法典》第22条:"以营利为目的的社团,无特别的帝国法律规定时,因国家的授予而取得权利能力。社团所在地的邦有授予的权利。"[2]因此其权利能力必须通过特许才能获得,实践中经国家批准取得权利能力的经济性社团为数很少。非营利性社团又叫作非经济性社团,可通过准则制度取得权利能力,即一个社团只要具备法定要件就可以获得权利能力。社团登记需要一段时间,设立中的社团也是无权利能力社团。"鉴于它即将成为有权利能力的社团,人们把这种过渡阶段的社团称为'前社团'。"[3]无权利能力社团无最低会员人数和章程内容方面的要求,一般只需要一个设立行为和组织章程即可。在德国,从事公益活动的非营利组织可以选择的法律形式包括法人社团和非法人社团,即有权利能力的社团和无权利能力的社团。其中有权利能力的社团具有独立的民事权利能力和行为能力,能够以自己的名义独立行使民事权利并承担民事责任,因而具有独立的民事主体资格,这是其有别于非法人社团的主要特征。非法人社团在组织机构方面可能与法人社团相同或相近,但不具有独立的民事权利能力和行为能力。非法人社团是以社团的名义对外开展经营活动的,要承担无限责任,它的会员以个人财产承担责任。根据《德国民法典》第21条:

---

[1] [德]迪特尔·梅迪库斯. 邵建东译. 德国民法总论[M]. 北京:法律出版社,2001(2):829.
[2] 王名,李勇,黄浩明编著. 德国非营利组织[M]. 北京:清华大学出版社,2006:262.
[3] [德]卡尔·拉伦茨. 王晓晔,邵建东,程建英,徐国建,谢怀栻译. 德国民法通论[M]. 北京:法律出版社,2003:208.

"以非营利为目的的社团,因登记到有管辖权的区法院的社团登记簿中而取得权利能力。"①因此社团要具备权利能力,必须到地方法院的社团登记处登记取得法人资格。

(三)设立模式

德国的社团有权选择是否注册登记,经过登记的社团具有法人资格,不登记的则不具有法人资格。非营利性社团只要具备了法律规定的要件即可获得权利能力,采用的是准则主义设立模式。登记条件为:会员人数在7人以上;有组织章程;设置经会员全体大会民主选举产生的董事会,由董事会代表社团提出登记申请。登记管辖机关为社团所在地的初级法院。

(四)治理结构

1. 社团章程

有权利能力社团根据法律规定和社团章程在内部实行民主管理,《德国民法典》第25条规定:"有权利能力的社团的组织,除以下列规定为依据的外,由社团章程予以规定。"②可见,社团章程是德国社团自治的依据,在法律有强制性规定的内容之外,社会章程均可做出规定。

社团章程的必要记载事项:《德国民法典》规定了登记社团章程的最低要件和内容。第57条规定了章程的最低要件:(1)章程的内容必须包含社团的目的、名称和所在地,并指明社团将要登记从而取得权利能力;(2)社团的名称应该明显地区别于在同一地点或者同一市镇内现存的已登记社团的名称。③ 同时,根据第58条,社团章程的内容还应当包括:(1)会员的入社和退社;(2)会员应否出资及出资的种类;(3)董事会的组成;(4)召集会员大会的要件、召集方式以及关于决议的公证。④

变更社团章程的决议:根据《德国民法典》第33条第一款的规定,变更社团章程的决议必须由出席会员大会的会员四分之三多数才能做出。对变更社团目的

---

① 王名,李勇,黄浩明编著.德国非营利组织[M].北京:清华大学出版社,2006:262.
② 同上.
③ 同上:270.
④ [德]卡尔·拉伦茨.王晓晔,邵建东,程建英,徐国建,谢怀栻译.德国民法通论[M].北京:法律出版社,2003:202.

来说,应当征得全体会员的同意,缺席会员的同意意见应当以书面的形式做出。①但是第40条同时规定"章程也可以做其他规定。"②表明法律承认了社团通过组织章程做出其他规定的优先效力。

《德国民法典》要求有权利能力社团至少具有会员大会和董事会两个机关。

2. 会员大会

(1) 会员大会的法律地位和主要职能。

根据《德国民法典》的相关规定,会员大会是社团最高权力机关,它的作用是决定社团的内部事务,在社团内部形成社团的意思,如果章程中没有其他规定,会员大会所形成的意思就是对社团事务的最后决定。会员大会还有权设置和监督其他社团机关,特别是选任和解聘董事会。

(2) 会员大会的召开。

会员大会一般在章程规定的情形下召开,或紧急情况以及为了社团利益所必要时召开。在特殊情况下,如果章程中所规定的一定人数的会员或虽然章程中没有规定但占会员人数十分之一的会员经书面陈述目的和理由,要求召开会员大会的,应该召开。如果未获允许,初级法院可授权有关会员召开会员大会。此项规定的目的是防止董事会的独断专行。根据章程的约定或法律规定,会员大会有权向其他机关发出指令,要求对其进行报告。包括在没有将取得和审查财务报告的任务交给其他机构的情况下要求其他机构对其进行定期的财务报告,并可以聘请审计员审查财务并向其报告审计结果。

(3) 会员大会的决议。

会员大会决议有效的前提是在召集会员大会时表明所要决议的事务,原则上每个会员都有一个表决权,但是章程中规定某些会员享有多数表决权的除外。每个会员都进行书面表决的可以不经召开会员大会而形成决议。会员大会决议应该经过参与投票的与会会员的多数票做出。社团修改章程、宗旨、目的和变动业务范围等重大事项的决定权在会员大会,获得通过后应当报地方法院备案。

---

① 王名,李勇,黄浩明编著. 德国非营利组织[M]. 北京:清华大学出版社,2006:264.
② [德]卡尔·拉伦茨. 王晓晔,邵建东,程建英,徐国建,谢怀栻译. 德国民法通论[M]. 北京:法律出版社,2003:224.

(4)会员的权利和义务。

社团的会员享有平等的权利,权利的内容由社团章程规定,没有规定的则从法律规定。根据《德国民法典》的相关规定,会员的权利可以概括为以下内容:特别权,社团章程可以规定个别会员享有特别权利;表决权,会员有权参加会员大会并行使表决权以形成决议,决定社团事务,个别会员可能不享有表决权,但是应该在其入会时向其交代清楚;参与管理权,会员享有参与管理社团事务的权利;受益权,会员有权为了自己的利益而无偿享受和利用社团资源。

对于会员权利的限制,《德国民法典》第38条规定:"会员资格是不可转让和不可继承的。由会员资格产生的权利的行使,不得交给他人。"[1]但是第40条又规定:"章程也可以做其他规定。"[2]可见第38条并非强制性条款,社团章程可自行规定。

(5)会员资格的得丧变更。

社团的会员资格是通过参加社团的设立或社团成立后加入社团而取得的。社团章程中应当包括加入社团的规定,德国允许社团以自认为合适的理由——如性别、国籍或宗教信仰等——拒绝新会员的加入。会员资格的终止事由包括死亡、退社以及被社团开除。《德国民法典》第39条规定会员有退出社团的权利[3]。会员享有退社权乃结社自由的应有之义,即使是社团章程也不能免除这项会员权利,从权利的性质上讲应该属于形成权,无须征得会员大会或董事会的同意,只要有意退社的会员单方做出明确的意思表示即可成立,但是退社时间可能受到社团章程相关规定的约束。第39条第二款同时规定,社团章程可以规定只有在事务年度终了时或者在预告期满后才准许退社,预告期最长不得超过两年。[4] 会员在一定条件下可能被开除,社团章程可以就开除事由做出规定,在章程中没有规定时,须满足重大事由方可开除,通常由会员大会负责,章程另有规定的除外。

---

[1] 王名,李勇,黄浩明编著.德国非营利组织[M].北京:清华大学出版社,2006:265.
[2] [德]卡尔·拉伦茨.王晓晔,邵建东,程建英,徐国建,谢怀栻译.德国民法通论[M].北京:法律出版社,2003:224.
[3] 王名,李勇,黄浩明编著.德国非营利组织[M].北京:清华大学出版社,2006:265.
[4] [德]卡尔·拉伦茨.王晓晔,邵建东,程建英,徐国建,谢怀栻译.德国民法通论[M].北京:法律出版社,2003:227.

所谓"社团罚",是指社团在一定条件下对会员所享有的处罚权。会员加入社团意味着接受社团对自己的纪律约束,作为自治性社会组织,社团对会员享有一定的处罚权,在社团章程中可以有关于对会员予以处罚的事由和程序的规定。处罚权的行使应当以维护社团纪律为目的,并且应该遵守程序性规定。同时应该受到国家司法权的管辖,德国法院审查社团处罚手段的目的是使个人免受团体专制权力的损害,是法治国家所必不可少的。因为"罚款、名誉制裁以及开除出职业团体不仅仅涉及到财产、名誉和职业发展,而且在极端的情况下还会对当事人的生计发生严重后果。法院不得仅限于审查那些对当事人实施重大制裁的情况。"[①]"一个决议,只有当它在程序方面满足了法治国家的最低要求时,它才具有合法性。对此,形式方面的要求是遵守程序性规定,保证有法律上规定的听取意见和辩论的机会;实质性方面的要求是当事人的确做了应由他负责的行为,且其行为够得上章程中规定的处罚条件,或构成开除出社团的重大理由,从而该处罚从性质上作为一种纪律处罚是允许的,且符合章程的规定,而且该处罚在性质和程度上是恰当的,而不是过分的。"[②]"有意贬低当事人或者不必要的揭露的做法是不允许的。对此负责的社团机关仅在对某些问题的审查上,如某种行为是否损害了社团的名誉,严重危害了社团的团结,或违背了社团的宗旨等,有一定的自由裁量权,但也不得超越其合理运用该权力的范围。"[③]可见,社团对于会员处罚权的行使必须遵守章程的规定,最好具有关于处罚事由和程序的明确而具体的规定,保证拟被处罚的会员享有并能够行使陈述权和申辩权,处罚必须合法公正,做到过罚相当,禁止过度处罚,有关社团机关自由裁量权的行使必须做到合理且保持必要的限度,以避免损害拟被处罚会员的合法权益。社团的处罚权还应该接受全面的司法审查和监督。这就意味着会员就社团罚不仅在社团内部享有陈述权、申辩权和正当程序权,在社团外部还应当享有司法救济权。

3. 董事会

根据《德国民法典》第 26 条、第 27 条的规定,社团必须设立董事会,董事会的

---

① [德]卡尔·拉伦茨. 王晓晔,邵建东,程建英,徐国建,谢怀栻译. 德国民法通论[M]. 北京:法律出版社,2003:231.
② 同上:232.
③ 同上.

选任和职责如下:

(1)董事会的代表权及其限制。

董事会对外代表社团,具有相当于社团法定代理人的地位。董事会对外进行的意思表示代表的是社团,因此产生的法律后果由社团承担,而非董事会及其会员自己承担。当然这种代表权不是毫无界限的,根据德国学界的主流观点,"其代表权的范围不包括那些对第三人来说已明显超出社团目的所涉及的范围而进行的行为。"①社团章程可以对董事会的代表权加以限制,有关的限制性规定应该在社团登记簿上进行登记。限制性规定能够对抗第三人的条件是进行过登记或者第三人知晓该规定。

(2)董事会的业务执行权及选任和解聘。

董事会负责社团的日常事务,向会员大会或依据章程向监事会报告工作。会员大会有权选任董事会,也有权解聘董事会或其个别会员。解聘董事会的条件包括章程规定的重大理由或者严重违反职务要求以及缺乏通常的执行业务的能力等情形。

4. 其他机关

社团章程可以规定设立其他机关,如监督机关,负责监督董事会并向会员大会报告情况;社团还可以选任特别代理人为社团进行法律行为,在受指示的活动范围内享有代理权。

(五)筹资模式和营利禁止

1. 筹资模式

从总体上讲,德国的社团是以政府资助为主导的筹资模式,其主要资金不是来自于个人的慈善捐赠,也不是各种形式的收费,而是公共部门的支持,即政府拨款。在约翰·霍普金斯非营利部门比较项目调查的 22 个国家中,德国公共部门的支付比例(64%)远远大于 22 国的平均值(40%),而会费和收费的比例(32%)则较 22 国平均值(49%)小得多。② 正是基于政府的补贴原则,使德国社团对于

---

① [德]卡尔·拉伦茨.王晓晔,邵建东,程建英,徐国建,谢怀栻译.德国民法通论[M].北京:法律出版社,2003:213.
② [美]莱斯特·M.萨拉蒙等.贾西津,魏玉等译.全球公民社会——非营利部门视界[M].北京:社会科学文献出版社,2007:94.

市场的依赖性不像其他国家那样强,德国的经济性社团采用严格的特许制设立模式并且很难通过特许的事实证明了这一点,这种对于政府支持的高度依赖性经常招致批评。值得注意的是,不同领域社团的主要收入来源还是存在差异的,并非都是以政府资助为主导的筹资模式。公共部门主导领域主要集中于卫生保健、教育、社会服务、市民、发展、外国援助政策和国际活动等政策领域,其中卫生保健和社会保障是最主要的受益领域,受政府资助的非营利组织在财政运作或政府基金运作方面并不是完全独立的。而行业协会、环境、文化以及慈善等四个领域则是会费收入主导的领域。[1] 比如德国地球之友的全部开支的95%是来自于社会捐赠和成员会费的,因此其在政治上非常独立,即独立于政府之外。而越是得到政府和民众支持的非营利组织,受到的期望值就越高,法律法规对其财务管理和资产运作的规范性和透明度也有更高要求,需要对政府、捐助者及其会员负责,接受广泛的监督。但是德国社团目前的活跃程度绝非单纯依靠政府资助所能达到,近年来,社团开始参与到提供社会和文化领域的服务活动中,服务性收费成为这些社团重要的收入来源,政府开始逐步取消对这些领域的资助,迫使许多社团开始谋求与商业性公司的合作以增加收入。

2. 营利禁止

在德国,包括社团、有限责任公司、股份有限公司和基金会在内的各种社会组织既可能是公益的,也可能是营利的。因此德国税法比较中性,是否能够享受税收优惠与社会组织的法律形式无关,关键取决于其是否从事非营利性的公益事业。公益性社会组织如果从事了非公益性的活动,也必须依法纳税。

因此德国社团是可以从事营利性经营活动的,但是是否能够享受税收优惠以及优惠幅度如何是由该实体的经营是否被视为相关目的经营来决定的。《会计法则》对"相关目的经营"进行了专门的定义:"享受税收特惠的实体的营利性经营必须符合下列条件,才能被视为是相关目的经营:一是必须对享受税收特惠的实体在其章程中表述的目标有支持和帮助;二是必须是履行其章程中的目标所需要的;三是只有在不可避免的情况下,才允许为履行其非营利性目标而与其他不享

---

[1] [美]莱斯特·M. 萨拉蒙等. 贾西津,魏玉等译. 全球公民社会——非营利部门视界[M]. 北京:社会科学文献出版社,2007:94.

受税收特惠的实体进行竞争。"① 社团如果符合相关目的经营的条件即可享受税收优惠。德国公益免税政策分为三个层次：一是公益目的、公益宗旨的活动可获得全额免税；二是与公益事业相关的营业活动，可降低税率至 7%；三是纯粹营业性活动须全额纳税。在德国，社团是被慈善机构采用最多的一种组织形式，虽然社团几乎都是非营利组织，但是并非只能从事免税活动。

（六）无权利能力社团

根据《德国民法典》第 54 条，对于无权利能力社团原则上适用关于合伙的规定，以此种社团的名义与第三人实施的法律行为，由行为人自己承担法律后果；两人以上实施行为的，行为人作为连带债务人承担责任。② 然而对于无权利能力社团，有时无法从合伙规定中找到适合该社团结构的规则，司法判决普遍承认由社团章程取代合伙规定。对于不以权利能力为条件的，司法判决类推适用关于有权利能力社团的规定。问题主要集中于以下五个方面：一是无权利能力社团的姓名权问题。无权利能力社团对外以自己的名称出现、实施法律行为。社团的名称具有连续性，标志着社团的个体化，不会受到其成员变更的影响。使社团可以作为一个与其成员相独立的实体而存在。二是无权利能力社团的财产归属问题。对于土地等不动产依法需要经过登记而取得权利，但是无权利能力社团的财产是归属于全体成员共同所有的，那么理论上就应该由社团的全体成员一一进行登记，而任何成员退社或加入都必须更新登记以保持登记的准确性。这样不仅需要频繁变更登记，而且对于大型无权利能力社团而言逐一登记的工作量势必繁重，不够现实。因此有学者主张应该以社团的姓名进行登记，以此替代社团全体成员的签名。三是无权利能力社团的债权债务问题。对于经济性无权利能力社团而言，根据合伙法在一定条件下由其成员承担无限责任基本是没有问题的。但是对于非经济性无权利能力社团而言，问题就比较复杂。因为其本身的非营利属性决定了其成员无权分配利润，但是一旦加入却面临可能对社团债务承担无限责任的巨大风险，可以说付出与回报不成正比，任何一个理性人对于加入这类社团都会非常慎重甚至望而却步，其后果就是给非经济性无权利能力社团的发展带来不可逾

---

① 王名,李勇,黄浩明编著. 德国非营利组织[M]. 北京:清华大学出版社,2006:295.
② 同上:272.

越的障碍。因此德国的司法判决和学说为了解决这一问题进行了多方面的尝试,包括通过无权利能力社团章程限制董事代理权,使之负有将成员承担的责任局限于社团财产范围内的义务。在德国,非经济性社团的成员无须承担无限责任甚至已经成为一项习惯法。有学者对此这样解释,无权利能力社团成员的无限责任与无权利能力社团的团体组织以及社团财产与其成员财产相独立的事实不相协调;并且无权利能力社团与民法上的合伙不同,结构上更接近于法人。四是无权利能力社团机关的责任问题。德国最新学说主张类推适用有权利能力社团的相关规定,无权利能力社团全体成员对其债务所承担的责任限于社团的财产,这一责任范围的限制是通过前一项内容实现的,即通过社团章程限制董事的对外代理权的范围,并使之承担将成员的责任限制在社团财产范围内的义务,从而在实际上不会动用无权利能力社团成员的其他财产。五是无权利能力社团当事人能力的问题。与我国的立法实践相反,德国无权利能力社团诉讼主体资格的获得是由实体法方面的变化来推动的。因此有人不禁感慨德国无权利能力社团越来越违背历史上立法者的愿望而近似于有权利能力社团了。①

此外,在德国法上,设立中的社团也是无权利能力社团,但是由于其与事后取得权利能力的社团之间存在同一性,因此其设立中形成的权利和义务都直接移转于社团承担。

小结:

德国社团立法框架层次丰富,结构严谨。民法典中有专门关于社会团体法人的具体规定,从内容上看主要以组织法为主,同时涉及了一些社团设立登记管理方面的内容。民法典还明确规定了无权利能力社团,虽然非常简要,但是德国的司法实践和法理学说在推动无权利能力社团发展方面均发挥了重要作用,在促进其成员承担有限责任方面进行了可贵的尝试,为我国完善非法人社会团体的法律制度提供了宝贵的可供借鉴的经验。但是基于德国司法实践越来越倾向于认为无权利能力社团成员应该仅承担有限责任的发展趋势,将这类社团称之为"无权

---

① 参见[德]卡尔·拉伦茨. 王晓晔,邵建东,程建英,徐国建,谢怀栻译. 德国民法通论[M]. 北京:法律出版社,2003:235-247.

利能力社团"未免与实际和逻辑不符。而我国"非法人组织"的概念无论是在内涵还是外延方面都比较清晰、准确,适合保留。除了民法典以外,有仅在柏林州适用的联邦德国结社法,是在宪法规定的结社自由的基础上,为了防止结社权被滥用而制定的法律,主要是一部管理法。此外,能否获得税收优惠以及优惠幅度大小与社会组织的法律形式无关,主要取决于组织实体从事活动的性质。在法人社团的组织结构和会员的权利义务方面,民法典和社团章程相结合,除了民法典中的强制性规定以外,社团基于自治权在章程中可以自行做出规定。德国社团筹资模式在某些领域正在经历从政府资助为主导逐步向社团自主筹资为主的方向转变,使很多社团开始着眼于从事商业活动以增加收入,从总体上讲,德国社团的筹资模式是政府资助与自我筹集并行不悖的。

第二节　日本社团及其立法发展历史与现状

一、日本社团发展历史演进

(一)日本社团发展历史

第一阶段:明治维新至二战前夕社团的产生阶段。

日本具有悠久的民间慈善和互助传统,历史上曾经出现过很多民间互助组织,如结、讲。到18世纪后期日本还出现了一种名为报德社的慈善组织,倡导勤俭节约和利他救助精神,鼓励人们以捐赠形式开展救助等公益活动。[①]

以天皇为背景的慈善活动是日本的一大特色,19世纪后期以来,天皇常常号召各地的商人、贵族关注慈善公益,并共同捐赠兴办各种济生会、学术振兴会、基金会等,推动日本公益慈善事业的发展。[②] 日本历史上非政府形式基金会的建

[①] 参见王名,李勇,廖鸿,黄浩明编著.日本非营利组织[M].北京:北京大学出版社,2007:18.

[②] 同上:19.

立,被有的学者视为日本现代非营利社团组织产生的标志。①

日本的公益社团在得到了天皇支持的基础上也获得了一定的法律地位,1896年颁布的《日本民法典》为组建公益法人提供了法律基础。

第二阶段:二战期间社团发展的非常时期。

二战期间日本对内对外均贯彻了军国主义,国内的各种社团沦为为军国主义国家服务的工具,日本社团在这一阶段处于发展的非常时期。

第三阶段:二战后至20世纪90年代中期。

二战后日本的各种非营利社团取得了一定的发展。随着战后日本经济的发展,一系列新的社会问题的出现需要政府应对,社会对多元化公共产品和服务的需求日益强烈,政府人力、物力和财力的有限性决定了对多元化治理模式的需要,这些都为社团等非营利组织的发展提供了新机遇。

同时民间结社自由和志愿活动的发展也受到了来自政府的政策影响,工会组织在冷战时期曾经受到钳制,而科研方面的社团组织则获得了大力支持。②

(二)日本社团发展现状

1995年的阪神大地震为日本社团等非营利组织的发展提供了新的契机,他们在震后抗震救灾中的突出表现赢得了民众和政府的信任与支持,"各地非营利组织很快云集灾区,在三天之内,百分之一俱乐部、日本社团组织国际合作中心等大型组织已在地震现场设立了活动中心,协调志愿者的救援工作和筹集、分发救援物品,而日本举国上下也掀起了向灾区捐钱捐物的高潮……这些来自民间的捐款对减轻灾民的痛苦有很大帮助。而对民间团体在救灾过程中发挥的巨大作用,日本媒体给予了前所未有的关注,'非营利组织'、'社团组织'一时间变成了家喻户晓的新名词。"③

同时广大社团也获得了政府的立法支持,1998年《特定非营利活动促进法》就是在这一背景下出台的。随着非营利组织立法进程的加速,日本社会出现了一个非营利组织的发展高潮,主要表现为数量不断上升、志愿活动日趋繁荣。阪神

---

① 参见王建芹.从自愿到自由——近现代社团组织的发展演进[M].北京:群言出版社,2007:193.
② 同上:194.
③ 同上:197.

地震后成立的各种非营利组织占当时日本非营利组织总量的 70% 以上,其中《特定非营利活动促进法》实施以后成立的占总量的 50% 以上。① 截至 2005 年 9 月超过 23000 个非营利组织通过该法获得法人资格,这一数字还在稳步增长。② 而且非营利组织的活动领域十分广泛,以社会福利、社区发展、社会教育、医疗保健、少年儿童、环境保护、文化艺术、国际交流等领域最为集中。③

根据约翰·霍普金斯非营利部门比较项目的调查结果显示,日本的非营利部门是一只重要的经济力量,在国家支出与就业中都占有相当份额。以服务收入和公共部门的支持为主要收入来源。随着合法性问题的解决,更多的非营利组织考虑和关注的问题转变为"非营利组织存在的目的是什么,应在什么地位上生存?"④等关涉其如何发展和有所作为的问题。由于日本的私人捐助和志愿者水平与其他发达国家相比较低,因此如何开发这些潜在资源以促进非营利部门的进一步发展已经成为一项新课题。日本新近修改和出台了一系列的法律文件,以便为推动非营利部门发展至一个新水平提供更完善的法律保障。

(三)日本 NPO 法人的成长与发展——以鹰取社区中心为例⑤

日本鹰取社区中心是位于日本神户县由 10 个团体成员组成的草根社区民间组织。虽然是民办民营,却具有国际化色彩,因为其成立于日本阪神大地震发生后不久,当时一位叫日比野纯一的人为了救援不懂日语的外国人和少数民族人员而号召一些志愿者建立了鹰取救援基地。救援期间该基地架设天线并使用多国语言和少数民族语言进行广播,但是这在当时都是违法行为,考虑到对不懂日语

---

① 参见王名,李勇,廖鸿,黄浩明编著. 日本非营利组织[M]. 北京:北京大学出版社,2007:34.
② 参见 Nobuko Kawashima. GOVERNANCE OF NONPROFIT ORGANIZATIONS: MISSING CHAIN OF ACCOUNTABILITY IN NONPROFIT CORPORATION LAW IN JAPAN AND ARGUMENTS FOR REFORM IN THE U.S.. UCLA Pacific Basin Law Journal. Fall, 2006. 24 UCLA PAC. BASIN L. J. 81
③ 参见王名,李勇,廖鸿,黄浩明编著. 日本非营利组织[M]. 北京:北京大学出版社,2007:35.
④ [美]莱斯特·M. 萨拉蒙等. 贾西津,魏玉等译. 全球公民社会——非营利部门视界[M]. 北京:社会科学文献出版社,2007:218.
⑤ 本部分内容参见王名,李勇,廖鸿,黄浩明编著. 日本非营利组织[M]. 北京:北京大学出版社,2007:216-219.

的外国人和少数民族人员的独特救助作用,这一违法行为得到了日本政府的默许。

震后由政府主动出面,2000年该基地正式注册登记为NPO法人,逐步由临时性救援场所转变为经常性的多文化共存的街道建设活动基地。其10个市民团体成员原来是任意性团体或NPO法人,后来整合为一个NPO法人,即鹰取社区中心,在一起办公的同时,仍然保持各自的独立性。社区中心的愿景为社区中所有的外国人都能够享受同等的国民待遇,能够融入日本主流社会。为此该社区中心做了多方面的尝试和努力。

首先,筹资渠道是多元化的,主要包括广播广告收入和10个团体的销售收入(两者占30%)、民间捐款(占30%)、政府的委托项目资金(占25%—30%),以及经营活动收入(占10%—15%),如社区教会捐赠的广播器材、神户市政府按市场价的一半租赁给中心的办公场所、10个团体之一的神户越南人援助中心开办餐馆的收入等等。其次,社区中心还利用地震中所获捐款余额建立了用于资助有困难的团体成员的基金。再次,中心一方面注重与政府的沟通和交流,与地方政府保持非常密切的联系,经常要求政府官员参加中心的会议,地方政府也由于该中心在全国享有良好的声望而主动派人参加中心的会议。通过会议,中心可以及时将信息资料和政策建议传递给地方政府;另一方面中心不忘保持组织的独立性,尽量少地接受来自政府的资助。最后,中心还非常重视媒体、学者以及广大市民的支持与帮助,譬如通过媒体的宣传和报道增加社会知名度、反映问题,向学者及市民寻求解决问题的方案和办法等等。

日本政府在给予支持的同时,也通过法律对鹰取社区中心进行监督和管理。譬如定期审查社区中心的广播内容并进行评估,作为NPO法人要求其必须进行年度报告等等。从鹰取社区中心的发展轨迹中我们看到,当一个由民间自发成立的社团尚未具备法律合法性时,只要其具备了社会合法性,未必就要遭到处罚和取缔,也不能使之顶着非法的帽子存续和开展活动,日本政府的做法是主动出面,甚至通过专门立法赋予这些具有社会合法性的草根社团以法律合法性,通过降低获得法人资格的条件,使之不但具有了合法地位,而且能够以法人的身份开展活动,增加了其公信力的同时,也便于政府对其进行管理和提供服务。

我国目前也存在大量的既不具有法律合法性、也不具有法人资格的草根社团,日本的这一经验颇值得我国吸收和借鉴。

二、日本社团立法现状

(一)日本法人制度改革

1. 公益法人制度改革

在日本进行公益法人制度改革之前,成立社团法人必须得到主管政府机关的批准,采取的是许可主义。其一,由于相关许可标准缺乏明确的法律规定,因此主管部门享有较大的自由裁量权,对申请设立的社团是否具有公益性的判断取决于业务主管部门的裁量,对社团法人的监督管理权也由业务主管部门行使。在得到了主管部门批准后到主事务所所在地的法务局进行登记。主管机关权力过大导致实践中产生了许多弊端,成为日后公益法人制度改革的焦点问题之一。其二,这种比较严格的许可制度抑制了一般民间非营利社会团体取得法人资格,已经不能适应日本目前日益发达的非营利活动的客观需要,无法满足越来越成熟的日本市民社会的要求。其三,公益法人自身存在问题,比如有的因资金困难而处于休眠状态;有的则营利倾向严重,损坏了社会声誉、降低了公信度;还有的内部治理结构不合理。这些公益法人自身存在的问题也制约了其健康发展。其四,税收优惠制度覆盖面有限,仅对向"特定公益促进法人"捐赠的个人和企业给予税收优惠,而在日本被认定为"特定公益促进法人"的公益法人数量十分有限,这样的税收优惠限制显然不利于激励社会公益捐赠的积极性,势必减少公益法人的收入来源,从而影响公益事业的发展。为了解决公益法人制度所存在的诸多问题,20世纪90年代日本开始进行公益法人制度改革,特别是阪神大地震的发生和《特定非营利活动促进法》的颁布实施进一步推动了这项改革的进程。

改革的基本方针是在法律制度、税收优惠制度和会计基准等三个方面同步进行的。改革的基本目标为:(1)公共部门不应为政府独占,社会发展期待着由政府和民众共同担负;(2)以公益活动为目的的非营利法人是承担公共领域的民间组织之一;(3)建立起支持鼓励非营利法人的新制度,通过改革更有利于形成与政府(第一部门)、企业(第二部门)并行的非营利法人组织(第三部门)。改革的基本方向为自由、公平和国际化。所谓"自由"是指摆脱官僚支配,改变对社团的公益性判断完全取决于行政自由裁量的方式,从事前管制变为事后监督,尊重团体自治;所谓"公平"是指透明度高,为市民运营。所谓"国际化"是指法制、税制和会计准则国际标准化。改革的基本框架为通过此次改革,建立二级层级结构的非营利法人组织体系,第一层次为一般非营利法人,包括一般社团法人和一般财团法人。放宽第一层次的准入机制,变许可主义为准则主义,只要符合法定条件均可取得法人资格,使民间市民团体可以比较容易地取得法人资格。第二层次为公益法人,包括公益社团法人和公益财团法人,在合理的公益性要件、基准和相关要求基础上进行监管,与税收优惠待遇密切相关。①

为了推进此次改革的顺利实施,日本对于相关法律规范做出了一系列的修改和完善。2006年6月日本国会通过并颁布了三部法律,分别是《关于一般社团法人以及一般财团法人的法律》(简称"一般法人法")、《关于公益社团法人以及公益财团法人认定的法律》(简称"公益法人法")和《伴随实施关于一般社团法人以及一般财团法人的法律以及关于公益社团法人以及公益财团法人认定的法律、有关相关法律完善的法律》(简称"相关法完善法")。三部法律于2008年4月开始实施,是日本公益法人制度改革的实质性成果,对日本的非营利组织制度框架将产生重大而深远的影响。同时还将对《日本民法典》相关条款进行彻底修改,确定第34条所规定的公益法人,包括社团法人和财团法人向一般社团法人和财团法人以及公益社团法人和财团法人的过渡办法。现有社团法人和财团法人将作为特例民法法人存续,五年内根据其自身情况实现向公益法人或一般法人的过渡,其中公益性强的过渡为公益社团法人和公益财团法人,公益性弱的过渡为一般社团法人和一般财团法人,届时公益社团法人和公益财团法人享受的优惠政策将比过渡前多,而一般社团法人和一般财团法人享受的优惠政策则会比过渡前少。过渡采取直接向新的行政机关申请的办法,无须受原有主管机关的约束,可以自主实现变革。同时,对于那些以《日本民法典》为基本法律依据的《特定非营利活动促进法》以及特别法人法等相关法律规范也要进行相应的修改和完善。

对于这次公益法人制度的改革,配套制度的改革主要包括对公益认定制度、税收和会计基准制度的改革。

---

① 参见王名,李勇,廖鸿,黄浩明编著.日本非营利组织[M].北京:北京大学出版社,2007:87-88.

公益认定制度改变了原有的法人资格的取得与公益认定相联系的做法,将获得法人资格与判断法人的公益性分开。内阁设置由民间有识之士组成的委员会,根据法律明文规定的统一标准独立的判断或者认定法人的公益性。① 取消了行政机关在公益认定方面的自由裁量权,有利于消除公益法人的行政色彩,增强其公益性。认定对象为一般社团法人和一般财团法人,两者可以自行申请进行公益认定。委员会由七名来自于法律、会计、公益法人活动等方面的民间人士组成,经国会同意,由内阁总理大臣任命,独立行使职权,可以就一定事项向内阁总理大臣发出劝告;可以要求有关行政机关协助提供资料;可以向公益法人提出质询,要求其提供报告;可以针对有问题的法人开展实地调查。地方政府的公益认定机构参照中央政府的做法设置。这一做法一方面使法人资格与公益认定区分开来,另一方面,公益认定改由民间相关专业人士进行,使公益认定免于受行政自由裁量权的影响。

根据公益法人法,认定基准包括以下18项内容,必须全部满足才能被认定为公益法人:(1)以有助于增进不特定多数人的利益为目的的事业为主要目的;(2)具有实施公益性事业所必要的会计、技术方面的能力;(3)不从事对会员、董事等特定人员给予特别利益的事业;(4)对经营营利事业者、特定个人或为团体利益活动者不进行捐赠,以及不从事给予其他特别利益的事业;(5)不从事色情行业、投机性交易、高利融资事业及其他与公益法人不相称的事业;(6)与公益目的事业相关的收入预计,不能超过抵偿实施该事业所需的合理费用;(7)在从事公益目的以外的事业时,不应给实施公益目的事业带来任何妨碍;(8)预计公益目的事业比率必须达到50%以上;(9)预计闲置资产不超过限制额度;(10)配偶、三等亲以内的亲属占理事总数的1/3以内,监事同样;(11)与其他相同团体(除公益法人等)的理事、雇员等保持相互密切关系者占理事总数的1/3以内,监事同样;(12)大规模法人要设会计审计师;(13)制订并公布合理的董事报酬标准;(14)社团法人对会员资格不得附加不正当的歧视性条件,行使表决权不得进行不正当的歧视性做法,表决权一律不答应会员提供的金钱、财产的价格要求,需设置理事会;(15)不持有可以控制其他团体的股份等;(16)有公益性事业所必不可缺的特定财产时,

---

① 王名,李勇,廖鸿,黄浩明编著.日本非营利组织[M].北京:北京大学出版社,2007:119.

对其维持、处置要用章程规定有关限制;(17)公益认定被取消或由于合并无效时,对以公益目的取得的财产余额在1个月内赠送给类似公益团体、国家地方公共团体,要用章程规定;(18)要用章程规定清算时将剩余财产赠送给类似公益团体、国家地方公共团体。① 经过公益认定的社团法人和财团法人在税收方面享有更优惠的待遇,其资产实质上是社会公众的公益资产,需要接受政府机关、司法机关、公益认定机构以及社会公众的监督。

税收制度改革的基本方针是:(1)一般法人按照普通法人征税,不享受特别税收优惠;(2)公益法人原则上享受免税待遇,仅对收益事业征税。并通过税收优惠鼓励社会捐赠,且优惠将进一步增加。

会计基准改革的基本思路是:(1)引进企业会计制度,公开财务信息;(2)在会计账目中明确显示符合捐赠人等资金提供者意志的活动运营情况,明确受委托责任;(3)尊重法人的自治,简化对外财务报表。

从发展趋势来看,日本非营利组织法律制度的改革将朝着逐步健全、更加宽松的方向发展,从而鼓励更多的人主动、自愿地参与到非营利组织的活动与发展当中,通过"进一步调整政府与非营利组织的关系,建立新型的市民社会,适应当今日本的社会变革。"②

2. NPO法人制度的改革

1998年颁布《特定非营利活动促进法》,开始的两年根据该法取得法人资格的任意团体数量很少,大部分任意团体处于观望之中。2000年日本为了应对人口老龄化,大力扶持老年护理行业而出台了《护理法》,在这一背景下出现了大量从事老年护理的NPO法人,从而打破了观望局面。该法的颁布实施在提高社会对市民活动、NPO法人的认知度、认可度、参与度和支持度等方面的贡献不容忽视。其核心是降低了取得非营利法人资格的门槛,大大促进了日本非营利活动的快速发展。同时,对于大量的尚未取得法人资格的任意团体,为了促进其健康发展,日本地方政府积极采取各种措施为其活动提供便利条件,目的是培育其尽快发展为法人团体。对于NPO法人将来是否会统一整合到公益法人制度改革后形成的新

---

① 王名,李勇,廖鸿,黄浩明编著. 日本非营利组织[M]. 北京:北京大学出版社,2007:121.
② 同上:46.

法体系当中,目前日本政府尚未做出决定,最终将取决于改革后新法的实施是否对非营利组织以及公益事业的发展起到了切实有效的推动作用,如果是,那么 NPO 法人将被合并到新法体系中,从而实行统一的公益法人制度。

(二)立法框架

日本宪法规定了保障公民的结社自由。对结社自由权的具体落实和对结社行为的规范与调整主要是通过民法来实现的。《日本民法典》和一系列的特别法对社团等非营利性社会组织作了专门规定。特别是第二次世界大战以后,日本出台了大量特别法使法人的种类十分细化,包括了公益法人、社团法人、NPO 法人、社会福利法人、学校法人、医疗法人和任意团体等十余种法人形式。因此日本的非营利组织法人体系庞杂、分类细致、内容丰富,是日本法人制度的有机组成部分。同时,与民法相配套的法律法规体系也已经初步建立,如税法对公益法人开展经营活动的收益及其他可享受减免税待遇问题予以规范,发布公益法人会计基准,对公益法人的财务加以规范。

(三)法律形式

日本的法人基本可以分为营利法人和非营利法人两大类。目前非营利法人主要包括共益法人和广义公益法人两类,其中广义公益法人又包括公益法人、特定非营利法人和特别法人。此外还有非法人 NPO,即不具有法人资格的任意团体。

共益法人又叫作共同利益法人或中间法人,是指"以会员的共同利益为目的,不以将剩余资产向会员分配为目的的团体,具有非公益和非营利性质的中间性团体。"[1]由《中间法人法》规定,主要有农业协同组合、劳动组合、事业协同组合以及森林组合等形式。对于共益法人是否属于非营利组织,在日本学术界存在分歧。随着公益法人制度的改革,日本的中间法人将逐渐过渡到一般社团法人和一般财团法人,《中间法人法》也将被废止。

广义公益法人包括九种组织类型:(1)社团法人;(2)财团法人;(3)特定非营利活动法人;(4)社会福利法人;(5)医疗法人;(6)学校法人;(7)宗教法人;(8)

---

[1] 王名,李勇,廖鸿,黄浩明编著. 日本非营利组织[M]. 北京:北京大学出版社,2007:48.

职业训练法人;(9)改造保护法人。① 其中社团法人和财团法人统称为公益法人,又叫民法法人。根据《日本民法典》第34条的规定,公益法人是"有关祭祀、宗教、慈善、学术、技艺及其他公益的不以营利为目的的社团法人或财团法人。"其中社团法人是"以一定的目的结合起来的人的集合体,以有作为团体的组织、目的等,以与组织会员个人相区别的社会存在,以团体的名义进行活动的团体。"②财团法人是指"以一定的目的出资,以聚集的财产为公益目的而进行管理运营的团体。"③日本公益法人具有非营利性和公益性。特定非营利活动法人简称"NPO法人",1998年日本制定了《特定非营利活动促进法》,该法的制定与日本市民的结社活动对该法的强烈需求和阪神大地震后广大志愿组织在抗震救灾及灾后重建活动中的卓越贡献的推动密不可分。④ 目的是促进某些以志愿形式开展的特定非营利活动以及其他市民自主举办、服务于社会公共利益活动的顺利发展,进一步推动公共福利事业,增进不特定多数人利益为目的的活动。特别法人是第二次世界大战以后为适应战后恢复重建和经济社会发展需要,在《日本民法典》第34条的基础上,针对相关社会事业发展的需要制定的一系列特别法,从而设立了社会福利法人等六种公益法人类型。

任意团体又叫无权利能力社团,是依据宪法所赋予的结社权成立的,无须登记就可以开展活动的不具有法人资格的非营利性社会团体。

(四)设立模式

1. 一般社团法人的设立模式

根据新法规定,一般社团法人根据准则主义设立,不经政府机关的审查就可以进行登记。成立时仅需两名以上发起人,其中会员、理事各一名以上,没有组织目的的要求,也没有活动领域的限制,同时明确规定剩余资金不得分配,会员大会不能做出将剩余资金分配给会员的决议。

---

① 王名,李勇,廖鸿,黄浩明编著.日本非营利组织[M].北京:北京大学出版社,2007:48.
② 同上.
③ 同上.
④ Nobuko Kawashima. GOVERNANCE OF NONPROFIT ORGANIZATIONS: MISSING CHAIN OF ACCOUNTABILITY IN NONPROFIT CORPORATION LAW IN JAPAN AND ARGUMENTS FOR REFORM IN THE U. S.. UCLA Pacific Basin Law Journal. Fall, 2006. 24 UCLA PAC. BASIN L. J. 81.

2. 公益社团法人的设立模式

根据公益法人法，必须同时满足认定基准的18个要件才能被认定为公益法人。公益社团法人采准则主义设立模式，符合条件的经过登记即可设立。与一般社团法人不同之处在于，组织目的的基本要件为"以进行公益目的事业为最主要的目的。"其中"公益目的事业"是指"学术、技术、慈善及其他有关公益的附表各项中所列的事业，是为增进不特定多数人利益作贡献的事业。"[①]如果一个公益法人以同学会的会员之间的联络或意见交换等为主要目的，则不是以增进不特定多数人利益为目的。公益法人需要注明其活动领域，主要为法律附表中所规定的23种事业项目。

3. 特定NPO法人的设立模式

根据《特定非营利活动促进法》，成立NPO法人"以促进不特定多数人利益为目的"即可，无须具有公益性。由发起人向主管机关提交申请材料，包括组织的宗旨、章程、董事名单、能够证明具有正当组建意图的备忘录复印件、事业计划书、收支预算等。设立采认证主义，只要具备法人要件原则上就要予以认证，主管机关受理认证申请，主要是确认规定的文件、材料是否齐备，并不进行内容审核，直接发布供公众查询。政府对NPO法人原则上不予监督，主要依靠其自律和自治，因此加强了对其信息公开的要求。NPO法人不得附加不当会员条件以限制市民加入。

4. 任意团体的设立

日本存在大量的未登记而开展活动的市民任意团体，它们存在于社会生活的方方面面，"据估计，日本的各类任意团体总数在10万个左右，其中既包括从事各种市民公益活动的非营利组织，也包括为数不少的行业协会、商会等共益或互益组织，还有许多具有俱乐部性质的团体。"[②]可见，日本对任意团体采用的是自由主义设立模式。

(五)治理结构

1. 社团章程

根据《日本民法典》第37条，社团法人的设立人必须制定章程，并记载下列事

[①] 王名,李勇,廖鸿,黄浩明编著. 日本非营利组织[M]. 北京:北京大学出版社,2007:90.
[②] 同上:37.

项:(1)社团目的;(2)社团名称;(3)社团事务所所在地;(4)关于资产的规定;(5)关于理事任免的规定;(6)关于会员资格得丧的规定。① 社团法人必须置备会员名簿,每当有会员变更时,必须进行必要的登记。

2. 内部治理结构

一般社团法人的治理结构:会员大会是一般社团法人的决议机关,不设立理事会时,是所有决议的做出机关。对于一般社团法人法律无必须设置理事会和监事的要求。

公益社团法人的治理结构:会员大会是其决议机关,必须设置会员大会的执行机构即理事会,具有3名以上理事,对外代表公益社团法人执行业务。同时必须设置一名以上的监事,负责对执行机构的监督工作。对于公益社团法人的信息公开要求比较严格,规定必须面向全体市民公开,由公益认定委员会等机关负责对其进行监督。

特定非营利法人的治理结构:根据《特定非营利活动促进法》,职工大会是特定非营利法人的权力机关,法人章程的变更必须经职工大会决议,有效决议必须由总数二分之一以上的职工出席,占出席职工四分之三以上多数通过才能做出,但是章程另有规定的除外。章程中重大事项的变更必须经过主管机关的认证才能生效。章程中其他非重大事项的变更内容必须向主管机关申报。关于哪些属于重大事项,该法中也有明确规定。董事由职工大会选任,必须有三名以上的董事,董事就特定非营利法人的业务享有对外代表权,可以通过组织章程限制其代表权。该法还规定了董事的禁止性条件。监事享有以下职权:(1)监督检查董事的业务执行状况;(2)审计法人的财务情况;(3)根据前两项规定进行的监督检查的结果,发现特定非营利法人的业务或财务有不正当行为或违法或违背章程的重大事实时,必须向职工大会或主管机关报告,必要时可以召集职工大会;(4)有关董事的业务执行情况或法人的财产状况,要向董事陈述意见。监事不得兼任董事和特定非营利法人的职员。

---

① 渠涛编译. 最新日本民法[M]. 北京:法律出版社,2006:13.

(六)筹资模式和营利禁止

1. 筹资模式

日本公益法人的经费来源主要是会费、社会捐赠、政府补助金和开展经营活动的收入。其中通过提供服务和从事经营活动获得的报酬收入是其大部分资金来源。在公益法人的年收入中,出售商品、会馆出租、艺术馆门票等事业收入占三分之二左右[①],而来自社会捐赠的收入则十分有限,据统计公益法人来自捐赠的收入不到年收入的9%。20世纪90年代以来,日本的市民活动和非营利组织蓬勃发展,在提供多元化的公共产品和服务等方面发挥了很大作用,成为政府的合作伙伴,逐渐得到了政府的认同和更大力度的支持,主要包括政策、立法和资金等方面的支持。对于资金支持,包括直接和间接两种方式,其中直接资助主要采取补助金和助成金两种形式。日本政府的财政预算中包含对非营利组织的补助金。间接资助形式包括购买服务等形式,一些地方政府同时积极尝试其他支持方式,比如建立志愿者活动推进基金。针对社会捐赠力度不足的问题,日本地方政府创造性的实施了1%支援制度,即地方政府从税收中拿出一部分资金用于资助非营利组织的活动,市民可以根据意愿选择将自己缴纳的1%税款用于捐赠,包括在已经注册的公益领域自主选择捐赠对象和将税款捐赠给政府牵头成立的非营利组织支援基金两种方式。

2. 营利禁止

日本法律并不禁止非营利组织通过提供服务等方式获得事业收益,只要不影响和改变其非营利性和公益性。所谓"收益事业"是指法人税法规定的事业,并且设置了固定场所和持续经营。收益事业的范围包括了出版业、印刷业、租赁业等33种之多,公益法人从事的收益事业要与自己的目的事业具有必然联系,可以享受一定的税收优惠。而公益法人来自会费、社会捐赠以及政府补助金等收入是无须纳税的。公益法人的信息应当向一般市民公开,不可以从事与维持社会公信力不相称的活动,解散后法人的剩余资产不能向会员、董事等人员进行分配。

---

① 参见王名,李勇,廖鸿,黄浩明编著.日本非营利组织[M].北京:北京大学出版社,2007:148.

小结：

日本的市民社会正处于大发展阶段,日本社会和政府已经充分认识到发展市民社会和社团的必要性和紧迫性。正是基于这一点,日本社团立法正处于转型和变革时期,目的是通过补充、修改和完善现行社团立法来培育和支持社团的健康发展。日本通过颁布实施《特定非营利活动促进法》主动降低了社团取得法人资格的门槛,不仅便于政府对社团的服务和管理,也有利于社团自身的建设和发展。该法还专门规定了特定非营利法人的治理结构,在一定意义上填补了日本非营利组织治理结构的法律空白,改变了日本只有非营利组织管理而缺乏治理理念与实践的现实,具有积极的现实意义。通过公益法人制度改革,保留了原有的特别法人、暂时保留原有的 NPO 法人,使原有的中间法人、民法上的社团法人和财团法人根据自身情况分别逐步实现向一般社团法人和财团法人、公益社团法人和财团法人的过渡,同时配合不同的税收优惠制度,对不同种类的法人组织执行不同的课税原则,将支持和促进社会公益事业发展的根本宗旨贯彻于税收制度中。通过对公益法人的设立模式进行改革,实行公益法人认定制度并颁布了详细的认定标准,以避免行政自由裁量权对法人的公益性判断的不当影响,变比较严格的许可主义为相对宽松的准则主义设立模式。可以说日本社团立法和法人制度的新近改革动向和内容基本遵循和反映了市民社会、社团、民法和国家之间关系的发展规律,对我国的启示和借鉴意义颇大。

第三节 英国社团及其立法发展历史与现状

一、英国社团发展历史演进

(一)英国社团发展历史

第一阶段:14 世纪资本主义经济萌芽至 17 世纪资产阶级革命时期。

14 世纪随着英国商品经济开始萌芽,手工业行会组织为了应对生存危机开始合并,这些主要由手工业行会组织合并而来的新型经济组织已经不属于手工业行会的范畴,公会由此进入英国的城市经济领域。从15世纪开始公会在英国各城市大量涌现。① 从14世纪开始行会和伦敦同业公会开始出现,标志着基于相互依存和贸易兴起的有组织的世俗的独立部门开始形成。这些组织的设立目的是保护贸易及手工艺的质量,并通过维持济贫院和向当地贫民提供救济等方式尽一些社会责任。14世纪末英国共建立了473个行会。但是16世纪之前,除了伦敦行业会所以外的行会结束了社会福利方面的作用。②

据统计,1610年至1640年期间,英国社会对慈善组织的捐赠达到一个历史高峰。随着1640年英国资产阶级革命爆发,英国的政治和社会处于动荡不安之中,商人阶层开始在城镇慈善事业中发挥很大的影响力。17世纪的英国慈善活动和新兴的商人阶层关系紧密。③

第二阶段:英国资产阶级革命胜利至18世纪末。

18世纪英国的慈善活动和互助活动得到了发展,联合慈善事业和互助会是两种主要表现形式,在扶贫、教育和医疗等公益事业方面做出了有益贡献。这一阶段可以说是英国社团发展历史上从萌芽到繁荣的过渡时期。

第三阶段:19世纪。④

19世纪是英国慈善事业发展的黄金时期,志愿与慈善活动在此期间发挥了很大作用。1884年建立了世界上第一个社区公社汤恩比馆,1869年建立了慈善组织协会,目的是协调各慈善机构的关系,促进合作。19世纪80年代,大部分处理贫困救济的组织都赞助当时吸收了大批工人阶级的妇女和儿童的志愿组织"母亲集会"。

这一时期志愿组织和慈善事业的蓬勃发展从侧面反映了工业革命带来贫困和人口激增等大量社会问题迫切需要应对与解决的现实。

第四阶段:20世纪初至二战结束。

---

① 参见王建芹. 从自愿到自由——近现代社团组织的发展演进[M]. 北京:群言出版社,2007:107.
② 参见王名,李勇,黄浩明编著. 英国非营利组织[M]. 北京:社会科学文献出版社,2009:24-25.
③ 同上:25.
④ 同上:27-28.

1906年英国政府终于承认结社自由权是一项基本权利。当时的社会背景是法、美等国在19世纪中期完成了工业革命,英国逐渐丧失了世界工厂的地位,加之两次世界大战的影响,国内社会问题加剧,失业率上升,贫困问题严重,因此工人运动高涨,工会的地位和作用凸显。"1945年工党上台执政到60年代末是英国工会发展的顶峰时期。工会日益意识到自己的权力和影响,开始寻求影响政府的经济决策,甚至考虑生产率安排的需要。"①同时政府为了应对和解决诸多社会问题而加大投入,受英国经济学家庇古"福利国家"理论和凯恩斯"国家干预"理论的影响,英国政府设计了针对全体公民的福利国家制度。受此影响独立于政府的社团活动在这一阶段有所作为的空间减少了,甚至在传统的志愿活动领域如扶贫等方面也被边缘化。但是又有一些新兴社团出现在教育、环保等领域。

第五阶段:二战后至20世纪末。

二战后英国政府开始着手建立"福利国家",政府不仅在传统的国防、外交、治安等方面继续行使行政权力,同时将干预的范围扩大到交通、就业、医疗、环保、产品质量等领域,行政权力的触角从未如此广阔。但是20世纪30年代为应对资本主义经济危机而倡导的国家干预政策本身在新的历史时期开始"失灵",新的社会问题开始出现,诸如人的创造力、进取心下降,行政效率低下,腐败现象频发,行政机构人浮于事、机构臃肿等弊端被广为诟病。英国政府意识到了"全能政府"的误区,提出了"第三条道路"的改革之路,认为一个积极的市民社会的存在是非常有益的,国家不能吞没和取代市民社会,两者应当开展合作,最好的方式是通过与市民社会建立合作伙伴关系,以充分发挥市民社会的作用。前英国首相布莱尔曾经说过:"政府需要与非官方部门建立新的伙伴关系。无论是教育、卫生、社会工作、预防犯罪方面,或是在儿童看护方面,一个有能力的政府应该是加强而不是削弱市民社会。"②从20世纪70年末期开始,英国政府为了应对在保健事业、住房供给和社会服务方面所面临的越来越沉重的财政压力,其中在住房供给方面实行了"优先购买权"政策,1980年修订的《住房法》从法律上保障了居民购买住房的权

---

① [英]西德尼·韦布. 1770～1990年英国工联主义史读本[M]. 上海:上海译文出版社,1963:163.
② [英]托尼·布莱尔. 第三条道路:新世纪的新政治[A]. 见:陈林,林德山主编. 第三条道路——世纪之交的西方政治变革[M]. 北京:当代世界出版社,2000:5.

利,规定凡是租住公房的住户有权优先、优惠购买所住的公房,居住期越长,折价越多,从而使英国居民的住房自有率大幅提高。同时削减了地方政府在社会住房方面的开支和建房数量。1988 年再次修订了《住房法》,促进非营利组织住房协会提供低价的社会住房,住房协会在交易中的盈利则用于维持现有的房屋并注资建设新的房屋。① 据统计,20 世纪 70 年代中期至 80 年代中期,英国中央政府对志愿组织的资助保持了持续增长的趋势。1970 年至 1993 年英格兰和威尔士注册登记的慈善组织的数量总体上也呈现连续增长的态势。② 反映了政府的政策支持对于社团发展的有力推动作用。1998 年英国政府签署了《政府与志愿及社区组织关系协定》(The Compact on Relations between Government and the Voluntary and Community Sector),将政府与非营利组织之间的合作伙伴关系以法律的形式固定下来,为其他国家改善与非营利组织的合作关系提供了有益的启示。

(二)英国社团发展现状

来自政府的资金和政策支持对英国社团等非营利组织扩大规模、增加影响力和长足发展起到了至关重要的助推作用。时至今日,英国非营利组织涉及的范围已经相当广泛,覆盖了医疗、环保、文艺体育等各个社会领域,规模大小各异,组织形式多种多样。非营利组织的商业化日益明显,最近针对英国市民社会的统计数据显示,慈善团体通过商业活动获取的收入第一次超过了整体收入的 50%。③ 商业化运作能力已经成为影响慈善团体生存与发展的重要因素,商业化运作能力较弱的慈善团体对政府财政支持的依赖程度就较大。如何平衡社团宗旨和商业运作之间的关系,已成为商业化程度日益增强的慈善团体所面临的一项新课题。

在 1998 年政府签署了 COMPACT 法律协议的基础上,2005 年英国内政部修改了该协议,将实施过程中出现的问题进行了补充、修改和完善。为了更好地推动这一合作,英国政府在 2006 年在内务部下设立了第三部门办公室。英国的这

---

① 参见 STEPHEN ACKROYD, IAN KIRKPATRICK AND RICHARD M. WALKER. PUBLIC MANAGEMENT REFORM IN THE UK AND ITS CONSEQUENCES FOR PROFESSIONAL ORGANIZATION: A COMPARATIVE ANALYSIS. Public Administration Vol. 85, No. 1, 2007 (13 – 14)

② 参见王名,李勇,黄浩明编著. 英国非营利组织[M]. 北京:社会科学文献出版社,2009:37 – 38.

③ 同上:52.

种政府与非营利组织之间的合作伙伴关系呈现出一些新的发展动向,非营利组织在提供传统的多元化的公共产品和社会服务的基础上,注重提供创新产品和服务,"通过发展新产品、新服务和新机构来满足未被满足的社会需求"①。同时开展社区参与和社区发展活动,在企业和政府不愿意或暂时无力支持发展的社区开展建设、服务和交流,填补了市场和政府的空白,为非营利组织自身的发展创造了新的空间。另外,在中央政府的推动下加强和扩大了地方政府与非营利组织的合作。非营利组织在这一方面与营利性私人企业相比具有一个显著的优势,因为在和地方政府签约来提供公共服务时,与具有任务驱动的组织如非营利组织相比较而言,私人企业更加易于有投机行为。②

非营利组织在不断拓展活动领域和创新服务的同时不忘进行提高自身能力的建设,通过提高绩效、信息透明度来确保和提升自身的公信力。2005年,在治理和善治理论的影响下,在英国政府以及企业纷纷制定颁布善治标准的背景下,英国慈善委员会支持制定并颁布了针对第三部门的善治标准,不具有指令性,而是作为非营利组织完善治理的工具。③ 体现了政府对社团等非营利组织的服务意识。进入21世纪的英国非营利组织,开展非营利活动的方式也出现了新变化,外在方面注重加强与政府特别是地方政府的合作,积极拓展活动领域和空间;内在方面注重增强自身公信力,改善内部治理,提高竞争力。而英国政府也在不断创新与非营利组织的合作模式,积极推动和改善两者的合作关系,形成了独具英国特色的政府与非营利部门的合作伙伴关系模式。

英国社团发展的这一经验告诉我们,强政府、弱社会的格局并不是人类社会最好的政府与社会的关系模式,"全能政府"并不真正"全能",总有政府力所不及的社会领域和公共事务,要实现"善治",就要充分重视市民社会及其组织的作用和价值,重视政府与市民社会之间的合作,并通过法律协议将两者的合作关系制

---

① 王名,李勇,黄浩明编著. 英国非营利组织[M]. 北京:社会科学文献出版社,2009:57.
② 参见 PAUL DAVIS. THE EFFECTIVENESS OF RELATIONAL CONTRACTING IN A TEMPORARY PUBLIC ORGANIZATION:INTENSIVE COLLABORATION BETWEEN AN ENGLISH LOCAL AUTHORITY AND PRIVATE CONTRACTORS. Public Administration Vol. 85, No. 2, 2007:385.
③ 王名,李勇,黄浩明编著. 英国非营利组织[M]. 北京:社会科学文献出版社,2009:61.

度化、契约化和常态化。

（三）英国志愿者组织联盟的典型代表——英国全国志愿组织联合会

根据英国全国志愿组织联合会（NCVO）网站关于其发展历史与现状的介绍，NCVO 是创立于 1919 年的综合型社会中介组织，其前身为社会服务联合会（the National Council of Social Services，简称 NCSS）①，后改名为志愿组织联合会（the National Council for Voluntary Organizations，简称 NCVO）②。NCVO 在 20 世纪 80 年代被看作政府的附属，但是从 80 年代末开始，逐渐被看作是与公共部门和私人部门独立、平等的合作伙伴。截至 2009 年 1 月份，该组织已经拥有 7000 个会员组织，是英格兰志愿和社区部门中最大的伞形组织。③ 目前该组织已经成为英格兰志愿组织的代表，并推动了志愿组织社会地位的提升。

NCVO 一直秉持着支持志愿组织并与政府对话的立场，从而为市民社会提供支持。在该组织最近出版的一部著作《市民社会——一个行动框架》中表达了 NCVO 的愿景，明确了市民社会所要扮演的主要角色以及未来十年间 NCVO 的工作重心。认为市民社会是人们一道为了自己和他人的生活创造出积极的多样性，互相帮助、寻求利益共享、推进一项共同关心的事业——哪怕仅仅因为乐趣或友谊。在市民社会中小我变成大我，市民社会的核心是志愿和社区组织。

在市民社会的行动框架中，NCVO 将致力于以下四个发展目标：第一，增强志愿和社区组织的声音并给予必要的支持来实现一个强大而充满生机的市民社会；第二，确保市民社会及其组织能够繁荣；第三，注重志愿和社区组织能为个体及社会生活所带来的积极的多样性，并促使它们能够实现这些多样性；第四，与其他组织和部门一道将市民社会建设得更为强大和文明。并且将制定出一项工作计划，用以专门应对英国社会正面临的四项挑战：即社会凝聚力、个人与社会福利、气候变化和财务安全。④

NCVO 作为拥有超过 280000 人的工作人员和 1300 万名志愿者的大型社会中介组织，十分注重为其会员提供会员福利及优质高效的服务。作为 NCVO 的会员

---

① 参见 http://www.ncvo-vol.org.uk/about-us/history.
② 同上.
③ 数据来源 http://www.ncvo-vol.org.uk/about-us/history.
④ 参见 http://www.ncvo-vol.org.uk/about-vision-civil-society-framework-action.

可以享受的福利和服务主要包括:第一,专门的信息服务。NCVO通过网站发布新闻简报等形式定期向其会员提供最新的、有用的信息,这样一方面可以及时满足会员的信息需求,同时为会员节约大量的宝贵时间,避免将时间浪费于搜索和筛选信息的环节。第二,折扣优惠待遇。会员可以30%折扣的优惠价格获得NCVO的出版物。同时NCVO凭借大规模的会员基数而进行的大批量采购以及与商业部门的协商,可以尽可能地降低产品和服务的价格,使会员能够对一系列的产品和服务享受折扣价,甚至包括90%折扣的微软软件。据估计,这些折扣可为该部门每年节约200万英镑的开支,并且确保这些产品和服务的质量能够满足志愿和社区组织的不同需求。① 第三,代表其成员影响政府及其他公共政策的制定者。第四,为其成员搭建和提供互相沟通交流的网络与平台。第五,为年收入少于50000英镑的小型组织提供支持。第六,NCVO网站上公布的会员名单可以成为其会员组织宣传各自网站的平台,因为该网站每月的访问量几乎达到60000人次。② 第七,咨询服务。NCVO富有技能和经验的雇员为会员提供关于如何实行有效的治理、提升领导技能、进行可持续性的筹资、更好的管理员工、进行工作成果绩效评估、调查和研究用户需求等等,以提出切合实际的建议并寻求最佳解决方案、做出最好的决定。③

通过对NCVO的了解,我们可以看到,英国作为一个志愿和慈善部门都很发达的国家,并不排斥和限制组织型会员众多的综合性社会中介组织。NCVO的实践经验表明,社团可以充分利用网络平台为会员提供服务、扩大影响;具有为会员服务的理念和实际行动应该是一个社团所具备的基本素质和功能;一个成熟的社团还应该具有相当的远见和发展规划,把短期目标与长远规划结合起来,为解决社会问题而行动,并且为此而注重发挥政策倡导功能。

(四)社会企业(Social Enterprise)——英国非营利部门发展的新动向

英国是社会企业大国,总数超过55000个,产值占全国GDP的1%。④ 社会企业在英国不是一种法人形态,在第三部门的伞形组织中常见社会企业形态的组

---

① 参见 http://www.ncvo-vol.org.uk/membership.
② 参见 http://www.ncvo-vol.org.uk/membership/10-reasons-to-join.
③ 参见 http://www.ncvo-vol.org.uk/consultancy.
④ 王名,李勇,黄浩明编著.英国非营利组织[M].北京:社会科学文献出版社,2009:50.

织。英国政府第三部门办公室对社会企业的定义为:"拥有基本的社会目标而不是以股东和所有者的利益最大化为动机的企业,所获得的利润都再投入到企业或社会之中。"①社会企业联盟(The Social Enterprise Coalition)对社会企业的定义为:"一种为了社会目标而在市场中进行商业活动的组织。"②可见,社会企业是追求社会效益最大化的准市场主体,是为了解决社会问题而创设的公司或团体。

  社会企业在英国得以大发展具有深刻的政治、经济、社会和文化背景,是非营利部门意欲实现可持续发展的客观结果。首先,市场化运作可以促使非营利组织实现自食其力,增强自身的独立性和自治性。特别是收入来源于公共部门财政支持的部分,其稳定性和数额均易于受到政府的政策和财力的影响。社会企业在市场中通过商业化运作可以获取更多的收入,同时因为受社会目标的约束,这些利润又投入和回馈于企业和社会,从而增进社会公共利益,同时减轻了政府的财政负担,使节约下来的财政开支可以投入到其他的社会福利事业当中。其次,社会企业对英国的经济和社会发展做出了很大贡献,在英国社会企业就业的人数有47.5万人,每年社会企业对GDP的贡献达84亿英镑,社会企业的数量占英国所有企业数量的5%。③这些数据均表明英国的社会企业已经成为一个不容忽视的经济力量,并在一定程度上缓解了英国的就业压力。社会企业的创新精神使企业蕴含了巨大的创新力,通过不断开发新产品和新服务以满足社会需求。在市场竞争的压力下,也促使商业部门不断提高自己的产品和服务品质,从而推动了英国企业总体水平的提高。

  正因如此,英国政府也做出了积极的反应,通过各种途径给予社会企业以大力支持。1999年英国政府首次在官方报告中承认了"社会企业"的概念及其在贫困地区所发挥的积极作用。2001年英国贸易工业部组建了社会企业局,用于规范和支持社会企业的发展。2002年该部门出台了《社会企业:一项成功战略》报告,旨在为社会企业的运营营造一个更好的环境,拓展社会企业的融资渠道,是英国政府的首个社会企业战略。④2005年英国政府成立了第三部门办公室,次年出台

---

① 王名,李勇,黄浩明编著. 英国非营利组织[M]. 北京:社会科学文献出版社,2009:50.
② 同上:204.
③ 同上:209.
④ 同上:214.

了新的社会企业行动计划——社会企业向新的高度进军。旨在培育社会企业文化,确保正在运行的社会企业可以获得正确的信息和建议,确保其融资渠道,以及促使社会企业与政府的合作。此外,还从规划设计、政策支持、宣传教育、资金投入、技能培训、信息咨询、购买服务和激励机制等多个方面支持社会企业在促进地方经济和社会发展方面积极作用的发挥。①

由于社会企业在市场中从事商业活动,为了确保社会目标得以贯彻执行,避免诱发社会企业股东的道德风险,对社会企业的利润分配及支出行为进行规范、限制和监督就显得十分必要。为此英国确定了社会企业"资产锁定原则",即其经营利润不得向股东分配,应当继续投入项目或社区发展,该原则必须明确规定于社会企业的章程中。《社区利益企业法》禁止社区利益企业(Community Interest Company,简称CIC)向成员分配盈利或资产,为了企业发展需要所发行的债权或股份除外,并规定由监管机构负责确保资产锁定原则的贯彻实施。②

英国社会企业的运作模式代表了非营利部门发展的新动向,与市场部门相同的是通过参与市场竞争获取商业利润,不同的是所获取的商业利润只能回馈于社会,而不能向股东分配。它的主要存在价值在于:第一,减轻了政府的财政负担;第二,通过实现经济上的独立增强了非营利部门的独立性和自主性,不必受资金不足的困扰和束缚;第三,通过参与市场竞争促使市场部门提高产品和服务品质,使市场总体水平不断提高;第四,克服市场失灵;第五,增加就业机会;第六,由于社会企业的独特文化,有助于实现人的自由全面发展。

2009年由英格兰社会企业联盟主导,英国第三部门办公室提供赞助的首次"社会企业现状"调查显示:第一,社会企业正在强有力地抗击经济衰退,自英国经济出现衰退以来,有56%的社会企业的营业额较之前一年有了增长,只有不到20%出现了下降。而在传统中小企业中只有28%的营业额增长,43%则出现了下滑。第二,社会企业的起源呈现多样化,但约一半社会企业具有志愿组织或社区团体的背景。第三,社会企业关注就业,并十分重视通过就业和培训发展人力资

---

① 王名,李勇,黄浩明编著. 英国非营利组织[M]. 北京:社会科学文献出版社,2009:215-217.
② 同上:206.

本。第四,社会企业由社区驱动,在被问到成立社会企业或为社会企业工作的原因时,45%的人选择了"回馈一些东西给社区"。针对此项调查结果,英格兰社会企业联盟首席执行官称完全有理由把社会企业看作一个雄心勃勃、持续增长并致力于创造有价值的就业机会的商业部门。① 可见,2008年开始的金融危机给了英国社会企业一个展示优势和实力的舞台,使之在英国备受赞誉而且前景看好。

本文认为,社会企业在具备上述优点的同时也面临着巨大挑战:第一,创新性被视为社会企业的核心价值与生命力,能否在激烈的市场竞争中立于不败之地,实现社会公共利益,获得消费者和股东等利益相关者的信赖与支持是一项十分艰巨的任务;第二,社会企业在实行商业化运作时如何始终保持非营利性的本质是一个非常重大的课题,法律的规范、政府的监管、社会的监督和社会企业的自律缺一不可;第三,社会企业不向股东分配利润的特性决定了对股东的行为操守、道德水平和精神追求的高标准和严要求,如果没有对社会公益事业的高度热衷和全情投入,很难做到在没有物质刺激的条件下不断地致力于提高社会企业产品和服务的品质,而这一点恰恰是一个社会企业能否在激烈的市场竞争中立足和可持续发展的关键。正因如此,有的学者对社会企业这一运作模式的发展前景表现出一定的担忧,认为有些社会企业提供的产品缺乏创新性、易于被市场淘汰、销路不畅,往往因为承受不起市场风险而倒闭。与之相比,近些年NPO在参与商业活动方面也呈现出显著增长的趋势,在取信于利益相关者方面具有相当大的优势,同时又没有社会企业所面临的那些沉重的压力和困难,在市场竞争中反而可以轻松上阵,提供可持续的公共产品和服务。② 因此,一方面社会企业的运作模式具有相当广阔的推广空间;同时,社会企业的有效运作必须以健全的法律环境为前提,以创新实践为基础,以服务社会为本位,以科学的管理为条件。

社会企业在未来也会成为中国非营利部门中一种具有代表性的运作模式,同时这并不意味着社会企业会完全取代社团等非营利组织本身,多样性和多元化应该是未来第三部门发展的特点和趋势。目前在中国并非毫无社会企业的运作模

---

① 参见(英国)社会企业现状调查显示:社会企业正在强有力地抗击经济衰退. 发展交流网(NGOCN) http://www.ngocn.org/? action-viewnews-itemid-72273,2009年12月22日.
② 参见 Gregory E. Goering. Socially concerned firms and the provision of durable goods. Economic Modelling 25 (2008):582.

式,以上海市真如商会慈善超市为例,它是由上海市普陀区工商业联合会与真如镇社保中心联合举办的,旨在引导企业家参与社会公益活动、支持社区慈善公益事业,促进社会和谐发展。商会举办慈善超市,为商会工作向社区延伸提供了平台,同时进一步推动了企业家回报社会的责任感,为做好商会工作提供了一个很好的载体。截至2008年底我国慈善超市数量共计7035个。[①] 社区慈善超市这种商业化的运作模式与英国的社会企业十分相似,值得推广。

二、英国社团立法现状

(一)立法框架

英国关于社团的成文法规范比较少,只有《公司法》、《税法》和《慈善法案》的部分内容涉及了规范社团的内容。主要原因在于,一是英国是英美法系国家,以判例法为主、成文法为辅;二是在英国,人人强调结社自由,除了慈善组织以外,其余类型社团的成立都不要求到政府登记,基本是采取追惩制的管理办法,人人都可以自由组织各种团体。[②] 因此可以说英国政府对社团的态度非常宽松,积极鼓励和支持人们自由组建社团并开展社团活动。

(二)法律形式

英国社团源于志愿互助和民间慈善,具有悠久的历史,通常分为志愿组织和慈善组织两大类,其中志愿组织是行使结社自由权的结果,这类组织不一定具有法人资格,可以随意成立,无须注册登记,一般只要具备以下条件即可开展活动:(1)有三个人以上;(2)有组织章程;(3)无需政府资助。不具有法人资格的志愿组织,个人对社团的债务承担无限责任,政府对其监管采取追惩制。志愿组织经过慈善委员会审批可以成为慈善组织。慈善组织不是一种法律形式,而是一种资格。两类社团组织均可以以下列法律形式存在:

1. 非法人组织。包括:(1)非法人社团;(2)友谊社;(3)信托组织。
2. 法人组织。包括:(1)有限公司,大多数志愿组织采用有限责任公司的形

[①] 2008年民政事业发展统计报告. 中华人民共和国民政部网站 http://cws.mca.gov.cn/article/tjbg/200906/20090600031762.shtml,2009年5月22日.

[②] 李本公主编. 国外非政府组织法规汇编[M]. 北京:中国社会出版社,2003:382.

式,部分采用股份有限公司形式,优势在于股东只承担有限责任;(2)行业和储蓄互助会,属于互益性组织;(3)依据特定议会法案设立的社团;(4)依据特定皇家法案设立的社团;(5)慈善法人组织,2006年修订的《慈善法案》已于2008年全面生效,该法案确立了一种新的法人组织形式,即慈善公司组织,也叫慈善法人组织。

(三)设立模式①

在英国除了慈善组织以外,其余类型社团的成立都不要求到政府登记,因此所有注册登记的非营利组织必须符合法律的定义,且具有慈善资格。所谓慈善组织,是指为了推进教育、宗教,促进医疗、卫生,进行救济、帮助穷人以及对促进社会的公益活动有益的社会组织。

在英国成立慈善社团组织,必须进行登记,获得批准后才能开展活动。由慈善委员会和国税局负责管理。1860年英国成立了负责慈善组织登记和监督管理的主管部门慈善委员会,它独立于任何党派和政治权力,是内政部的下设机构之一②,对法院和内政部负责,主要管理有关登记为具有慈善资格组织的各项事务,监督慈善组织并给予必要的协助,进行年检,调查组织的不法行为,确保组织合法有效运作,提升组织的公信力等。慈善委员会的总部设在伦敦,另外还有三个分支机构分别在利物浦、普屯和纽堡,慈善组织的登记不分级别和地域,全国各地的慈善组织到任何一个机构登记均可,具有相同的法律效力。

申请成立慈善社团的程序是:由发起人向慈善委员会递交书面申请,包括申请表格、所有董事的宣誓书和签名、该组织的治理文件以及过去三年的财务记录副本。其中治理文件根据该组织申请登记的形式而有所不同。

慈善委员会将慈善组织区分为三种形式,慈善组织申请登记时可以任选其一:(1)非公司慈善社团。这类慈善社团不具有法人资格,属于非法人社团。必要记载事项包括:组织目的、权力结构、账目、银行账户、董事的任命方式、修订条款

---

① 这部分内容参考了褚松燕. 中外非政府组织管理体制比较[M]. 北京:国家行政学院出版社,2008. 第二章的部分内容;李本公主编. 国外非政府组织法规汇编[M]. 北京:中国社会出版社,2003. 第三篇第四章的部分内容。

② 英国内政部的另一个下设机构为志愿者组织服务部,但是该组织并不负责志愿者组织的登记和监督管理。

和解散条款。(2)慈善信托。这类组织提交的治理文件是信托契约,包括组织名称、目的、权力结构、董事及其任命方式、账目、银行账户、无个人利益的理事、对土地或者投资的托管、投资权、修订权和解散权。(3)慈善公司。这种组织是具有法人资格的有限担保责任公司,受慈善法和公司法的规范和调整,但是慈善公司仍然不能向会员分配利润。具有下列多种或全部情形的可以选择这种法律形式:(1)规模庞大的;(2)将有雇员的;(3)将在合同基础上提供慈善服务的;(4)将长期性的签订商业合同的;(5)将实际拥有不动产、租赁物或其他财产的。这类组织向慈善委员会提交的治理文件应包括:组织名称、目的、权力结构、董事及其任命方式、会员资格、账目、银行账户、无个人利益的董事、拥有的土地或投资、投资权、修订权和解散权。

慈善委员会根据申请对该组织是否具备进行这项活动的能力进行审查,审查要件包括:(1)该组织的宗旨和活动是否具有慈善性质;(2)该组织是否需要登记;(3)组织名称是否合法。必要时会转交国税局进行审核。《慈善法案》规定的13项慈善目的为:(1)预防或减少贫困;(2)促进教育;(3)促进宗教事业;(4)促进医疗卫生和挽救生命;(5)促进公民资格或社区发展;(6)促进艺术、文化、遗产或科学进步;(7)促进业余运动发展;(8)促进人权、争端解决或调处,或促进宗教、种族和谐、平等和多样性;(9)促进环境保护或改善;(10)救济因年幼、年老、疾病、残疾、经济困苦或其他恶劣情况导致危难的人群;(11)促进动物福利;(12)有助于提高皇家军队、警察、救火队伍、救助服务或急救服务的效率;(13)其他目前已经确认的慈善目的,以及所有与其他慈善目的相似的新的慈善目的。申请登记的慈善组织必须具备上述慈善目的之一,同时必须符合公共利益原则。如果认为该组织具备相应的能力经过填写表格程序,并经审查同意后即被批准。如果不被批准,该组织可以向慈善委员会之上的五人小组提起申诉,进行申辩。该法案所列举的慈善目的之涵盖面可谓相当广泛。

英国政府之所以要求慈善社团必须登记,主要原因在于:(1)慈善社团利用筹集资金从事慈善公益活动,是否具有能力正确有效利用该项资金关系重大;(2)慈善组织享受免税待遇,对于其资质必须严格把关;(3)有利于对其活动进行监督和管理。

(四)筹资模式和营利禁止

1. 筹资模式

约翰·霍普金斯非营利部门比较研究项目的调查结果显示,从 1990 年到 1995 年的五年时间里,在英国非营利组织的收入来源中,政府资助所占比重呈逐年上升趋势并且居于主导地位,政府的主要资助方式包括直接拨款、签订合同和服务协议等三种方式,如果将税收优惠计算在内,那么政府资助所占比重将更为可观。其次为"赚得收入",包括服务收费、销售所得以及投资收益。在英国人们普遍认为社团提供咨询服务而收取一定的费用是理所当然的事情。政府还允许社团开办经营性公司来赚取利润。最后为社会捐赠,其中个人捐赠呈下降趋势,但是我们应该注意到货币化的私人捐赠仍然是英国非营利组织的重要收入来源,这与英国悠久的慈善传统密不可分。同时来自公司的捐赠以及基金会的支持也是社会捐赠的重要组成部分。

2. 营利禁止

英国法律没有明确规定社团是否能够从事营利性活动,虽然允许社团开办经营性公司,但实践中社团开办经营性公司的现象比较少见,原因在于很多社团认为开办营利性公司需要承担风险,没有来自社会捐赠等收入安全保险。①

英国对非营利组织的税收优惠采用的是"收入用途标准",即其经营活动所得收入必须运用于其目的事业才能免税,而对于免税以外的商业活动收入则必须依法纳税。英国仅对慈善组织实行税收优惠,主要优惠办法为税前优惠,即捐款人向慈善组织捐助的款项是在税收以前捐助,本应向国家缴纳的所得税归慈善组织所有,实质上是国家向慈善组织让渡了这部分本应归国家所有的税收,反映了国家对慈善组织的支持以及对捐赠者的鼓励政策。

小结:

英国作为判例法国家,虽然社团成文法较少,但是关于志愿组织和慈善组织的规范和管理的立法与实践经验也有值得我国借鉴之处。首先,英国政府对待结社自由的宽松态度,可以说回归到了结社自由的本真状态。无须向相关政府部门

---

① 参见李本公主编. 国外非政府组织法规汇编[M]. 北京:中国社会出版社,2003:386.

进行注册登记即可自由组建并开展活动,政府对这类社团的管理主要是事后追惩。其次,慈善社团可以选择是否以法人形式存续和开展活动,譬如非公司慈善社团就不具有法人资格,但由于其具有一定的公益性,因此也必须进行注册登记。鉴于政府对慈善社团给予免税等方面的资金支持,成立慈善社团组织均需要通过审批并进行注册登记,审批要件有明确具体的法律规定。再次,英国对社团的税收优惠政策倾向于具有公益性质的慈善社团,而对于志愿组织则无此优惠。最后,英国对慈善社团的税收优惠并不取决于该慈善社团的具体法律形式,而是采用收入用途标准。总之,英国的社团立法总体上体现了宽严并济的特点,对于经过审批登记的慈善社团所给予的优惠待遇较多,管理也相对严格。而对志愿组织则没有税收优惠,是否取得法人资格也没有强制性规定。

第四节 美国社团及其立法发展历史与现状

一、美国社团发展历史演进

(一)美国社团发展历史

第一阶段:殖民地时期的结社。

美国作为一个移民国家,结社历史具有鲜明特点。处于英国殖民统治时期,美国的结社文化就已经开始形成并比较活跃了。比如教育领域里的有识之士开立大学,兴办高等教育,先后成立了包括哈佛大学在内的一系列当今享誉世界的名校。经济领域里的行业协会不断涌现。此外,各种福利社在为会员提供经济帮助方面也发挥了作用。文化领域出现了共读社、哲学会等旨在交流文化、传播思想的社团。作为殖民地时期特有的结社形式,各种旨在反抗英国殖民统治的革命社团在英法战争之后表现得十分活跃,在反英革命运动中发挥了重要作用。

第二阶段:1776年美国宣布独立后至20世纪30年代。

从1776年成立美利坚合众国至20世纪30年代经济大萧条到来之前,各种社团在这一时期美国的历史舞台上扮演了不可或缺的角色。其中最令人瞩目的当属反奴运动,19世纪40年代,美国废奴团体数量已达2000个,它们以各种方式开展了声势浩大的反奴运动。终于在1865年1月由美国国会通过了《宪法第13条修正案》,规定奴隶制或强迫奴役制不得在合众国境内和管辖范围内存在,正式以法律的形式废除了奴隶制。这场胜利也是美国人民反奴结社的胜利。

此外,在工人维权、男女平等、环境保护、宗教和慈善等领域的结社也得到了充分的发展。这一阶段美国的结社处于自由发展时期,政府之所以给予了市民结社如此充分的空间和自由的氛围,主要原因在于:其一,结社自由被美国人视为私的自治领域,是天赋人权,不应受到任意干涉和剥夺;其二,殖民时期英国殖民政府的统治文化遗留下来的影响仍然存在,政府只管理税收、治安等公共事务,并不过多干预私人领域;其三,绝大部分结社的目的和初衷是积极的,是有利于增进彼此利益或社会公共利益的,甚至在一定程度上还可以为政府分担管理公共事务的压力,本身的"善"决定了这些结社"得道多助",能够获得来自社会和政府的信任与支持。

第三阶段:20世纪30年代至60年代。

1933年美国开始了经济大萧条时期,受经济萧条,失业人口激增,社会秩序不稳定等因素的影响,当时的美国政府对结社自由采取了一定的限制措施,特别是二战后以及冷战时期,更是通过多部法律直接限制结社自由。

随着美国资本主义经济的发展和战后美国经济的崛起,各种行业协会和商会在协调行业关系、增强行业自律、促进行业发展等方面发挥了积极作用。特别是在与政府和社会之间起到了中介作用,协调政府与营利部门之间的关系,就经济立法、决策等方面的问题向政府建言献策,参与和影响公共政策的制定。

托克维尔在《论美国的民主》下卷《关于美国人在市民生活中对结社的运用》中阐述了美国政治结社之外的结社情况以及结社为什么会在美国人的社会生活中广泛存在。他这样描述和概括美国人结社的情况:(1)美国人的结社形式五花八门,"美国人不论年龄多大,不论处于什么地位,不论志趣是什么,无不时时在组织社团。在美国,不仅有人人都可以组织的工商团体,而且还有其他成千上万的团体。"①;(2)美国人的结社涉及各个领域,与生活息息相关,"干一点小事也要成

---

① [法]托克维尔. 董果良译. 论美国的民主(下卷)[M]. 北京:商务印书馆,1988:635.

立一个社团"①;(3)美国人认为结社是一种手段,甚至"似乎把结社视为采取行动的唯一手段"②,而且美国人的结社能力是"彻底和熟练"③的;(4)美国社团的功能和作用是美国政府所无法取代的,"也许政府可以代替美国人的某些巨大的社团,而且在联邦内部已有几个州这样做了。但是,美国人日常依靠社团进行的那些数量巨大而且规模却很小的事业,要由哪个政府当局去代替办理呢?"④(5)结社是一个民主国家所必不可少的,"如果一个民主国家的政府到处都代替社团,那么,这个国家在道德和知识方面出现的危险将不会低于它在工商业方面发生的危险。"⑤(6)结社是民主国家的人们克服个人的软弱无力,自动的互助方式。"在民主国家里,全体公民都是独立的,但又是软弱无力的。他们几乎不能单凭自己的力量去做一番事业,其中的任何人都不能强迫他人来帮助自己。因此,他们如不学会自动地互助,就将全都陷入无能为力的状态。"⑥"一个民族,如果它的会员丧失了单凭自己的力量去做一番大事业的能力,而且又没养成共同去做大事业的习惯,那它不久就会回到野蛮状态。"⑦

托克维尔的一番论述向我们全面展示了美国人的结社文化和结社生活,当结社成为一种生活习惯,它完全不像想象中的遥远和可怕。美国人对待结社轻松、亲切而又认真的态度或许是值得我们深思和寻味的。

(二)美国社团发展现状

第二次世界大战以后,西方资本主义国家在继续奉行自由市场经济的同时,开始注重宏观调控的作用。政府作用的范围逐渐扩大,从最初的基本行政领域,拓展至产品质量、金融、交通、就业、医疗、教育、卫生、科技等方方面面,甚至侵入了立法和司法领域。为了应对不断涌现的新的经济和社会问题,满足社会对公共产品和服务的需求,政府机构的规模开始扩大,政府雇员人数不断增多,一方面解决了问题,促进了经济的发展;同时也带来了一系列负面效应。虽然这些问题在

---

① [法]托克维尔. 董果良译. 论美国的民主(下卷)[M]. 北京:商务印书馆,1988:636.
② 同上.
③ 同上.
④ 同上;637.
⑤ 同上;638.
⑥ 同上;637.
⑦ 同上.

美国也有所存在,但是并不像其他发达国家那么严重,原因之一就是二战后在美国经济和社会的发展进程中对所面临问题的解决不仅是依靠政府来完成的。由于政府在提供社会福利方面的作用有限,更多的是由独立于政府的各类社团所提供的,充分发挥了社团在参与社会公共事务治理方面对政府的补充作用。因此美国被认为是典型的"小政府、大社会"。

约翰·霍普金斯非营利部门比较项目的调查结果显示,1995 年美国非营利部门的花费近 5020 亿美元,大约是国内生产总值的 6.9%。大约有 860 万名全职支薪职员,相当于全国非农业就业的 7.8%,服务业就业的 16.5%,全国各地各级政府工作人员的 46.7%。在非营利部门就业的全职职员人数仅次于零售业,居于非政府领域的第二位。美国各个领域的结社发展并不均衡,根据这一比较项目的调查显示,美国超过 46% 的非营利就业在卫生保健领域;其次是高等教育领域,这一领域占非营利就业的比例为 21.5%;而社会服务和文化领域的规模则相对较小,社会服务领域占非营利就业的比例为 13.5%,文化领域则仅占 7.3%。除了扩大就业,非营利组织在弥补企业不足方面也发挥着重要作用。以医药行业为例,美国非营利组织在为医药公司所面临的如巨额的资金投入、更长的时间周期和不断下降的药物研发产出等诸多严峻挑战提供解决方案方面就在发挥越来越重要的作用。[1] 目前美国一半的大学和医院、近三分之二的社会服务机构、大多数市民协会、几乎所有的交响乐队都属于非营利部门。[2] 它们数量众多,仅以环保领域的非营利组织为例,在美国从事环保活动的组织大约就有 30000 个,包括成立于 20 世纪初期的保护组织(Conservation Organization)、成立于 20 世纪 60 年代的环境改革组织(Environmental Reform Organization),以及在 20 世纪 80、90 年代获得显著增长的环境正义组织(Environmental Justice Organization)。[3] 不同阶段的环保组织所倡导的环保主题和从事的环保事务均有所不同,甚至在环保主张方面展

---

[1] Walter H. Moos, Jon C. Mirsalis. Nonprofit Organizations and Pharmaceutical Research and Development. DRUG DEVELOPMENT RESEARCH 70: 461. (2009).
[2] Lester M. Salamon, American's Nonprofit Sector: A Primer 2nd Edition. 转引自朱世达. 美国市民社会研究[M]. 北京:中国社会科学出版社,2005:229.
[3] David J. Hess, Rensselaer Polytechnic Institute. The Potentials and Limitations of Civil Society Research: Getting Undone Science Done. Sociological Inquiry, Vol. 79, No. 3, August 2009, 311–312.

开辩论。以保护组织和环境正义组织为例,很多最大的总部设在美国的保护组织开始重新将本土作为环境保护的目标,最近该类组织被环境正义类组织批评为没有兑现近些年来对本土居民的书面承诺。比如2004年一位本土权利的拥护者在其发表的一篇题为《一项对天然资源保护主义者的挑战》的文章中论证了大型保护组织在寻求与本国和原住居民的建设性合作中的失败。而这一批评引起了对方的激烈反应,一方面陈述了其对于本土环境保护所做出的努力,另一方面,特别值得注意的是承诺重新评估关于本土居民的政策、增强执行力并扩大对与本土居民的有效合作伙伴方案的支持。①

这种在社团之间展开的质疑、辩论、妥协与承诺,集中反映了在美国这样一个市民社会发达的国度里,即使是相同领域的市民团体基于认识、看法和主张的差异也存在着富于激情的讨论甚至争辩,在彼此质证过程中可能使对方认识到自身的不足从而决心并承诺以实际行动改进,应该说这对于社团之间的相互监督、共同进步乃至增进整个社会的利益都是有所助益的。

再以工会和社区组织为例,美国的工会和其他国家一样,作为劳动团体从形成之初就是以维护弱势群体即工人的利益为宗旨的,并且成效显著。美国是一个移民大国,在工人与雇主的利益博弈中前者处于弱势地位,特别是移民工人,譬如美国境内的墨西哥移民。工会则为打破这种利益失衡和事后补救提供了可能,包括在劳动关系建立之初和持续阶段针对劳动报酬、劳动保护和条件所进行的集体协商,在劳动纠纷发生之后帮助工人制定索赔决策(Claims-making),以及反对就业歧视、维护工人的平等就业权,乃至在反对工作场所性骚扰等方面都发挥了积极作用。然而,虽然集体协商可以帮助工人索赔,但是除了工会自身以外,运用法律来帮助工人寻求解决劳动纠纷的办法也是至关重要的。② 除了工会,美国的社区组织也在向工人提供他们享有哪些权利等有用信息,鼓励工人在权利遭受侵害后勇于站出来维护自己的合法权益,并指导他们如何进行索赔。③ 很多案例表明

---

① Sonja K. Pieck, Sandra A. Moog. Competing entanglements in the struggle to save the Amazon: The shifting terrain of transnational civil society. Political Geography 28 (2009) 423.
② 参见 Shannon Gleeson. From Rights to Claims: The Role of Civil Society in Making Rights Real for Vulnerable Workers. Law & Society Review, Volume 43, Number 3 (2009) 670.
③ 同上:677.

工会等市民社会组织在面临法律动员(Legal Mobilization)障碍的那些工人高度集中的工作场所中具有特别重要的地位。① 因此,在美国,虽然社团等市民社会组织的目的和宗旨并不完全相同,但是他们作为中介组织可以交流和传递信息,特别是向移民社区提供他们所享有的权利和能够利用的社会资源等有效信息,因此被视为移民社区融入美国社会进程的重要组成部分,并且在法律动员、维护工人特别是移民工人等弱势群体的合法权益方面具有重要的社会地位。与美国类似,中国在城市发展进程中也有大量的外来人口涌入城市寻找就业机会,参加城市建设,其中数量最大的当属农民工。他们在劳动力市场中会遭遇就业歧视,是劳动合法权益易于受到侵犯的弱势群体,各级工会在帮助农民工讨薪等维权道路上确实发挥了重要作用,但实践证明还是不够的。农民工作为在中国现代化进程中做出了重要贡献的群体,有权利成立自己的社团,基于相同的身份、相似的环境而产生的强烈认同感可以使农民工社团具有强大的凝聚力,为提高农民工的劳动待遇,维护合法权益提供法律、精神等方面的服务和支持,以克服农民工作为弱势群体分散而缺乏凝聚力、维权意识不强、维权资金不足、维权精力不够和维权知识匮乏等不利因素。

(三)美国农民合作经济组织如何提高竞争力——以美国农业合作社为例②

美国农业合作社对内为其社员提供物质和资金支持,对外销售农副产品,不仅是土地和市场联系的纽带,而且是能够尽量避免市场风险、保护农民利益的农民合作经济组织。美国农业合作社能够为促进美国农业经济的发展发挥重要作用的原因是多方面的,本文认为主要包括以下原因:

首先,美国农业合作社享有良好的外部法律环境。

美国农业合作社的法律形式分为法人合作社和非法人合作社两种形式,均不以营利为目的。其中法人合作社分为股份制合作社和非股份制合作社两种形式;非法人合作社是由若干成员组成的联合体,无须注册,只要有组织名称、章程、成员及明确的职责即可成立。美国政府为支持农业发展,往往给予农业合作社以多

---

① 参见 Shannon Gleeson. From Rights to Claims: The Role of Civil Society in Making Rights Real for Vulnerable Workers. Law & Society Review, Volume 43, Number 3 (2009) 677.
② 本部分内容参见逄玉静. 美国农业合作社立法及运行现状. 中国社会组织网 http://www.chinanpo.gov.cn/web/showBulltetin.do? id = 19438,2009 年 11 月 9 日引用.

种优惠政策,如有限豁免待遇、税收优惠、信贷支持等。政府给予合作社的各种支持往往通过法律的形式固定下来。

其次,美国农业合作社具有健全的内部自律、治理机制。

美国农业合作社具有四项基本原则,即开放和自愿入社原则、服务社员原则、民主管理原则及股本收益限制原则。强调合作社以服务社员为宗旨,不以赚取利润为目的;每个社员拥有一票表决权,而不论其拥有股票的多寡。其组织机构由社员大会和董事会组成,社员大会由全体社员组成,重大事项由社员大会投票表决,实行多数票控制原则。董事会成员由社员大会选举产生,董事会成员通常也来自社员,但并非所有社员都有当选机会,凡是同本合作社有竞争关系的任何公司及其子公司的人都没有资格当选。董事会享有除社员享有权利之外的合作社的其他权利,负有督促和指导合作社活动的职责。与公司类似,董事对合作社也负有忠实义务和注意义务,必须严格遵守法律、章程及细则的规定,不能滥用职权,否则合作社有权追回其从非法交易中获得的利益,即享有对董事非法交易所得的归入权。董事会有权聘任经理,经理根据董事会的授权,在董事会的监督下,负责合作社的采购、销售等日常事务。

最后,美国农业合作社通过改革拓宽了筹资渠道。

美国农业合作社的资金来源主要包括:社员认购;基于惠顾交易的筹资以及借贷资本等。其中社员认购的方式包括认购普通股或社员资格证、优先股、公司债等。但社员认购通常不能作为主要资金来源。有一些农业合作社,农业生产者不必交纳股金即可入社。但是美国农业合作社的运行机制并非一成不变,改革后的新一代合作社在运行机制等方面进行了创新,大大提高了竞争力。首先根据合作社的加工业务量,确定合作社的投资规模,然后算出总股本和接受社员的数量。通常要求每个社员认购一定数量的交易权股,加入合作社的社员一般不能自由退股,只能将股份转让给其他社员,从而建立并保持了一笔稳定的运行资金。同时还允许外来资金参与合作社投资,这种通过从社会吸收大量资金的改革,大大拓宽了合作社的筹资渠道,增强了合作社的资金实力,提高了合作社的生产效率。

我国农村地域广阔,农业生产在国民经济中居于重要地位,广大农民也享有通过结社维护自己的合法权益、增进彼此利益的权利。目前比较普遍的农民结社是农民专业合作社、农村经济合作社等形式,近些年我国农村也进行了很多旨在增产增效、增进农民利益的改革与实践,还陆续出台了一些重要的法律法规,比如《农民专业合作社法》,但是如何建立并落实科学合理的内部治理结构,如何从根本上实现农民结社的独立性和自治性,如何处理与村委会之间的关系等问题仍然困扰着我们,美国农业合作社的经验对我们具有一定的启示和借鉴意义。

二、美国社团立法现状

(一)立法框架

美国宪法中没有明确规定结社自由,而是通过判例的形式承认了结社自由。美国对于社团等非营利组织的规范和管理主要是通过公司法和一系列与税收相关的法令来实现的。第二次世界大战以后美国的非营利组织发展迅速,1952年美国律师协会制定了《非营利法人示范法》,后经1987年修订,该法从内部关系和外部关系两个方面规范了非营利法人,目前已经被美国大多数州所采用。1996年《美国统一非法人非营利社团法》由统一州法全国委员会通过,并建议各州采纳。总体来讲美国的社团等非营利组织的法律体系虽然比较分散、不够系统,但是数量多而细致,比较完备。

(二)法律形式

美国社团可以选择的法律形式主要有两种:

(1)非公司社团,又叫非法人非营利社团。结社自由在美国被认为是人与生俱来的权利,无须得到政府的赋权,政府无权干涉和剥夺。这类社团不具有法人资格,是个体会员的集合,学术团体、专业团体和俱乐部通常采用这种形式。

(2)非营利公司,又叫公司形式的社团。指的是具有法人资格的非营利法人,美国各州的公司法同时规范营利法人和非营利法人。20世纪60年代以后大多数非营利组织都改变为公司形式的社团,原因在于非营利公司的负责人依法仅承担有限责任,同时可以享受免税优惠。

(三)设立模式

在美国注册非营利组织是在公司法和税法的规范下进行的,具体方式各州不尽相同,可以自由选择是否注册登记,不经注册登记即不具有法人资格,无法享受税收优惠。

1. 非公司社团的设立

非公司社团由两个以上的人达成合意,建立一套规范组织的内部结构和规章制度,明确解散时社团资产的处理办法,并且不将服务所得利润用于会员间的分配即可成立。

2. 非营利公司的设立

非营利公司需要履行注册登记程序,法人登记在州一级,向所在州的司法部提出申请,并提交下列材料:(1)组织的宗旨和章程;(2)地址和开展活动的主要地点;(3)组织结构、运作和程序;(4)合伙人姓名;(5)开展工作应遵守的规则;(6)保证不私分利润并制定社团解散时财产的处置规则。只要这些条件达到州公司法的最低要求,申请就会被批准,采用的是准则主义设立模式。

(四)治理结构

美国《非营利法人示范法》对于非营利法人的内部治理结构的规定相当细致,并且在尊重非营利法人自治的基础上,兼具强制性和任意性法律条款。

1. 社团章程

记载事项:《非营利法人示范法》①第二章组织机构第2.02条法人章程第一款规定了非营利法人章程的必要记载事项:(1)满足该法要求的法人名称;(2)明确法人性质的事项,包括:公益法人、互益法人和宗教法人三种类型;(3)法人初始注册办事处地址及其在该地址初始注册代理人的名称;(4)每个发起人的名称和地址;(5)法人是否有会员;(6)不违反法律关于解散财产的分配的规定。第二款规定了法人章程可以记载的事项:(1)法人的设立目的,可以为从事任何合法活动,无论是单独的,还是与其他目的相结合;(2)初始董事人员的姓名和地址;(3)在不违反法律的前提下的下列事项:法人事务的管理和监管;法人、董事会和成员(或成员集团)的界定、限制和监管;每个成员或成员集团的特征、资格、权利、限制和义务;(4)本法要求或允许章程细则记载的任何事项。

社团章程的修改程序:《非营利法人示范法》第10.01条规定了法人章程的修改权:法人有权随时修改章程,增加或变更章程所需要或者允许的规定,或者删除

---

① 本文涉及的该法法条参见金锦萍,葛云松. 外国非营利组织法译汇[M]. 北京:北京大学出版社,2006:1-70.

章程不需要的规定。某一规定是否被章程所需要或者允许取决于章程的修改生效日期。第10.02条规定了董事会修改章程的权力和程序:除章程另有规定外,法人董事会可以未经成员批准对法人章程进行一次或一次以上的修改;修改内容包括:(1)延长法人的存续期间,如果设立法人时法律要对存续期限有限制性;(2)删除原始董事的姓名和地址;(3)删除原始登记代理人或者登记执行官的姓名和地址,如果变更说明书存档于州务卿处;(4)修改法人名称,替代以"法人"、"设立法人"、"有限责任的"的字样或者其缩略形式,或者增加、删除或者修改名称的地域定语;或者(5)本法明确允许由董事会进行的任何其他修改。法人无成员的,其发起人或董事会可以对章程的上述事项进行修改,会议召开前应尽到告知义务,告知与会人员会议的目的是修改法人章程,同时附修改复本或概要,或者说明修改的总体内容,并且说明修改必须由通过修改时在职董事的多数批准。第10.03条规定了对董事和成员修改章程的要求:(1)除了《非营利法人示范法》、法人章程、成员或董事会要求更高的投票比例或由集团投票外,法人章程的修改须由以下人员批准:其一,如果法人是公益法人或宗教法人且修改不涉及董事的人数、任期、选举或选出方式,或董事会的组成,由董事会批准;其二,持有三分之二表决权或多数表决权的成员有权修改章程;其三,根据《非营利法人示范法》第10.30条,章程要求由除董事会以外的特定人以书面形式批准章程或者章程细则修正案,只有特定人以书面形式批准才能修改该章程。

2. 成员大会

会议的法定形式:根据《非营利法人示范法》第7.01条、第7.02条和第7.03条的规定,成员大会分为三种形式:(1)年度大会和例会。召开时间:有成员的法人应当每年在章程细则规定或确定的时间召开成员大会;有成员的法人可以在章程细则规定或确定的时间召开例会。召开地点:年度大会和例会可以在章程细则规定或确定的地点召开,未规定或确定的,应当在法人主要办事处召开。讨论和决议事项:年度大会上总裁和首席财务执行官员应当报告法人的业务活动和财务状态;成员应当对大会通知所记载的其他事项进行讨论和表决。在例会上成员应当对大会通知所记载的其他事项进行讨论和表决。(2)特别大会。召开条件:有成员的法人在董事会、章程或章程细则授权的人召集时;或者持有不少于法人表决权5%的人向任何法人执行官提出记载了召开大会目的的请求书时,应当召开法人特别大会。召开地点:与年度大会和例会相同。决议事项:只能就大会通知记载的目的之内的事项进行表决。(3)法院命令召开的大会。法人主要办事处所在地(没有办事处的为法人登记地)的区法院可以根据下列申请最后命令召开大会:其一,如果在法人财务年度届满一到六个月内或在上次年度大会之后15个月内未召开年度大会,根据法人的任何成员或有权出席年度大会或例会的其他人的申请,或在公益法人的情形下,根据州首席检察官的申请;其二,如果在要求召开的日期之后的40天内未召开例会的,根据法人的任何成员或有权出席年度大会的其他人的申请,以及于公益法人的情形下,根据州首席检察官的申请;其三,如果在向法人执行官提出请求书日期之后30天内未发布特别大会通知或特别大会未根据通知召开的,根据签署了有效的特别大会请求书的成员的申请,或根据有权召集特别大会的人的申请,以及于公益法人的情形下,根据州首席检察官的申请。

　　成员大会的决议:(1)书面选票。根据《非营利法人示范法》第7.08条,除了章程或章程细则禁止或限制外,如果法人向对事项享有表决权的成员发送了书面选票,任何成员年会、例会或特别会议可以不召开会议而通过决议。书面选票应当记载每个拟定的决议及规定投票赞成或反对每个拟定决议的机会。只有当选票所投的票数等于或超过授权决议的会议要求出席的法定最低人数,并且通过票数等于或高于在会议上通过事项所要求的票数,在该会议上所投的总票数等于选票所设的票数,书面选票的通过才能生效。书面选票的所有投票请求应当指明回复票数必须满足法定最低人数要求;说明除选举董事外通过每一事项所必需的通过比例;确定法人接收选票以便于统计的时间。除章程或章程细则另有规定外,书面选票不得被撤回。(2)投票。最低人数:第7.22条规定,除该法、章程或章程细则规定更高或更低法定最低人数外,对事项享有表决权的百分之十的成员必须在成员会议上构成对该事项的法定最低人数。减少对任何成员决议的法定最低人数的章程细则修改可以由全体成员或在章程细则无相反规定的情况下由董事会通过。增加对任何成员决议所要求的最低法定人数的规定修改必须由全体成员通过。除三分之一或以上表决权人亲自或通过代理出席外,成员年会或例会可以表决的事项只限于会议通知记载的事项。投票要求:第7.23条规定,除该法、章程或章程细则要求更高票数或分类投票外,符合法定最低人数的票数和赞成票成为成员的决议。

3. 成员的权利和义务

《非营利法人示范法》第6.10条规定,所有成员在投票、解散、撤销和转让方面的权利义务相同,但是章程或章程细则以权利义务的目的确立成员资格种类的除外。所有成员应当在任何其他事项上权利义务相同,但是章程或章程细则记载或授权的除外。

权利:(1)表决权。第7.21条第一款规定,除章程或章程细则另有规定外,每个成员对由成员投票的每个事项享有一个表决权。(2)选任委托代理人的权利。第7.24条规定,除章程或章程细则禁止或限制代理投票外,成员可以亲自或通过代理律师签署选任书,选任代理人为其投票或实施其他行为。(3)资格转让权。互益法人的成员在章程或章程细则记载或授权的条件下得转让成员资格或由此产生的权利。(4)退社权。第6.20条规定,成员可以随时退社,但是并不免除其由于退社之前承担义务或做出承诺所产生的对法人的义务。(5)不被终止、开除和中止权。第6.21条第一款规定,公益法人或互益法人的成员不得被开除或中止,该法人的成员资格不得被终止或中止。同时规定,经过公平合理、诚信执行程序的除外。第二款具体规定了符合下列条件,程序才是公平合理的:其一,章程或章程细则记载的程序规定:提前不少于12天以书面形式通知开除、中止或终止及其理由;开除、中止或终止前不少于15天,成员有机会获得听证,听证授权由未参加拟定开除、中止或终止的人主持;或者其二,其公平合理的考虑所有相关事实和情况:邮寄的书面通知必须贴上第一等邮资或以挂号信寄往法人记录所记载的成员最新地址;成员不服开除、中止或终止的任何诉讼,包括主张通知瑕疵的诉讼,必须在开除、中止或终止生效之日起一年内启动;被开除或被中止的成员可以对法人承担由于开除或中止之前承担义务或做出承诺所产生的费用、税款或会费。该条规定是法人对其成员实施社团罚时所必须考虑的事实及必须遵守的程序性规定,与德国法不同的是,该法就何谓公平合理的程序进行了明确细致的规定,具有很强的可操作性,而德国法仅规定社团章程可以有关于社团罚的程序性规定。目的是通过程序的正义来维护实质的正义,规范社团对其成员的处罚行为,预防其成员的合法权益因此受到侵犯。(6)派生诉讼权。第3.04条赋予了法人成员针对董事越权的行为提起派生诉讼的权利。第6.30条规定,拥有5%或更多表决权的任何成员,或50名成员,或任何董事均可以法人名义提起派生诉讼。派生诉讼制度是当法人的合法权益遭受侵害,而董事会或执行官怠于诉讼时,符合法定要件的成员为了维护法人利益而可以自己的名义对侵害人提起诉讼,以追究其法律责任的诉讼制度,以此为法人的利益提供更周全的保护。

义务:(1)缴费义务。第6.13条规定,法人成员可以对法人承担费用、税款或会费的义务,前提是以章程或章程细则规定或授权或董事会通过的使之负担费用、税款或会费义务的决议为其创设了义务为条件。根据第6.12条的规定,法人成员个人并不对法人的行为、债务、责任或义务负责。(2)转让成员资格的限制。第6.11条第一款规定,除章程或章程细则记载或授权外,互益法人的成员不得转让成员资格或由此产生的任何权利。第二款规定,公益法人的成员不得转让成员资格或由此产生的任何权利。可见,对成员资格及其相关权利能否转让的问题,互益法人章程或细则可以做出不同于法律的规定;而对于公益法人而言,是绝对不能转让的。

4. 董事和董事会

(1)董事的职权。

第8.01条第一款规定每个法人必须设立董事会。第二款规定法人职权应当由董事会行使或经董事会授权行使,法人事务应当在董事会的指导下进行管理,任何人在被授权的范围内拥有董事的职责,免除董事在该范围的职责。

(2)董事的限制条件。

第8.02条规定所有董事必须是自然人,章程或章程细则可以规定董事的其他限制性条件。

(3)董事的人数。

第8.03条董事会必须由三个或三个以上的自然人组成,其人数根据章程或章程细则确定或指定。董事的人数可以随时通过修改章程或章程细则或根据章程或章程细则规定的方式增加或减少,但是仍不得少于三人。

(4)董事的任期。

第8.05条规定章程或章程细则必须确定董事的任期,除了选派或委任的董事外,董事任期不得超过五年。如果章程或章程细则没有规定任期,每个董事的任期应当是一年,董事可以连选连任。第8.06条规定章程或章程细则可以通过将董事的总人数分组规定错开的董事任期,不同的董事任期不必统一。

(5)董事的选举、选派和选任。

法人有成员的,所有董事应当在第一次成员年会以及之后的每次年会上被选举,但是章程或章程细则规定选举的其他时间或方式,或规定某些董事由其他人选任或被选派的除外。

(6)董事的义务。

谨慎注意义务:第8.30条第一款规定董事应当善意的,尽一般谨慎的人处于相同地位和相似环境不作为的注意义务,以董事合理的认为符合法人最佳利益的方式履行其作为董事的职责。

忠实义务:要求董事在其自身利益与法人利益发生或存在冲突的情况下,董事必须以法人的最高利益为重,不得将自身利益置于法人利益之上,更不得利用其董事的职位为自己或亲属或其他组织谋取不正当利益。①

顺从义务:董事应当贯彻法人章程的宗旨,除非法律另有规定,董事不得以任何方式偏离或违背该法人成立时所确定的特定目的。顺从义务要求董事充分理解法人的宗旨以及法律对贯彻这一宗旨的规定和要求,董事应该确保董事会的政策和决定是符合法人宗旨和有关法律规定的。

(7)董事的免责事由。

第8.30条第二款规定,董事履行职责时,有权信赖信息观点、报告或说明,包括财务说明和其他财务数据,董事符合本条行为的,不因其作为董事通过决议或未通过决议而对法人、任何成员或其他任何人承担责任。

因此,董事因信赖执行官、雇员、法律顾问、独立会计师以及其他专业人员所提供的信息和观点来履行职责和做出决策的,董事不因其作为董事通过决议或未通过决议而对法人、任何成员或其他任何人承担责任。但是必须满足以下条件:董事有合理而充分的理由信赖以上人员的能力及其提供资料的及时性、准确性、真实性和完整性。

(8)董事的解任。

成员或董事会选举的董事的解任:第8.08条规定成员可以无需理由解任由

---

① 金锦萍. 非营利法人治理结构研究[M]. 北京:北京大学出版社,2005:150.

其选举的一名或数名董事,成员选举的董事只能在为解任董事而召集的会议上由成员解任,并且会议通知必须说明会议的目的或目的之一是解任董事;由集团等组织单位或由地区或其他地域团体选举董事的,只能由该组织或团体的成员解任董事;前两款解任董事所投的票数以足以在选任董事的会议上选任董事为条件。在职董事三分之二或以章程或章程细则记载更高比例投票的,可以无故解任由董事会选举的董事。如果董事任期开始时,章程或章程细则规定董事可以因为未出席特定次数的董事会会议而被解任,董事会可以因董事未参加特定次数的会议而解任之,只有在职的多数董事投票赞成解任的才能解任。

选派或选任的董事的解任:第8.09条规定可以通过删除或变更选派的章程或章程细则的修改解任选派董事;除章程或章程细则另有规定外,选任董事的人可以无故解除其选任的董事。

通过司法诉讼解任董事:第8.10条规定法院在发现法定事实的条件下可以通过诉讼解除法人任何董事的职务。

(9)董事会会议。

美国非营利法人的董事会以召开会议的方式进行决策。董事会会议的形式:例会和特别会议。第8.20条第一款规定章程细则或董事会指定董事会会议的时间和地点的,该会议为例会。所有其他的会议为特别会议。会议的召开地点:第8.20条第二款规定董事会可以在本州之内或之外召开例会或特别会议。会议的召开方式:第8.20条第三款规定,除章程或章程细则另有规定外,董事会可以允许部分或全部董事通过通讯工具参加例会或特别会议,或其通过通讯工具的使用举行会议,通过该通讯工具所参加会议的董事可以同时在会议上互相交流,以通讯工具参加会议的董事视为亲自出席会议。未召开会议的决议:第8.21条规定,除章程或章程细则另有规定外,如果决议由所有董事通过,允许应当在董事会会议上通过的决议可以未召开会议而获得通过。法定最低人数和投票:第8.24条规定,除该法、章程或章程细则另有规定外,在会议开始前在职董事的多数构成董事会最低法定人数。但是,章程或章程细则不得授权少于董事人数三分之一或两名董事为法定最低人数;通过决议时,符合法定最低人数的董事出席,出席董事多数投赞成票的,构成董事会的决议。但是该法、章程或章程细则要求更高投票比例的除外。

5. 执行官

执行官的设置:第8.40条规定除章程或章程细则另有规定外,法人可以拥有董事会选任的总裁、秘书、财务执行官或其他执行官。章程细则或董事会应该选派其中一名执行官负责制作董事会和成员会议记录和鉴定法人的记录。一个自然人可以在同一法人同时担任数个职务。

(1)执行官的职责和权利。

第8.41条规定每名执行官有权并应当履行章程细则中规定的职责;或以符合章程细则为限,董事会决议规定的职责;或在董事授权一名执行官规定其他执行官职责和权责的情况下,该执行官所制定的职责。

(2)执行官的行为标准。

第8.42条规定享有自由裁量权的执行官应当善意的,尽一般谨慎的人处于相同地位和相似环境不作为的注意义务,以执行官合理认为符合法人最佳利益的方式履行职责。执行官也享有在符合法定条件时的免责权。

(3)执行官的辞职和解任。

第8.43条规定执行官有权向法人发出通知随时辞职;董事可以随时有理由的或无故解任执行官。

6. 监督机构

美国非营利法人内部并不设立类似于监事会的专门监督机构,对非营利法人的监督是通过独立会计师、首席检察官以及相关信息报告和披露制度实现的。

(1)独立会计师。

非营利法人依法负有向政府相关部门提供财务报告的义务,因此需要聘请独立的会计师对其财务进行审计和检查。

(2)首席检察官。

《非营利法人示范法》赋予了州首席检察官较大的职权,对非营利法人进行监督。包括起诉权:第8.10条规定,对于公益法人,州首席检察官有权作为公共利益的代表启动诉讼解任董事。诉讼参与权:第8.10条第四款规定,公益法人或其成员启动诉讼的,应当书面通知州首席检察官,首席检察官有权参加这些诉讼。知情权:第14.03条规定,公益或宗教法人应当在其向州务卿发送解散说明时或之前向首席检察官发布计划解散的书面通知。尽管首席检察官享有较大的监督权,但并不意味着可以毫无限制的介入非营利法人的内部事务。

(3)信息报告和披露制度。

《非营利法人示范法》第16章《档案和报告》,规定了非营利法人的档案制度、成员对档案的审核制度、法院命令审核制度,以及向成员提供财务说明书和向州务卿的年度报告制度等。为法人成员、司法机关以及政府相关部门对法人及其董事进行财务等事项的监督提供了法律保障。

(五)筹资模式和营利禁止

1. 筹资模式

美国非营利部门是以市场为主导的筹资模式。约翰·霍普金斯非营利部门比较项目的调查结果显示,1995年美国非营利部门的收入中,服务收费为最主要的收入来源,占总收入的56.6%;第二大收入来源是公共部门,占总收入的30.5%;慈善捐助仅占很小的一部分,来自个人、公司和基金的捐赠总和占总收入的12.9%。来自公共部门的收入比例(30.5%)低于发达国家的平均水平(51.6%),以及被调查22国的平均水平(41.1%)。而会费收入和服务收入的比例却高于发达国家的平均水平(40.9%)和22国的平均水平(49.4%)。慈善捐赠比例略高于发达国家的平均水平(10.5%)和22国的平均水平(7.5%)。① 由于来自政府部门的支持有限,使得美国的非营利组织转而寻求市场机制,以出售服务收取费用来增加收入,谋求自力更生之道。

政府对社团等非营利组织的支持还表现在税收优惠方面,对于依法获得了税收优惠的社团来讲,属于收入的消极增加。对于正常所得,即从事与组织目的相关的事业取得的收入,包括会费、政府资助、社会捐赠和服务性收入免税。社团等非营利组织免税资格的获得必须符合联邦税法的规定,具备一定的条件,因此成立后不能自动获得税收优惠待遇,需要向税务局提出申请,经审查同意后才能获得。其中公益性组织可以免税,而互益性组织只能免一部分税。外国非营利组织与本国非营利组织一样可以享受税收优惠待遇。免税资格由州税务局审定,对于组织章程的审核非常严格,要求章程中明确规定下列事项:(1)所有经营服务收入

---

① [美]莱斯特·M.萨拉蒙等.贾西津,魏玉等译.全球公民社会——非营利部门视界[M].北京:社会科学文献出版社,2007:232.

全部用于与组织宗旨相关的事业;(2)机构终止时将全部剩余财产转交给同类组织;(3)董事长、秘书长的产生方式,召开会议的时间、地点和方式。当事人不服的可以通过申诉寻求救济。

2. 营利禁止

美国对"无关经营收入"即超出公益宗旨及目的事业之外的经济活动征税,目的并非禁止社团等非营利组织从事经营性活动,而是为了避免造成与纳税企业之间的不公平竞争。美国并不禁止社团等非营利组织开展包括贸易或商业活动在内的营利性经营活动,与"相关目的经营收入"免税不同的是,"无关经营收入"必须纳税,而且与非免税商业企业的税收标准相同。

(六)非法人非营利社团独立的法律主体资格①

非法人社团无论是营利性的,还是非营利性的,在美国的普通法上并不具有独立的法律主体资格,与商业合伙具有相似性,被视为个体成员的集合体。但是实践中出现了由此带来的很多问题:第一,由于没有法律主体接收赠与,对非法人社团的财产赠与变得无效。为了解决此问题,有些立法机关在此情况下把非法人非营利社团视为独立的法律主体。第二,有关非法人社团的诉讼,无论作为原告还是被告,由于不是独立的法律主体,意味着社团所有的成员都必须参加到诉讼程序中,除了共同诉讼以外,很多州的立法机关都制定了"起诉和被诉"的条例来解决此问题。第三,非法人社团不能为侵权、违约和其他以非法人社团的名义进行的非法行为承担责任,只能由其所有成员承担法律责任,因为非法人社团的成员被认为互为代理人。但是基于大型会员型非法人社团中有些成员对决策过程没有充分的控制权或参与权的事实,法院认为把这些成员认定为其他成员的代理人是有失公平合理的。为了解决此问题,很多州的立法机关通过立法免除了非营利组织的主管、理事、成员和志愿者的单纯过失责任。

正因如此,美国《统一非法人非营利社团法》从以下三个方面对普通法规则进行了改革:(1)取得、占有和转让财产(特别是不动产)的权限;(2)作为独立的法律主体起诉和被诉的权限;(3)主管和成员的合同责任和侵权责任。该法改变了将非法人非营利社团视为其成员的集合体,所有成员互为代理人的观点,在合同

---

① 参见金锦萍,葛云松. 外国非营利组织法译汇[M]. 北京:北京大学出版社,2006:72-87.

和侵权领域,非法人非营利社团是独立于其成员的法律主体。同时,有法官在判决中刺破非营利社团面纱,在某个案件中针对一个非营利社团的总裁将个人财产、任职公司的财产和非营利社团的财产混合在一起为己谋利的行为,判决其个人为他以非营利社团的名义签订的合同承担责任。可见,非法人非营利社团以独立的法律主体资格承担合同责任或侵权责任要视具体情况而定,不可一概而论。根据该法规定,非法人非营利社团和社团成员被视为两个相互独立的法律主体,非法人非营利社团成员不能起诉该社团的普通法规则被推翻了,社团既可以自己的名义作为被告参加诉讼活动,也可以自己的名义作为原告起诉包括社团成员在内的组织或个人,社团成员也可以起诉社团。该法主要针对非正式社团而制定,在为了该法规定的目的时,非法人非营利社团是独立的法律主体。在该法规定的情形之外是否认定非法人非营利社团具有独立的法律主体资格,由适用该法的州法院来决定。

小结:

美国的两部示范法在各州得到了很好的推广和适用,为规范和管理非营利法人和非法人非营利社团的组织和行为发挥了重要作用。美国对于非营利法人的组织机构和运行机制的法律规范相当完备,为非营利法人的内外部行为均提供了有效的规范和指引。

从《非营利法人示范法》的内容和功能来看,既有关于非营利法人组织机构的规定,也有行为规范方面的内容,因此说该法既是一部组织法,也是一部行为法;既是一部权利法,也是一部管理法。不仅从如何实现法人权利着眼,同时满足了政府对非营利法人进行管理和服务的法律需要。正如《美国统一非法人非营利社团法》的序言中所讲:《非营利法人示范法》"继承了美国律师协会的《商业公司示范法》的组织结构和编排方式,而且同样是综合性的。它不仅规范了非营利法人的外部关系,还规范了内部关系,从非营利法人对合同相对方和政府的责任,到非营利法人与其成员之间的权利义务关系,无所不包。"[①]

从立法细节上看,也有很多值得关注的内容:首先,既有强制性法律规定,也

[①] 金锦萍,葛云松. 外国非营利组织法译汇[M]. 北京:北京大学出版社,2006:72.

包含了尊重法人自治的内容。比如对某些问题如果在法人章程或其细则中有更高要求或不同规定的,则以章程或其细则为准。其次,关于可以错开的董事任期,可以有效避免董事集中换届可能导致的人员和事务相脱节的不利局面。再次,派生诉讼制度在非营利法人立法中的应用,可以在董事或执行官等高级管理人员怠于维护非营利法人合法权益时,使其他成员能够通过诉讼方式维护法人的合法权益。第四,法人拟开除、终止或中止成员资格的听证程序采用了回避原则,听证授权由未参加拟定开除、终止或中止的人主持,这样可有效避免主持人先入为主的立场可能对听证结果的公正性所造成的影响。最后,对于非营利社团的筹资权利,美国并不禁止非营利社团直接从事商业活动,是非常典型的市场主导型筹资模式。对非营利社团的税收优惠要根据经营活动的性质是否符合"相关目的经营"标准来确定,免税资格不是自动获得的,需要提交申请并经过批准才能获得。为避免与市场部门构成不正当竞争,非营利社团的"无关经营收入"必须依法纳税。

美国解决非法人非营利社团的法律主体资格问题的立法实践对我国也非常具有启示和借鉴意义。虽然美国是判例法国家,但是针对非法人非营利社团在普通法规则下不具有独立的法律主体资格所带来的困境,通过制定法进行了改革和变通。根据实际需要,在特定情况下承认了非法人非营利社团独立的法律主体资格,可以自己的名义承担法律责任,从而解决了很多关于非法人非营利社团的棘手法律问题。美国立法上的这一改革集中反映了社会生活对不具有法人资格的非营利社团独立的法律主体资格的客观需要。

第五节 国外社团及其立法发展经验的启示

尽管各国社团及其立法的发展历史与现状因民族、地域、政治、经济以及文化背景的不同而存在一定的差异,但是从历史和现实出发,还是可以秉持着唯物主义历史观从中抽象出共性的内容,并可以从中总结出市民社会、社团、法律与国家之间存在的密切联系及其互动发展中所反映的基本规律。这些规律无疑是人类社会所拥有的共同的历史与财富,对于当代中国在市场经济条件下如何通过培育社团来促进市民社会的发展,以及在此过程中如何通过法律在结社自由与政府对社团进行必要的管理之间实现平衡是具有重大启示意义的。

一、国外社团发展的基本规律

(一)社团的发展与生产力和生产关系联系密切

马克思说过:"在过去一切历史阶段上受生产力所制约,同时也制约生产力的交往形式,就是市民社会。"[1]纵观各国社团发展历史与趋势,从萌芽到产生、从发展到壮大,无不与各国生产力发展水平和生产关系的变化息息相关。从原始社会、奴隶社会到封建社会的各种社会制度下,人类的结社均处于自发、原初状态,社会需求的单一性以及人身自由的受限性决定了结社水平的局限性。当人类社会发展到资本主义、社会主义阶段,随着商品经济和市场经济体制的建立和逐步趋向成熟,人类的结社逐渐发展到自觉、志愿阶段。人身自由的解放和社会需求的多元化使社团和市民社会的发展具有了必要性和可能性。人类社会发展的历史表明,生产力和生产关系是影响结社自由以及社团发展进程的决定性因素。在市场经济条件下,社团的可持续发展具有了新的可能性。正如非营利部门发达国家的社团实践所证实的那样,利用市场化的运作、企业化的组织形式,社团可以在追求商业利润的同时,实现以增进公共利益为目的的社团宗旨,并以规制社团收入支出和利润分配等配套的法律制度为前提。

(二)社团发展的基本轨迹

各国社团都经历了萌芽、成长、发展和壮大等阶段,基本遵循了由少至多、由小到大、由弱变强的发展走势。但是发展的道路并不平坦,政府对社团的态度经历了漫长的转变过程,社团地位的提升也经历了曲折前进的艰难。社团的发展历程与市场经济的发展、与民权运动、与社团自身的努力、与政府失灵和市场失灵的现实、与人类民主政治的进步均是息息相关的。

特别是社团的发展促进了与政治国家相独立的市民社会的发展和繁荣,这对于整个人类社会的发展历史来讲,应该说是一项重大进步。目前社团已经走出了最为艰难的历史阶段,在政府的支持下、在社会的信任中迎来了机遇与挑战并存

---

[1] [德]马克思,恩格斯. 马克思恩格斯全集(第3卷)[M]. 北京:人民出版社,1960:40.

的崭新时期。总之,随着人类历史的不断向前发展,人们一方面认识到结社是人的社会属性之一,不论在何种政治环境下都需要通过不同的方式和渠道加以表达和实现。事实上社团的发展与政府始终保持一种双向互动的关系,而非单纯的政治力量所能左右。历史经验表明,在处理社团与政府关系的过程中合作与互动是实现双赢的最佳选择。

(三)社团的作用范围和功能演进

社团发展之初往往以增进社团成员自身及彼此利益为目的,社团承载着为其成员的生存与发展而谋划的重任,社团事业更多地与经济密切相关,社团类型以经济性社团为主,如各种行业协会和工商业联合会等。社团的作用范围和功能是不断发展变化的,是随着人类社会经济的发展、政治的昌明、观念的进步和立法的完善而呈现逐步扩大趋势的,是随着人类社会在各方面的进步而与之呈现正相的关联性发展的。同时,社团的作用和功能的充分发挥不是依靠"孤军奋战"就能实现的,往往必须同时有效利用法律等社会资源才能够完全达致目标。随着社团地位的提高,社会经济的发展,人们生活水平得到了改善,兴趣爱好更加广泛,关注的问题随之增加,更有意愿组织和参与兴趣类社团以及公益性社团,社团的目的事业呈现多元化,公益性社团增多了。随着市场经济的发展成熟,更多的社团在提供多元化的公共产品和服务、参与社会公共事务的治理、在市民与政府之间进行沟通与协调、参与并影响公共政策的制定等方面均发挥了积极作用。

在社团与国家之间的关系问题上,特别是市民社会较为发达的国家在调整和规范两者之间的关系方面大体上形成了两种实践模式,即以美国为代表的多元主义和以欧洲为代表的法团主义①。前者侧重于利益团体与议会的关系,利益团体在相关领域内的代表性不具有独一无二的优越性,彼此之间具有竞争性;后者侧重于功能团体与国家的关系,强调利益集团之间的有序互动和国家权威,功能团体之间是非竞争关系,在自己的领域内具有垄断地位,一些西方国家还出现了合作性质的社团,将利益集中并传达到国家的决策体制中。一些行业性社团合法地参与了国家的经济决策,并在其他社会决策方面起到了沟通和协调作用,促进了国家和社团的制度化合作。

---

① 又被称为"合作主义"。

(四) 社会事件可能为社团提供发展新机遇

纵观各国社团发展历史，无论是美国的废奴运动，还是日本的阪神大地震，虽然事件本身属于社会运动或自然灾害，但是客观上都为社团等非营利组织提供了新的发展机遇。一方面是因为社团本身在该社会事件中发挥了积极作用；另一方面，也是根本原因在于：社会对这些独立于政府的志愿性结社的客观需求的存在。可以说偶然寓于必然之中，在社会面临危机事件的情况下可以放大社团的正面效应，为社团提供了一个发挥作用、取信于民及政府的机遇和舞台。社团通过社会事件显示了自身的优势，增强了社会合法性，在此基础上促使国家通过立法来承认和巩固了其法律合法性，从而为社团的进一步发展和壮大奠定了更加坚实的社会基础，提供了更为充分的法律保障。

(五) 社团的发展水平是判断市民社会成熟度的重要标准

通过对本文所选取的四个国家的社团实例的分析，一个社团的发展水平如何，首先要考察其主张与活动的主要内容，是否致力于向其会员提供优质、高效的服务；如果是公益性社团，是否注重通过自己的行动和与他人的协作增进公共利益、解决社会问题、实现社团宗旨和目的事业；是否注重通过自己的努力和与他人的协作倡导和影响公共政策向有利于社团成员及社会公共利益的方向发展。可以说社团的政策倡导力的大小是衡量一个市民社会是否成熟的重要标准。其次还要考察其内部治理结构是否科学、合理，只有具备了科学合理的内部治理结构，社团才能在不断增强自身能力的基础上更好地完成目的事业，而这是以社团法为其提供必要的法律依据和指引为条件的。德国、日本和美国的民法或社团法均具有关于社会团体法人内部治理结构的强制性和任意性法律规范。总之，一个国家的社团独立性和自治性越强、政策倡导水平越高，那么它的市民社会也就越成熟。

(六) 社团的发展与政府的政策和立法相辅相成

社团与政府之间的关系经历了一个不断发展变化的过程，总体发展趋势为从政府对结社自由的完全否认，到部分承认，到完全认可并上升为宪法性权利。以资本主义国家的工会为例，与国家的关系先后经历了被法律禁止、被法律限制和被法律承认并加以保护的三个阶段。[①] 资本主义国家立法对工会的最初全盘否

---

① 参见郭捷.劳动法学[M].北京：中国政法大学出版社，2007(4)：85.

定从本质上反映了资产阶级与工人阶级根本对立的本质属性,同时反映了政府对工人结社这一当时的新鲜事物的保守心理。而后来向部分承认、部分限制、再到最终完全承认并立法保护的转变则是与广大工人运动不断高涨、资产阶级意欲调和阶级矛盾而做出了一定的妥协与让步,工人结社本身在协调劳动关系和稳定劳动秩序等方面所具有的积极作用等因素均是密不可分的。工会的这一发展轨迹可以说是社团与政府及立法关系发展历程的一个典型缩影。在政府与社团关系进入平稳发展阶段以后,社团特别是公益性社团已经从政府那里获得了从政策到法律再到资金等多方面的大力支持,而社团对政府也是"投桃报李",这一点在以上四国的社团及其立法的发展历史和现状中均得到了有力证实。

(七)政府通过与社团的制度化合作促进市民社会的发展

第二次世界大战以后,伴随着世界经济的复苏,各国对社团在公共服务、特殊人群的保护等方面的地位和作用日益重视,并开始关注政府自身在促进市民社会发展进程中的作用,与社团逐步建立起制度化的合作机制,并以法律的形式将两者的合作固定下来。譬如英国,通过签署法律协议明确双方在合作框架下各自的权利、义务和职责,并充分尊重社团的独立性和自治性。除了政策方面的支持以外,社团在资金方面也获得了来自政府的大力资助,很多非营利部门独立性很强的国家,社团均是以政府为主导的筹资模式,如德国、英国,甚至有的国家将政府对非营利部门的资助设定为政府的法定义务。税收优惠成为政府对社团的另一种重要的资助途径,对公益性社团实行较大幅度的税收优惠是各国比较通行的做法,并以税法的形式提供法律保障。社团等非营利部门的大力发展促进了市民社会的繁荣,为解决和应对政府和市场机制失灵等社会问题发挥了积极作用。

(八)当代社团的筹资行为呈现商业化倾向

目前多国社团等非营利组织在面临活动成本上升、捐赠减少、竞争加剧等发展挑战时,转向商业领域以拓展收入来源,英国和美国等国家的社会企业运作模式便是典型的实例。有学者对目前社团等非营利组织的商业化经营风潮的原因进行了总结:第一,重商的时代精神使营利行为在非营利世界中容易被接受;第二,许多非营利组织和领导人都在寻求以新的方式提供社会产品和服务,而不使受益人产生依赖心理;第三,非营利组织的领导人正在寻找解决财务可持续性发展问题的钥匙;第四,非营利组织可利用的资金来源正在向更商业化的渠道倾斜;

第五,新型的营利公司等竞争对手促使非营利组织的管理者考虑将商业性融资作为传统资金来源的替代品。① 以上现实情况均促使社团等非营利组织通过直接从事商业活动和参与市场竞争来扩大收入来源,集中反映了当代非营利部门并不排斥营利精神和商业行为的理念与实践,只要在利润分配上严格贯彻禁止分配原则并将商业收入主要运用于社会公益事业就没有违背其非营利性的本质。

二、国外社团立法的主要经验

(一)多层次的法律框架

通过对以上四个国家社团立法框架的考察,并没有国家只采用单一的立法层次来规范社会团体,往往同时具有多层次、多方面的法律规范,形成规范社会团体的多层次的法律框架。而且规范和调整社团的基本法在整个社团法律框架中居于主导地位,即使是作为普通法系的美国,也通过专门的成文立法的形式对社会团体法人和非法人社会团体进行规范。

(1)宪法:通过对各国宪法的考察,多数国家的宪法明确规定了结社自由,立法模式大体分为两类,一是明确宣示结社自由,不加任何限制。二是在明确规定了结社自由的同时规定了限制性但书条款。这两种立法模式多见于大陆法系国家,如德国;还有的国家通过宪法性文件或判例在事实上承认了结社自由,多见于普通法系国家,如美国。

(2)民法典和社团法:通过议会立法的形式专门规范和落实结社自由,或制定全国统一示范法,法律性质多为民事单行法;在具备统一规范和调整社团法的基础上,有的国家还存在许多针对特定类型社团的特别法,譬如日本的《特定非营利活动促进法》;还有的国家在民法典中具有规范和调整社团的法律条款,如德国;或是以民法典和单行法相结合的方式进行规定,如日本。

(3)行政立法:通过政府制定的行政法律文件对社团进行规范和管理,主要涉及政府及其相关职能部门对社团进行监督和管理方面的内容。

(4)其他相关法律文件:除了民法典和社团法,还有一些配套性的法律文件,

---

① 参见[美]J. 格雷戈里·迪斯. 非营利组织的商业化经营[A]. 见:[美]里贾纳·E. 赫兹琳杰等. 非营利组织管理[M]. 北京:中国人民大学出版社,2000:133-135.

如旨在规范和调整社团营利活动的税法,这些法律文件不是规范和调整社团的专门法,但是其内容涉及了对社团的法律规定,与民法典或社团法相互配套衔接,共同构成了立体的多层次的社团立法框架。

(二)宽严并济的设立模式

各国对于社团的设立通常采取两种立法模式:"自由设立模式"和"登记设立模式"。社团的法律形式普遍不受限制,除了在民法或商法的基础上成立的法人以外,大量存在的非法人社会团体同样受到法律的承认和保护,如德国的无权利能力社团、日本的任意团体、英国的非法人社团和美国的非法人非营利社团,这类社团均不具有法人资格,但是都具有合法性。对于具备法人条件的社团经过注册登记程序,可以取得法人资格,会员对社团债务承担有限责任,可以依法享受税收优惠待遇,如德国的有权利能力社团、日本的一般社团法人、英国的慈善法人组织和美国的非营利社团法人。各国法律一般兼具以上两种设立模式,社团的设立者根据社团自身条件和会员的共同意愿自主决定是否依法取得法人资格,而对于影响力大、公益性强的社团则往往必须具备法人资格才能获得更多的税收优惠,如日本的公益社团法人。

登记设立模式又分为许可主义设立模式和准则主义设立模式。采用许可主义设立模式的国家对社团的成立采取资格准入制度,需要得到国家机关的批准并进行登记。通常认为行政许可的性质是对一般禁止的解除,体现了国家对被许可事项一般禁止的态度和政策。根据审批层次和实质审查次数的不同又可分为"单一许可制"和"双重许可制"。单一许可制要求成立社团只需要一个行政机关的许可即可成立。双重许可制则要求成立社团不仅需要得到有关国家机关的批准,并且需要通过登记机关的实质审查方可成立,是一种非常严格的社团资格准入制度,以上四国对社团的准入均未采用双重许可制。

个别国家采用了自由主义与部分许可制相结合的社团设立模式。对普通社团采用自由主义设立模式的同时,对于想要获得法人资格的社团则要求其通过许可并进行注册登记,如英国的慈善法人组织。部分许可制是一种宽严并济的管理模式,是一些国家经历了对社团从严格控制到合理限制的历史性选择,因此这一制度设计被认为"是一种在政策上易于被采纳的方式,这样的方式可在一定程度上维持国家控制和结社自由之间的平衡,不失为一种可行性很高的策略选择。"①

以上四国中多数国家采用的是自由主义与准则主义相结合的社团设立模式,对不欲获得法人资格的非法人社团或任意团体采用自由主义设立模式的同时,对于想要获得法人资格的社团则采用准则主义设立模式,即设立社团需要进行注册登记,但无须行政机关的批准,只要具备了法定要件即可注册登记为相应的社团组织形式,如德国的有权利能力社团、日本的一般社团法人和美国的非营利社团法人。准则主义设立模式使社团的设立行为免于受到行政自由裁量权的干预和影响,与许可主义设立模式相比更为宽松。

从以上四国的社团设立模式中可以看到,对于不具有法人资格的社团,均承认其具有合法性,而且对于同一地域范围内可能存在的业务相同或相似的社团并没有通过设立程序进行限制或禁止,而是采取开放的态度,允许社团之间存在竞争关系。

(三)科学的内部治理结构

综合本文考察的以上国家社团组织的内部治理结构,可以得出这样的结论,虽然各国的立法实践存在一定的差异,但是从总体上讲,依法建立科学合理的社会团体法人的内部治理结构是提高社团自身能力的一个重要条件,各国社团立法对此大多具有细致可操作性的规定,譬如《德国民法典》、《日本特定非营利活动促进法》、《美国非营利法人示范法》。科学合理的社团组织的内部治理结构通常以社团章程为自治纲领和治理依据,以会员(成员)大会为最高权力机构,以董事会为对外代表机构,以监事会为内部监督机构,体现了决策权、执行管理权以及监督权三种组织内部权力的分立与制衡。同时注重法人的制度建设,对于法人及其高级管理人员的约束和监督是通过财务等信息的公开与披露、回避制度、派生诉讼、禁止内幕交易等制度予以实现的。社团组织的会员对社团及其高级管理人员享有监督权,同时社团对其会员享有纪律处罚权,两种权利的行使都应当根据相关法律法规或社团章程中所规定的条件和程序进行,以确保权利行使的公正合理。有些国家为了帮助社团实现内部善治,向社团提供内部治理机制的有益引导,并将其视为政府对社团的一项重要服务内容,譬如英国。

---

① 王名,刘培峰. 民间组织通论[M]. 北京:时事出版社,2004:70.

(四)多元化的筹资渠道

社团作为非营利性社会组织,其收入来源主要包括会费收入、政府资助、社会捐赠、服务收入和经营性收入等形式。从各国实践来看,无论是政府主导型还是市场主导型筹资模式,政府资助往往在社团各项收入来源中居于重要地位,虽然各国比例高低不一,但是政府对社团等非营利部门进行资助的绝对值都是相当可观的。在这些非营利部门比较发达的国家,政府对社团给予资金支持,并没有影响社团独立于政府部门的本质属性,甚至可以作为社团主要的收入来源。因此,一个国家社团的独立性与自治性,并不必然与政府的资金支持相矛盾,关键要看这一国家的社团和市民社会的发展水平和发展阶段,市民社会越发达,政府的资金支持越不容易对社团的独立性和自治性产生影响。这一现象对我国的社团筹资立法具有不小的启示意义,在处理政府资助与社团的独立性和自治性的关系问题上,需要辩证的分析和处理。

对于社团通过从事营利活动进行筹资的权利而言,在以上四国中没有任何一个国家采用了"绝对禁止主义"或"原则禁止主义",前者指禁止非营利社团从事任何营利活动,譬如菲律宾;后者指原则上禁止非营利组织从事营利活动,但是为非营利组织生存目的的除外,譬如我国。四个国家均不约而同地采用了"附条件许可主义"的社团筹资模式,即允许社会团体等非营利组织从事营利活动,包括商业活动,但必须将所得用于更广泛的非营利目标。如德国民法规定的副业特权规则,即非营利组织在追求其非营利宗旨过程中可以经营某项营利性副业,譬如戏剧协会在出售的节目单上刊登广告的行为①,但是绝对不能成为非营利组织的主要目的。日本的《特定非营利活动促进法》规定 NPO 法人可以从事特定的收益活动,但是该收益活动不得影响非营利活动的进行。英国也不禁止社团从事商业活动,但要求其收入必须应用于非营利目的。美国则把非营利社团法人的营利活动区分为"相关的商业活动"和"不相关的商业活动",前者指与非营利社团法人宗旨密切相关的商业活动,而后者指与非营利社团法人宗旨无关的商业活动。美国法上的这一划分一方面反映了非营利社团法人可以从事的商业活动的范围是相

---

① 参见[德]迪特尔·梅迪库斯. 邵建东译. 德国民法总论[M]. 北京:法律出版社,2001(2):831.

当广泛的,同时也是政府对其不同性质的商业活动给予区别税收待遇的需要。

社团从事的营利性活动的性质往往与税收优惠相联系,各国纷纷通过税收政策对非营利组织的营利活动进行规制,一方面贯彻对公益事业的支持政策,同时避免与营利部门发生不公平竞争。各国税收立法实践可以分为"收入用途标准"和"相关目的经营标准",前者如英国,只要将营利收入应用于非营利目标即可全额免税。后者如德国、日本和美国。德国税法将非营利组织的商业收入划分为目标范围和自我利益范围两种类型,目标范围的收入所得税可以减免,而自我利益范围的收入则必须缴纳企业所得税;日本的非营利组织参与营利活动的收入有权享有低于企业所得税税率的优惠,譬如公益法人参与营利性活动收入有权享受27%的低税率(与企业所得税税率37.5%相比);美国对于非营利组织所从事的"相关的商业活动"收入免税,而对于"不相关的商业活动"收入则必须根据《国内税收法典》缴纳无关宗旨的商业活动所得税,税率与营利企业相同。

可见社团的非营利性与是否能够从事包括商业活动在内的营利活动并没有必然联系,非营利性并不影响社团通过直接从事商业活动来获取收益,不同之处仅在于对收益的使用方向的限制以及能否享受税收优惠。因此,社团作为非营利组织通过直接从事商业活动或以社会企业的组织形式参与市场竞争,从中获取经济收益并回馈给社会的做法是增加社团收入,减少对社会捐赠和政府资助的依赖,实现可持续发展的必然选择,目前非营利部门筹资行为的商业化倾向非常普遍的事实恰恰证明了这一点。

(五)健全的配套法律法规

通过对以上四国的社团立法的考察,可以发现,除了规范和调整社团的基本法以外,还需要建立健全配套法律法规为规范、管理和服务社团提供必要的法律依据,并将政府对社团的政策贯彻于社团立法中。以税法为例,它是规范和引导社团营利性筹资行为的重要配套法律制度。政府对社团的税收优惠政策主要包括两个方面的内容,一是对社团本身的税收优惠;二是对社团捐赠的个人或组织的税收优惠。税收优惠资格的获得模式包括自动获得、依申请获得以及混合模式三种类型,不论是哪一种模式,对于社团获得税收优惠的条件均规定明确,具有很强的可操作性。并且始终贯彻了政府对社团,特别是公益性社会团体法人的积极的资金支持政策,以及对捐赠者的鼓励政策。这对于增加社团收入,加大社会对社团的捐赠和支持力度具有积极的推动和导向作用。除了税法,还通过其他立法建立起社团信息公开和披露制度、禁止利润分配制度、公平竞争制度以及社会保障制度,以避免社团公信力受损、与公司等营利组织进行不正当竞争,确保社团的非营利性及公益性实至名归,缓解社团的人力资源压力等等,从而为实现依法对社团进行监督、管理和服务提供不断完善的法律环境。

小结:

通过对以上四国社团及其立法发展历史与现状的考察,可以看到,在人类市民社会发展进程中,社团的成长具有重要的"显示"意义。一方面,市民社会的发展对社团的迅速成长和充分作用提出了更为迫切的要求,社团需要努力去争取获得更大的独立性和自治性,并且这种独立性和自治性需要通过国家立法来获取相应的法律地位;另一方面,社会现代化发展要求国家与社会的关系从二元分化走向合作共治,进而实现善治。社团要在与政府的互动博弈中提升其社会合法性、拓展自治空间,在不断增强自身能力的过程中显示市民社会的发展水平和存在价值,而这一过程需要不断完善的法律环境来确保在市民社会的结社自由与政府对社团等市民社会组织进行必要的管理之间实现和保持平衡。

第三章

中国社团及其立法发展历史与现状

第一节 中国社团发展历史演进

一、新中国成立前社团发展简史与特点

新中国成立前我国是"家"、"国"同构,社会服从于国家。由于没有发育成熟的市场经济,因此并没有出现大规模的市民社会意义上的独立社团,但是中国历史上的结社文化与历史对当代中国的结社活动仍然具有深远的影响。

中国历史上的结社种类繁多、涉及面广,大致可以分为以下五种类型①:第一,政治性结社,如朋党;第二,文化学术性结社,如诗社、文会社、读书会和茶社等;第三,经济互助性结社,如合会、商会等;第四,慈善团体,如福田院、安济坊和同善会等;第五,秘密性结社,如一些秘密的"会"等。

明清时期是中国历史上的结社繁荣期。明朝初年朱元璋一方面采取休养生息的政策,注重保护农民恢复农耕和生产的积极性,同时建立了严密的中央集权统治,对思想文化进行控制,抑制了文人和学者的创新力。随着明朝政治统治的逐步稳固,生产得以恢复,明王朝对社会的管制趋于相对宽松,思想文化开始由明初的保守和僵化逐渐转向革新与活跃。主要表现为民间舆论空间放大,人口流动

---

① 贾西津. 历史上的民间组织与中国"社会"分析[J]. 甘肃行政学院学报,2005,(3):41-42.

性增强,学术思想呈现出多样性和创新性。明朝末期商业繁荣,商品经济因素开始萌芽,社会结构发生变化,生活方式急剧转变,结社与政党之争紧密结合等等。可以说当时政治和经济方面的变化带来了人们结社生活的改变。

清朝末期至新中国成立之前,中国一直处于连年战争的动荡之中和社会大变革时期。政治、经济和社会制度等方方面面都在发生着翻天覆地的变化,这一时期的封建经济走向没落、封建统治最终崩溃、商品经济已经开始萌芽又被遏止、各种内忧外患接踵而至,中国人民面临着前所未有的危机与挑战。在抵御外侮的同时还要反抗封建残余以及军阀的反动统治,这一时期的结社主要集中于政治、经济和公益等领域,辛亥革命中出现了各种代表当时先进生产力的新兴资产阶级政党,抗日战争时期也涌现出很多抗日团体和革命政党,经济领域的行业协会等社团也在夹缝中艰难前行。据统计,1911年,中国的政治性革命团体有193个,1912年至1921年间江苏省的社团数量就达1403个①,1913年全国的商会组织有1076个,1932年10月,国民党政府颁布了旨在从行政上加强对社团规范管理的《修正民众团体组织方案》②,在一定程度上反映了当时中国社团的规模和社会影响力。

总体上讲新中国成立以前的社团的发展大致呈现出以下五个特点③:第一,原生性,我国历史上的各种结社都是在社会生活中自发形成的,具有鲜明的本土特色,拥有完整的思想文化渊源和组织源流,并不断发展创新,内容逐渐丰富、形式更加多样、组织更加完善。第二,渐进性,主要表现在活动内容、性质和组织形式的变化方面。第三,多样性,各种结社名目繁多、活动内容广泛、形式多种多样。第四,互助性,大多数属于互利互惠、互帮互助的组织。第五,不平衡性,表现为地域上的不平衡、时代上的不平衡。总体来讲南方多、北方少;后期多、前期少;同一时代,不同地域的不平衡,如各种文人结社与当时当地的经济文化发展水平关系密切,经济越发达、文化水平越高的地区文人结社也就越兴盛。

---

① 陶鹤山.市民群体与制度创新——对中国现代化主体的研究[M].南京:南京大学出版社,2001.
② 黄晓勇主编.中国民间组织报告(2008)[M].北京:社会科学文献出版社,2008:67.
③ 同上:88.

二、新中国成立后社团发展历史与现状

（一）发展历史

1. 新中国成立以后至改革开放以前

新中国成立后不久,我国经历了全能主义国家下的"国"进"社"退,完成了国家对社会的全面替代。1978年以前,我国尚未进行改革开放,经济方面是实行以政府为主导的计划经济体制,社会与国家紧密联为一体,被称为"一体化社会",人们的个人生活与政府、单位均息息相关,并受到政府的全面控制和主导。由于市民社会赖以形成的市场经济条件还不具备,市民社会意义上的独立社团尚未形成,中国的社会主义市民社会在这一时期还没有出现。

2. 改革开放以后至2008年

1978年至2008年改革开放30年间,中国的市场经济建设取得了举世瞩目的成就,出现了"国"退"民"进,或"政"退"市"进现象。市场经济是市民社会的前提和基础,可以说市场经济的发展和逐步成熟是中国市民社会形成与发展的决定性因素。

回顾这30年的历程,伴随着市场经济和民主法治建设进程,各个领域的社团层出不穷、不断发展,已经成为社会主义社会不可或缺的重要组成部分。作为市民社会的组织载体和中坚力量,社团为社会主义市民社会的形成与发展起到了至关重要的支撑和推动作用。中国民间组织年表[①]记录了这一阶段的社团发展历程,根据政府的社团政策和立法的变化,本文认为可以分为三个阶段:

第一阶段:1978年至1988年。

这一时期是中国社会转型的起点,也是各类社团从休眠状态苏醒和大发展的时期。

1978年3月召开的全国科学大会上邓小平明确提出"科学技术是生产力"等重要观点,全国性及各省、自治区、直辖市的科协和学会相继恢复。

1980年8月《律师暂行条例》颁布,全国各地陆续建立了数十家律师协会。

---

① 参见王名主编. 中国民间组织30年——走向公民社会[M]. 北京:社会科学文献出版社,2008:338-345.

1982年12月第五届全国人民代表大会第五次会议通过了《宪法》,明确规定了公民结社权,使结社权获得了宪法性权利的地位,对于中国社团发展具有里程碑的意义。该次会议还第一次将城市的居民委员会和农村的村民委员会作为基层群众自治组织写入宪法。

1986年4月第六届全国人民代表大会第四次会议通过了《民法通则》,将社会团体法人规定为四大法人之一。明确了社会团体法人的民事主体资格,为规范和调整其参与民事活动及民事关系提供了法律依据。

此外,政府还陆续出台了各项法律法规和政策性文件,主动推动了各类社团的建立和发展,诸如个体劳动者协会、残疾人福利基金会、消费者协会、体育协会、民营企业家商会等等,都是在这一时期成立的。

由政府主导,沿着自上而下的路径成立是这一阶段社团发展的一大特点,因此它们大部分具有一定的行政职能。

第二阶段:1989年至1998年。

1990年和2000年,我国政府分别进行了两次大规模的社团清理整顿,并调整了社团政策,修改了社团立法。

1989年10月国务院第49次常务会议通过的《社会团体登记管理条例》确立了对社会团体的双重管理体制,是新中国规范和调整社会团体成立和管理活动的第一部行政法规,在以后的30年时间里,这部行政法规一直是效力位阶最高的规范社会团体的一般性法律规范。值得注意的是,根据该条例的规定,社会团体不必取得法人资格也是合法的。

1990年6月国务院办公厅转发民政部关于清理整顿社会团体的文件,启动了为期一年的全国范围内的第一次社会团体清理整顿工作,开始对全国社团进行"复查登记"或"清理整顿"。1992年得到确认登记的全国性社团有1200个,为1989年的三分之二;得到确认登记的地方性社团有18万个,占1989年的90%。

1992年4月七届全国人大五次会议通过了《工会法》,是新中国第一部针对特定类型的社会团体制定的专门法律。

1997年中共十五大报告提出要"培育和发展社会中介组织",是第一次正式使用"社会中介组织"的概念。政府主动推动了行业协会和其他社会中介组织的发展。

1998年3月对国务院民政部的机构设置进行了调整,原"社会团体和民办非企业单位管理司"正式更名为"民间组织管理局"并沿用至今。

同年9月国务院第八次常务会议通过了修订后的《社会团体登记管理条例》,新条例提高了社团注册资金门槛,要求业务主管部门对所属社团的行为担负起全面责任。强化了双重管理体制,明确规定社会团体应当具备法人条件。修改后的条例实际上提高了社会团体的成立条件,使得不具备法人条件的相当数量的社团丧失了合法性。

这些措施导致了注册社团数量的又一次剧减。中国社会组织网的统计资料显示,1997年全国社会组织的数量为181318个,1998年减少为165600个,1999年为142665个,其中社团的数量为136764个。2000年在社会组织总体数量上升至153322个的情况下,社团的数量降至130668个,2001年继续下降至128805个。①

第三阶段:1999年至2008年。

2000年4月民政部发布《取缔非法民间组织暂行办法》,开始限制和清理未进行合法注册登记的各类民间组织。

2003年10月中共十六届三中全会提出为完善社会主义市场经济体制,要求"按照市场化原则规范和发展各类行业协会、商会等自律性组织。"截至2003年底,注册社团数量达到142000个。

2004年9月中共十六届四中全会提出:要"健全党委领导、政府负责、社会协同、公众参与的社会管理格局,健全基层社会管理体制。"要"发挥社团、行业组织和社会中介组织提供服务、反映诉求、规范行为的作用,形成社会管理和社会服务的合力"。

2005年10月,中共十六届五中全会围绕国家"十一五"规划纲要,明确提出"规范引导民间组织有序发展","完善民间组织自律机制,加强和改进对民间组织的监管"。

同年12月广东省人民代表大会通过了《广东省行业协会条例》,规定行业协会的设立可以直接向登记管理机关申请登记,突破了双重管理体制。

---

① 参见民间组织历年统计数据. 中国社会组织网 http://www.chinanpo.gov.cn/web/show-Bulltetin.do? id = 20151&dictionid = 2201&catid = ,2009年7月9日引用.

2006年10月中共十六届六中全会通过《关于构建社会主义和谐社会若干重大问题的决定》,提出对社会组织的管理要"坚持培育发展和监督管理并重,完善培育扶持和依法管理社会组织的政策"。反映了对社会组织的扶持培育与依法规范管理并重的理念。强调"健全社会组织,增强服务社会功能。坚持培育发展和管理监督并重,完善培育扶持和依法管理社会组织的政策,发挥各类社会组织提供服务、反映诉求、规范行为的作用。发展和规范律师、公证、会计、资产评估等机构,鼓励社会力量在教育、科技、文化、卫生、体育、社会福利等领域兴办民办非企业单位。发挥行业协会、学会、商会等社会团体的社会功能,为经济社会发展服务。发展和规范各类基金会,促进公益事业发展。引导各类社会组织加强自身建设,提高自律性和诚信度。"①

2007年3月第十届全国人民代表大会第五次会议审议通过的《企业所得税法》大幅度提高了企业从事公益捐赠的税前扣除比例,并明确提出对非营利组织的收入实行有条件免税的政策。会议还通过了《物权法》,对社会团体等民间组织的财产归属问题进行了规定。

同年10月,中共十七大报告全面论述了以民生为核心的社会建设,进一步重申了社会组织的概念,强调社会组织在社会建设、公共服务和政治民主建设等方面的积极作用。

2008年3月十一届全国人大通过的《政府工作报告》及中共十七届二中全会通过的《关于深化行政管理体制改革的意见》,明确提出发挥社会组织在社会管理和公共服务中的作用,以推动以政府职能转变为核心的行政管理体制改革。

这一时期我国社团发展呈现出以下四个特点:一是各类社团百花齐放,大量不具备法人条件的"草根社团"、"非法社团"继续开展社团活动;二是网络社团如雨后春笋般不断涌现,特点是组织松散、会员年轻化、地域跨度大、稳定性不高、会员多以网名参与社团活动。网络社团之所以能够如此活跃,与互联网在中国的迅速普及为草根NPO提供了无限广阔的交流平台,满足了草根NPO的需求密不可

---

① 中共中央关于构建社会主义和谐社会若干重大问题的决定. http://news.xinhuanet.com/politics/2006-10/18/content_5218639.htm,2006年10月18日.

分,而这一点是传统意义上的大众传媒所无法做到的。① 三是不同领域、不同地域的社团发展水平不均衡,经济、文化发达地区社团发展水平较高,边远、欠发达地区则水平较低;其四,发展遇到了来自外在的制度性障碍和内在的能力不足的双重瓶颈。值得期待的是,我们的党和政府已经充分认识到在中国社会转型的新时期,社团等非营利性社会组织在建设社会主义市场经济,发展社会主义民主政治,参与社会管理和提供公共服务等社会建设方面所具有的不可替代的、重要而积极的作用和价值。观念和认识上的转变必将带来政策和立法层面的变化,通过完善社团立法来全面落实结社自由,促进社团加强自身能力建设,为社团的健康发展提供健全的法律环境。

(二)发展现状

2008年5月12日,四川汶川发生了8.0级大地震。灾难面前更显温情,来自世界各地的援助之手伸向了灾区同胞,其中的一大亮点就是各类社团、基金会等民间非营利社会组织的积极行动和广泛动员。地震发生当晚,数十家草根民间组织通过网络发动民间救援,得到了一大批民间组织的立即响应,组成了赈灾援助行动组织,展开了一系列抗震救灾行动。5月14日自然之友、绿家园等社团发起"小行动+许多人=大不同"的抗震救灾行动,一天内吸引了川、京、滇、黔、湘等地近30家民间组织的参加。② 很多社团还踊跃参与到灾后重建工作中,提供专业化服务,比如环保组织与当地政府配合,监管灾区环境,向环保部门提交环境污染评估意见,督促地方政府履行保护和治理环境的职责。③ 此外,心理、慈善、教育等各个领域的社团等民间组织均发挥专长,纷纷投身于重建工作中。截至2008年7月20日,全国共接受国内外社会各界的捐赠款物合计580.93亿元。这场灾害让我们的政府和社会又一次看到了中国民间组织的巨大力量。国务院新闻办2009年5月11日发表的《中国的减灾行动》白皮书显示,四川汶川大地震发生以后,中国公众、企业和社会组织参与紧急救援,深入灾区的国内外志愿者队伍达300万

---

① 参见 Boxu Yang. NPOs in China: Some Issues Concerning Internet Communication. Know Techn Pol (2008) 21:37.
② 参见杜受祜,秦琳,丁一,李晓燕. 民间组织在灾后重建中的作用、困境与发展[A]. 见:黄晓勇主编. 中国民间组织报告(2009~2010)[M]. 北京:社会科学文献出版社,2009:95.
③ 同上:101.

人以上,在后方参与抗震救灾的志愿者人数达1000万以上。截至2008年,中国社区志愿者组织数目达到43万个,志愿者队伍规模近亿人,其中仅共青团、民政、红十字会三大系统就比上年增加志愿者1472万人,年增长率达31.8%。①

本文认为中国的社团和市民社会将以汶川大地震这一事件为契机,迎来一个全新的黄金发展时期。正如有学者所指出的:"在这场特殊的考验面前,中国政府全面展示了一个公开、高效、透明、有力的责任政府形象;而民间组织的积极参与和优异表现,也使我们重新认识了民间组织在灾害拯救中的重要作用。这在某种程度上意味着政府与民间组织公私伙伴关系的建立,或许可以说我国正在以加速度的方式迈向政府与民间组织并肩携手的公共治理新时代。"②

可以说2008年是中国社团组织与志愿精神大发展的一年。根据民间组织管理局主办的中国社会组织网的统计资料,截至2007年全国社团数量达到211661个,职工人数达2885287人。③ 而截至2008年底,全国共有社会团体23万个,比上年增长了8.5%。④ 2009年全国登记注册的社团数量为229681个,职工总数2855858人。按照社团活动地域范围划分,中央级社团1781个,省级社团22810个,地级社团62004个,县级社团143086个。按照社团服务的主要领域划分,工商服务业类20945个,科技研究类19369个,教育类13358个,卫生类11438个,社会服务类29540个,文化类18555个,体育类11780个,生态环境类6716个,法律类3236个,宗教类3979个,农业及农村发展类42064个,职业及从业组织类15247个,国际及其他涉外组织类572个,其他32882个。⑤ 而以上数据还不能准确、全面地反映目前我国的社团数量,原因在于除此以外还存在着大量尚未注册登记的草根社团。同时志愿者队伍呈逐渐扩大的趋势,2008年北京奥运会最终录用了来

---

① 参见中国1300多万名志愿者参与汶川地震抗震救灾. 新华网 http://news.xinhuanet.com/newscenter/2009-05/11/content_11351632.htm,2009年5月11日.
② 黄晓勇主编. 中国民间组织报告(2008)[M]. 北京:社会科学文献出版社,2008:416.
③ http://www.chinanpo.gov.cn/web/listTitle.do?dictionid=2201.
④ 2008年民政事业发展统计报告. 中华人民共和国民政部网站 http://cws.mca.gov.cn/article/tjbg/200906/20090600031762.shtml,2009年5月22日.
⑤ 2009年民政事业发展统计报告(社会团体部分). 中国社会组织网 http://www.chinanpo.gov.cn/web/showBulltetin.do?id=40005&dictionid=2202&catid=,2010年3月10日引用.

自 98 个国家和地区的 74615 名志愿者,其中来自中国内地的有 73195 人,来自中国香港的有 299 人,来自中国澳门的有 95 人,台湾也有 91 人入选,外籍志愿者共有 935 人。① 北京残奥会有 100 多万志愿者投入服务,其中赛会志愿者 4.4 万人,城市志愿者 100 万人,拉拉队志愿者 20 万人,是历届残奥会志愿者人数最多的一届②。因此这一年更被称为中国"志愿者元年",在中国志愿文化发展进程中具有里程碑的意义,志愿精神的弘扬对社团和市民社会的发展和繁荣同样具有重大意义。

(三)社团枢纽式管理模式与抗震救灾实效——以上海青年社会组织为例③

1. 汶川地震后上海市青年社会组织参与抗震救灾的基本情况

汶川地震发生当天,上海市青年社会组织就纷纷行动起来,投身于抗震救灾活动当中。在共青团上海市委和上海青年志愿者协会的领导和组织下,综合运用网络、电话等平台,向上海市青年发出了参与献血、心理援助和捐款捐物等抗震救灾行动的号召,立即得到了广大青年社会组织的积极响应。上海市各青年社会组织广泛动员,将筹集到的现金、被服和帐篷等款物集中到上海青年家园民间组织服务中心④,由该服务中心统一负责捐赠。地震发生次日,该中心又通过多种渠道召集了上海市的各类社会组织 208 家,发起了"心系家园:上海青年民间组织抗震救灾联合行动",并建立了用于交流和发布信息的网页。

2. 上海市政府对青年社会组织的枢纽式管理模式与抗震救灾的行动实效

在此次抗震救灾行动中,上海市青年社会组织的得力表现博得了社会各界的广泛赞誉和好评。这与上海市广大青年志愿者及其组织的热心参与和积极投入

---

① 数据来源:中华人民共和国中央人民政府网站 http://www.gov.cn/jrzg/2008-07/16/content_1047053.htm,2008 年 07 月 16 日.
② 数据来源:中华人民共和国中央人民政府网站 http://www.gov.cn/jrzg/2008-09/17/content_1097853.htm,2008 年 09 月 17 日.
③ 本部分内容主要参考了苏萍. 上海共青团对青年社会组织的枢纽式管理:以汶川地震为例[A]. 见:卢汉龙主编. 上海社会发展报告(2009)[M]. 北京:社会科学文献出版社,2009:139-153.
④ 上海青年家园民间组织服务中心是在上海市社会团体管理局注册登记的民办非企业单位,以"支持青年公益活动,塑造青年先进文化,开展民间组织培训,引领健康青年组织"为宗旨,业务主管部门为共青团上海市委。参见上海社会组织网 http://stj.sh.gov.cn/NGO_View.aspx?OrgCode=794498794.

是密不可分的,同时也离不开共青团上海市委、上海青年志愿者协会和上海青年家园民间组织服务中心的有效组织和领导。

上海市青年社会组织发展水平较高,特别是网络社团表现得非常活跃。其中包括由党组织推动建立的,如上海市志愿者协会;由共青团和妇联等人民团体推动建立的,如巾帼志愿者;以及各种草根青年社团。针对上海青年社会组织的实际情况和特点,上海市政府对传统的"双重管理"体制进行了改革,建立了对社会组织的"枢纽式管理"模式,即发挥联合性社会组织的作用,通过政府委托或授权的形式,对一个系统、一个领域的社会组织进行归口管理和服务。上海青年家园民间组织服务中心就是为了服务于这一管理模式而专门成立的创新载体,根据上海市网络社团数量众多的实际情况,该中心以网络社团为主要服务和管理对象。与之保持密切联系的青年社会组织有200多家,大多数设立了共青团组织,从而为在上海青年社会组织中开展党建工作奠定了组织和人才基础。同时共青团作为广大青年的社团,也在为各类青年社会组织提供人才支持,实施青年社会组织领袖发展计划,加强各类青年社会组织与共青团和党的密切联系。在汶川抗震救灾过程中,该中心充分利用网络实现了资源整合和信息传递。与之形成对比的是,作为接待方的灾区当地共青团在组织和协调方面表现得并不尽如人意,除了各地志愿者及其组织纷纷涌入当地、人多事杂等客观原因之外,没有建立起有效的组织协调机制也是一个重要原因。

3. 上海市政府对青年社会组织的枢纽式管理经验及启示

上海市政府对青年社会组织的管理与服务并重,在充分认识到以往的双重管理体制的弊端的基础上,致力于管理体制的改革,创新性地实行了枢纽式管理模式。针对上海青年社会组织的优势和特点,譬如人才济济、数量众多、网络社团发达等等,以共青团上海市委为主导,以共青团员和党员为骨干,在充分尊重青年社会组织的独立性和自主性的前提下,注重通过对组织中的骨干和精英的培养来开展党建工作。同时在不同领域组建联合性青年社会组织,形成伞状组织形式,开展引导、服务和管理工作,从而建立起以不同领域的联合性青年社会组织为枢纽的社团管理模式。这样不仅有利于共青团上海市委管理与服务工作的顺利进行,同时有利于青年社会组织提高行动效率,有效克服自发性和分散性可能带来的行动无序化、低效率和高成本等弊端。

三、新中国成立后社团发展特点

从新中国成立以后特别是改革开放后社团的发展脉络来看,呈现出以下特点:

(一)中国的结社文化具有鲜明的自我特色

中国传统结社文化延续至今,仍然对当代中国社团的发展具有深远影响。结社目的的自助性和互助性要多于公益性,即使是慈善活动,大多带有某些"私利性"色彩。因此在中国古代兴趣类结社如茶社、诗社,互助性结社如商会、行会比公益性结社更为发达。因此,目前我国的公益性社团的内部治理模式没有更多的传统经验可供继承和借鉴,主要依靠在实践中摸索和吸收借鉴国外的先进经验。同时,与西方市场经济历史悠久的国家相比,中国历史上并未出现大规模市民社会意义上的独立社团,因而目前我国社团的民主参与意识和水平并不发达,仍然有待培养和提高。另外,中国古代的民间组织往往被等同于秘密结社,代表了反抗官府的民间力量,与政治斗争联系紧密,受此传统影响,国内至今还有很多人对结社自由心存疑虑,担心会对社会秩序带来不稳定因素,从而影响到社会主义现代化建设的大局。其实这一担心大可不必,即使没有自由结社的存在,违法犯罪活动就会销声匿迹吗?问题的关键在于如何对社团活动进行规范和管理,一味地"堵"并非有效的做法。与某些从事违法犯罪活动的社团相关联的影响社会稳定事件的发生曾经降低了政府对社团的信任度,因此与为社团提供服务相比,更加重视对社团的限制和管理,总体而言目前我国对社团的管理还是以运动式、突击式为主的。然而,成熟的社团管理机制不应当受到部分社团违法犯罪活动的影响,而是应当建立起科学有效的常态化、制度化的管理机制,既不纵容社团的违法犯罪行为,也不需要搞突击式、运动式的清理整顿。当然,这需要以修改和完善现行社团立法为前提,只有遵循结社自由的法治化路径才能在全面落实结社自由与政府的必要监管之间实现平衡。

(二)党和政府的政策和立法对社团的发展进程影响巨大

正因如此,本文在对新中国社团发展历史进行回顾时下意识地选择了以党和政府对社团等非营利社会组织的政策和立法的发展变化为视角。以 1989 年和 1998 年的《社会团体登记管理条例》为例,社会团体从不必获得法人资格即可开展活动,到必须具备严格的法人条件并且经过审批登记才能以合法的身份开展活动,由宽松到严格的立法变化给社团的生存和发展带来了重大影响,在一定程度上抑制了草根社团的生发。同时,随着中国市场经济体制的确立和逐步完善,改革开放步伐的逐渐加大,党和政府已经认识到社会建设的必要性和积极性,多次在重要会议和文件中强调了发挥社团等非营利社会组织作用的重要意义,对其进行培育、扶持、管理和服务是政府在推动社会建设进程中不可推卸的责任。在这一认识的基础上,也意识到了现行社团管理手段的欠缺和不足,并已开始着手修订现行的《社会团体登记管理条例》。

(三)中国社团和市民社会的发展和成熟将高度依赖党和政府的权威

我国的国体是工人阶级领导的、以工农联盟为基础的人民民主专政,政体是人民代表大会制度,执政党中国共产党是工人阶级的先锋队,是全国各族人民利益的忠实代表,是中国社会主义事业的领导核心。党在革命、建设、改革的各个历史时期,总是代表着中国先进生产力的发展要求,代表着中国先进文化的前进方向,代表着中国最广大人民的根本利益,并通过制定正确的路线、方针、政策,为实现国家和人民的根本利益而不懈奋斗。中国的国体、政体和执政党的根本性质决定了,中国的社会主义市民社会建设是在中国共产党领导下的社会主义现代化建设的有机组成部分,中国市民社会的建设不能脱离中国共产党的领导,中国市民社会的发展不能偏离社会主义方向,我们要建设和发展的市民社会是有中国特色的社会主义市民社会。培育和发展社团组织建设也必须坚持社会主义方向,坚持中国共产党的领导,因此必须重视社团组织的党建活动。同时要相信和拥护党和政府对社团的领导和管理,以为人民服务为根本宗旨,为会员服务,为社会服务。

(四)具有行政职能的社会团体将在一定范围内长期存在

早在新中国成立之初,在党和政府的倡议和推动下,全国妇联、共青团、中华全国总工会等人民团体就以自上而下的方式组建和发展起来,可以说这些人民团体从诞生之时起就肩负了一定的行政管理职能,是天生具有"官方色彩"的社团。这些社团在进行社会管理和服务中发挥了重要作用,是党和政府的得力助手,同时也是部分行政职能的承担者,是其团体利益的代表者,更是某些公共政策的倡导者和执行者。由中国的实际国情所决定,部分具有官方色彩的社会团体将长期存在,实践已经证明了他们存在的意义和价值。前文中关于在共青团上海市委的组织和领导下,上海青年社会组织在汶川地震后参与抗震救灾活动中的突出表现就是实证。除了以上少数社团继续保持其行政职能和官方色彩,其他大部分具有官方、半官方色彩的社团应当从这种半官半民的角色中剥离开来,首先从人事和组织方面入手,并以最大限度地实现资金上的自力更生为条件,逐步实现广大社团的独立和自治,成为真正市民社会意义上的独立社团。唯其如此,才能充分发挥其在社会主义现代化建设中不可或缺的补充作用和功能。

四、新中国社团在促进社会主义市民社会发展中的作用

由非营利组织国际联盟"世界市民参与联盟"(World Alliance for Citizen Participation,简称 Civicus)组织完成的 Civicus Index(后来被称为"市民社会指数"Civil Society Index)①是在世界各地市民社会团体的参与之下以 74 项评估指标为基础而建立起来的,分别从结构、环境、价值和影响四个维度来评估市民社会的发展状况。其中"结构维度"包括市民参与的广度、深度、组织层次、内部关系、资源和市民社会的多样性;"环境维度"包括政治、经济和文化环境、基本自由和权利、法律环境、国家与市民社会的关系、私人部门与市民社会的关系;"价值维度"包括民主、透明、宽容、非暴力、男女平等、消除贫困和环境保护;"影响维度"包括影响公共政策、使政府和私有企业负有责任、对社会关注问题的反应和满足社会需求等。根据这一市民社会的评估指标体系,我国社团在以下方面对促进中国社会主义市民社会的发展已经做出了多维度的有益贡献。

（一）社团与社会主义市场经济建设

改革开放 30 余年以来,中国的经济体制经历了从计划经济向市场经济的转型和过渡,目前市场经济体制已经建立并逐步成熟。在经济体制改革的过程中,一再强调政企分开、政事分开、政社分开,转变政府职能。政府逐渐退出微观经济领域,仅保留对经济的宏观调控和市场监管职能。政府在经济上的放权使得一些协调和管理职能需要有承接者继续履行,而最适合担任这一角色的就是各类经济社团,如行业协会、商会。这些经济社团在协调行业内关系,解决企业纠纷,协调

---

① 参见 Kees Biekart. Measuring Civil Society Strength: How and for Whom? Development and Change 39(6): 1172 (2008).

劳动关系,增强行业自律,提升行业竞争力,应对国际贸易争端,适应经济全球化,协助政府做好市场监管等方面发挥了不容忽视的作用。社团在促进了市场经济发展的同时,为更广泛领域的社团发展提供了必要的市场经济基础。

(二)社团与社会主义民主法治建设

在政治体制改革逐步深入推进的过程中,各类人民团体、学术性社团、专业性社团成为推动社会主义民主法治建设的重要社会力量,向立法机关、党和政府建言献策,为人民群众表情达意,促进了决策的民主化、科学化,加速了建设社会主义法治国家的进程,在这些社团的参与下制定并出台了一系列能够反映和符合市场经济规律的政策、法律、法规,社会主义法律体系初步建立并不断完善,为民主协商机制的建立健全积累了宝贵经验。以深圳为例,在反映群众利益诉求方面,66%的行业性社团代表行业向政府提出过建议,反映行业的利益诉求。其次是联合性社团,50%向政府提过建议。学术性社团有40%向政府提出过建议,专业性社团向政府提建议的比例则是27%。深圳外商投资企业协会拥有近2000家会员单位,将落户深圳的100余家世界500强外商投资企业纳入其中。协会的工作不仅是为会员企业排忧解难,还要深入开展政策调研,充分反映行业和会员的意愿,并在某些方面和某种程度上影响了地方政府甚至国家政策的调整。①

(三)社团与稳定社会秩序

虽然对于结社自由与社会秩序稳定之间关系的认识仍然存在分歧,但是实践中社团在维护和保障社会秩序稳定方面确实发挥了重要作用。改革开放30年也是中国社会大变革的30年,一方面给人们的生活水平带来了极大改善,另一方面发生了一些可能影响社会秩序稳定的因素,如贫富差距问题、下岗失业问题、地域发展不平衡问题、环境保护问题、社会保障问题等等,在社会转型时期这些问题的出现在所难免,但是处理不好就可能给社会秩序带来消极影响。而广大社团在此过程中总体上起到了"减震器"、"润滑剂"的作用,在政府与群众、政府与市场之间起到沟通上的桥梁和纽带作用。新疆"七五事件"刚刚发生之际,政府就强调要充分发挥广大社团在安抚人民情绪、稳定社会秩序等方面的积极作用。可见党和

---

① 葛洪,马宏,阮荫,罗思. 深圳民间组织报告[A]. 见:黄晓勇主编. 中国民间组织报告(2009~2010)[M]. 北京:社会科学文献出版社,2009:131.

政府已经认识到社团在促进社会秩序稳定、建设社会主义和谐社会中的重要地位,并鼓励和推动社团积极参与社会管理。

此外,在极有可能影响社会秩序的突发公共事件和自然灾害面前,广大社团也发挥了不小的稳定与应急功能。从"汶川地震"到"甲型H1N1流感",各类社团在党和政府的领导下,社会各界人士的大力配合下,发挥了应对危机、协同作战、抗震救灾、稳定秩序的积极作用,特别是社团在号召社会各界共同参与方面的动员能力值得赞许,也为自身赢得了来自社会各界的信任和支持。

(四)社团与提供多元化的公共产品和服务

改革开放使中国由原来的一体化社会逐渐转变为多元化社会,人们对公共产品和服务的单一化需求也逐步向多元化需求过渡。而政府由于人力、物力和财力的限制,无法一时全面满足这种多元化的需求。作为市场部门主体的企业则以追求利润最大化为目标,对于与这一目标相悖的产品和服务的提供缺乏内在动力。而不以营利为目的的各种社团在提供多元化的社会产品和服务方面具有自身独特的优势,能够弥补政府、市场机制的不足。譬如成立于2007年底的北京市菊儿社区的公益组织"老街坊"邻里互助合作社主办的爱心超市,从社区居民的实际需要出发来开展活动,根据对社区居民的问卷调查结果,为帮助困难居民而成立了该组织。截至2009年底,合作社共救助了31个困难对象,每人每年获得救助300元,还能够享受爱心超市的优惠。合作社当年募捐的款物价值达2.89万余元,其中居民捐赠了3200多件、103种物品。而作为一家社区组织,合作社要接受社区居民的监督,做到每月鉴定一次物品账,查一次现金账,并定期在社区公示善款募捐和使用情况。在与政府机构的关系方面,社区居委会和街道办事处的角色是领导者、指导者和监督者,放手让合作社自己发展。菊儿社区组织的实践在全国并非个案,类似的社区组织涉及教育、环保、文艺等诸多领域,不仅减轻了基层政府机构的工作压力,而且增进了社区居民之间的交流与沟通,因此北京、上海、广东等多个地方政府纷纷出台政策大力支持枢纽式社会组织和社区组织等社团的发展。[1] 不仅是社区组织这类公益性社团,即使是互益性社团,在满足成员间彼此

---

[1] 参见社区NGO的"参与式"治理之道. 上海社会组织网 http://www.shstj.gov.cn/Info.aspx? ReportId = af9280eb - 9a56 - 49b5 - b4bc - b62bb55f28ab, 2010年2月9日.

利益的同时,也具有一定正的外部性,客观上有利于增进公共利益,也是值得肯定和推广的社团类型。

(五)社团与增值社会资本

社团在我国的不断发展壮大是在市场经济体制日益成熟的基础上,落实结社自由,政府与社会逐步走向"共生共强"和"良性互动"的"合作伙伴"关系的客观需要和必然结果。在实现结社自由的过程中,结社一方面尊重了人的社会属性,同时使个人在结社生活中逐渐培养和建立起彼此交往的道德准则和规范。近年来发生的重大社会事件譬如汶川地震、北京奥运会和即将召开的上海世博会,为人们释放结社热情提供了契机,而且通过结社活动大力弘扬了志愿精神和团队意识。譬如交通银行在上海成立的"世博志愿者协会",旨在为交通银行提升员工综合素质、履行企业社会责任、宣传世博和服务世博提供组织保障。结社文明对于促进社会主义精神文明建设,弘扬谦恭礼让、友爱互助、诚实守信的中华民族传统美德具有重大意义。

(六)社团与扩大国际交流和合作

社团有时亦被称为"非政府组织"或"NGO",意在强调社团独立于政府的基本属性。在全球化背景下,各种社团经常以独立于各国政府的姿态活跃在国际舞台上,在环境保护、消除贫困、学术文化等方面增进彼此的交流与合作。中国社团在参与这类活动的过程中向世界传播了中华民族的传统文化,为中国扩大国际影响贡献了一份力量。以中国乐器协会为例,其代表团于2010年1月12日至21日出访了美国和墨西哥,旨在接触国际同行,交流行业发展经验,同时宣传推广2010年10月将举行的中国(上海)国际乐器展览会,对于促进中国乐器行业发展,加强在音乐教育和乐器培训、培育和扩大音乐人口等方面的国际合作具有积极作用。①

由此可见,中国社团在扩大市民参与的广度、深度,增加市民社会的多样性,增进国际联系,培养市民的志愿文化和公益意识,督促企业加强社会责任感,促进

---

① 参见中国乐器协会代表团出访美国和墨西哥. 中国社会组织网 http://www.chinanpo.gov.cn/web/showBulltetin.do?id=42347&dictionid=3500,2010年2月21日引用.

民主与法治、保护环境、影响公共政策以及满足市民结社需求等市民社会指标体系所建立的四个维度上均发挥了积极作用。

综上所述，对于中国社团和市民社会的发展路径可以描绘出如下"动态图景"：市场经济条件下，在国家与社会之间的关系不断出现了新的变化的环境下，社团通过积极参与社会公共事务的管理活动，成为政府的"善意"合作伙伴；政府也据此逐步增强了对社团的信任，从而愿意向其转移更多的公共管理职能。而社团在与政府的合作互动过程中通过提升其能力、彰显其绩效、体现其作用，从而已经成长为社会治理的重要组织形式。上述社团与政府之间的互动博弈、合作共治关系及其发展路径应该是完善我国现行社团立法的现实基础和基本方向。

五、新中国社团发展过程中存在的主要问题

由于我国目前社团法律环境尚不十分完善，社团自身能力建设尚有待加强，社团发展中存在的某些问题和不足具有相当的普遍性和代表性。突出表现为未注册社团不合法，注册社团则存在政社不分、事社不分或企社不分等问题，这些问题的解决对于增强社团综合能力、提高社团服务水平、促进中国社会主义市民社会的发展具有重要意义。

（一）未依法注册社团处境尴尬

根据目前我国社团合法性的实际情况可以把社团分为四类：(1)注册社团：经合法注册登记的社团或依法无须登记的社团；(2)挂靠社团：无法人地位的次级社团，挂靠于合法登记的社团，实际上独立开展活动；(3)以企业法人形式在工商行政管理部门注册登记的社团，法律性质为企业法人但仍开展社团活动，依法缴纳企业所得税，不享受社团依法可以享受的税收优惠；(4)非法社团：依法应注册登记的，但不具备法人条件而未取得法人资格的社团。

实践中未依法注册社团的表现形式多种多样，清华大学的一项研究成果表明，除了合法注册登记的社团以外，我国还存在着多种法外社团，包括工商注册的社团、单位挂靠社团、城市社区基层组织、农村社区发展组织、农民经济合作组织、农村社区的其他公益或互助组织、海外在华投资组织、海外在华项目组织、海外在华商会和行业协会等十余种之多。据不完全统计，我国目前未经注册登记的各类社团数量大约数十倍于已经注册登记的社团数量。在政府没有对其进行清理整顿之前,这类社团便以非法身份大量存在并开展活动。

这些非法社团一方面不具有法律合法性,同时其中还有相当数量的社团具有较高的社会声望。以成立于 2000 年 11 月以资助服刑人员未成年子女为目的的北京"太阳村"①为例,是一个没有在民政部门注册登记,工商营业执照也因未经年检而失效的民间组织,在 2006 年民政部等四部委的红头文件上北京"太阳村"却被评为先进。这一方面反映了其在帮教服刑人员子女方面为社会做出的突出贡献,同时被政府机构评为先进典型的民间组织在法律上却为非法,暴露出我国对民间组织管理的政策和法律方面有失协调,没能为具有一定社会合法性的组织提供一个健全的法律环境,使得这类组织一是处于合理与非法的尴尬境地,二是处于监管真空,易于诱发信任危机等不利后果。向其进行爱心捐赠的人士或组织很少要求其公布捐款明细和具体用途,当媒体要求其披露完整的财务报告时也遭到谢绝。② 这也是在意料之中,虽然 2005 年民政部制定的《促进慈善类民间组织发展的若干意见》要求慈善类民间组织要自觉、主动接受社会的监督、咨询。凡属强制性披露的信息,慈善类民间组织应当真实、准确、完整披露;与捐赠人有合同约定需要披露的,应严格按合同要求披露。但是目前北京"太阳村"尚不属于合法的慈善类民间组织,而且该规定非常笼统,没有明确哪些属于"强制性披露"信息。因此目前媒体的这一要求毕竟是缺乏明确的法律依据的。只有在法律上承认这类组织合法地位的基础上,通过建立健全配套法律法规,才能为捐赠者和其他利益相关者甚至是新闻媒体的监督权提供明确的法律依据,而那时的"北京太阳村们"将依法必须履行财务等信息公开和披露义务。

在大量的非法社团中,非法人社会团体数量众多,他们是不具备法人条件、没有获得法人资格的社会团体,同时不属于《社会团体登记管理条例》中所规定的可以免于登记的,即机关、团体、企业事业单位内部经本单位批准成立、在本单位内部活动的团体,因此不具有合法资格,属于非法社团,譬如北京太阳村。这类社团虽然既不具有民事主体资格,也没有社团法上的合法地位,却在广泛从事民事活

---

① 全称是"北京市太阳村儿童教育咨询中心",参见太阳村网站 http://cn. sunvillage. com. cn/chi/other_sunvillage. php.
② 黄晓勇,蔡礼强. 中国民间组织迎来政策调整窗口和重大发展契机[A]. 见:黄晓勇主编. 中国民间组织报告(2009~2010)[M]. 北京:社会科学文献出版社,2009:46–47.

动,包括接受社会捐赠、购买商品、服务收费、为职工发放劳动报酬等等。作为实质意义上的民事主体之一,却没有相应的法律地位,从而不受相应的民事法律规范和调整。这不仅违背了立法规律,即没有将客观存在的社会关系纳入到调整范围内,而且使之游离于法律监管之外,不利于对其进行规范和管理,与我国建设社会主义法治国家的目标格格不入。

(二)部分社团独立性较弱

我国社团发展的路径基本有两种形式:即自上而下和自下而上。自上而下设立的社团主要由政府推动,承载了一部分转移出去的行政职能,具有行政化运作模式,与政府关系密切,或者就是管理特定事务的行政主体,主要职能是执行政策法律、协助政府办事以及协调政府与群众之间的关系。这类社团在制度、资源等方面均具有一定的优势,通称被称为"官办社团"。如2001年国家经贸委所属的九个国家局被撤销,重新组建了十大行业协会;或基于国家对外交往的需要而由政府推动设立,如中国国际民间组织合作促进会等社团。自下而上设立的社团或是基于结社需求而自发成立的互益性社团,如市场主体自发成立的各种行业协会和商会;或是针对社会对公共产品和服务的多元化需求而成立的公益性社团,如各种环保组织、科研组织和志愿组织等。与自上而下成立的社团相比,在制度环境和资源获取等方面存在多重困境,通称被称为"草根社团",根据是否已经依法注册登记,草根社团又分为没有法律正当性的非法社团和具有法律正当性的合法社团。

社团作为典型的非营利性社会组织形态,独立性应该是其非常重要的一个本质属性和基本特征,独立性要求社团在人事上和体制上均独立于政府,只有这样才能是真正意义上的市民社会的组织形式和中坚力量。但是目前我国仍然存在大量的在人员上、组织上、资金上和决策机制上与政府关系密切、难以区分的官办社团,完全或部分丧失了本应具有的独立性和自治性,从而影响了社团功能的全面、正常的发挥。有学者对京、浙、黑三地社团调查后还发现,60.8%的社团是由政府部门决定成立的,社团各级领导者都有一定的行政级别,政府官员或退休官员担任社团领导人的现象比较普遍。① 前文中强调在我国部分具有行政职能的社团将长期存在,但是并不意味着目前具有行政色彩的社团的存在全部具有合理性。以各种行业协会为例,很多是具有一定行政管理职能的行政主体,被认为是"二政府"、"政社不分"。还有一些草根社团为了获得法律正当性,或者在组织上挂靠单位,或者在人事上聘请一些具有政府背景的人员,也使自己蒙上了一层行政色彩,反映了目前对社团的双重管理体制所带来的弊端。从市民社会与国家关系的角度来看,应该说受制度因素影响,目前我国在对社会实行的行政化控制与市民的结社自由的客观需求之间尚未达致平衡,与建设"小政府、大社会"的目标尚有一段距离。

(三)个别社团利用垄断地位牟利

我国对社团总体上采用限制竞争的发展政策,在缺乏公平竞争的环境下,一些社团易于形成垄断地位,企社不分,导致社团公信力下降,失去群众信任。

前不久在广州市天河区发生了一起由猪肉供货商自发成立的行业协会"天河区肉类协会"单方面提高猪肉代宰价格而遭到部分猪肉零售商集体抵制的事件,结果导致当地猪肉供应暂时中断,影响了很多居民的正常饮食和生活。② 造成猪肉供应商与零售商之间的这种紧张关系的主要原因在于供应商利用垄断地位通过控制代宰来操控价格,以获取更高的利润,从而损害到零售商和广大群众的利益。广州市实行的"代宰制"造成了中间商等利益集团对猪肉价格的垄断和生猪肉品质量难以监管的后果,严重背离了广州市人大常委会制定《广州市生猪屠宰和生猪产品流通管理条例》的初衷,凸显了有关部门监管不力的事实。针对这一情况,广州市人大常委会法制专业小组对该条例的执法情况专门进行了实地调研,并建议政府应大力推动取消"代宰制",希望借此从根本上改变中间商等利益集团对猪肉价格进行操控的局面。

2006年7月1日起施行的《广州市生猪屠宰和生猪产品流通管理条例》第七条规定,广州市鼓励生猪屠宰企业和生猪产品经营者在自愿的原则下成立行业组

---

① 参见褚松燕. 中外非政府组织管理体制比较[M]. 北京:国家行政学院出版社,2008:272-273.
② 参见猪肉供货商自发成立行业协会提高代宰价格遭抵制. 赣州三农网 http://www.gzny.gov.cn/Item/5364.aspx,2009年6月22日.

织,进行行业自律,树立行业诚信。第十三条规定,生猪产品经营者和消费者可以自主选购生猪,委托本市屠宰厂(场)屠宰。屠宰厂(场)无正当理由不得拒绝屠宰。第三十条规定,生猪产品批发者、屠宰厂(场)和市场开办者不得有下列扰乱市场秩序的行为:(1)相互串通、欺行霸市,迫使他人购买指定的生猪产品的;(2)代宰生猪或者出租市场摊位,以要求他人购买其指定的生猪产品为条件的;(3)迫使他人接受不平等、不合法的交易条件或者附加不合理要求的其他行为。以暴力或者威胁的手段实施前款行为,或者强买强卖的,公安部门应当依法及时查处。

　　事实上,生猪批发商自发成立的行业协会往往就是其进行操控生猪价格的工具,生猪涨价的消息往往是以行业协会的名义向零售商发出的。有猪肉零售商这样解释道,如果自己不去卖"私宰肉"就会亏损,在很多市场里如果猪肉零售商不通过当地工商所指定的批发商进货,就不能进入肉菜市场开设摊档。私宰肉之所以横行市场,是因为基层工商所、批发商和肉菜市场结成了利益联盟,都从垄断肉类市场的行为中分得了一杯羹。因此要杜绝中间商的垄断行为,就必须开放肉联厂和屠宰场,但是目前很多肉联厂和屠宰场只宰杀批发商和代宰商送去的猪,无形中强迫了零售商必须从批发商处进货,或者索性私宰。如果能够加快升级并开放镇一级的肉联厂,让零售商能够自由选择到正规肉联厂屠宰,那么才可能打破垄断。有些零售商不服这类行业"潜规则",结果遭到威胁或殴打,甚至引发了严重的暴力冲突。

　　这一现象集中反映了以下问题,一是广州市人大常委会制定这一条例的主要目的在于加强本市生猪屠宰和生猪产品流通的监督管理,规范生产经营行为,保证生猪产品质量,保障人体健康。但是由于事后监管不到位,使该条例所明令禁止的很多行为在事实上以行业"潜规则"的形式大行其道,严重扰乱了当地的市场经济秩序和社会秩序。其中也包含了有关部门对行业协会事后监管不力的因素。二是由限制和缺乏竞争所导致的垄断弊端暴露无遗,不仅是市场部门的经济垄断行为,还包括行业协会的垄断行为。行业协会作为经济类社团,本应以促进整个行业的健康发展为己任,而不是利用行业垄断地位欺行霸市、操纵市场。广州市的猪肉批发商自发成立的行业协会的垄断行为已经构成了违法,依法应当受到行政处罚,但是相关行政部门并未尽到监管职责,严重损害了当地群众的利益和政府威信。如果在类似情况下能够充分加强对社团的事后监管,重视"过程控制",做到"执法必严、违法必纠",那么就可以将社团的违法行为遏制于萌芽或通过及时处罚予以打击和纠正,使危害降到最低。

另外,社团的非营利性使得其缺乏类似于公司股东的直接利益相关者,股东作为公司的投资人具有足够的内在驱动力来时刻关注和守望公司的经营状况和收益情况。社会捐赠人对社团进行了捐赠之后,无法对社团的资金使用情况进行有效监督和制约,而社会大众对社团的活动情况及收益去向的监督缺乏足够的内在驱动力,也没有相应的法律制度予以保障,在发现社团从事违法活动时往往是漠不关心或无能为力。导致这种后果的原因在于我国目前尚未建立健全有效的社团信息公开和披露制度,社会监督渠道不畅。2005年1月1日起执行的《民间非营利组织会计制度》第七章"财务会计报告"中虽然规定了非营利组织会计信息披露方面的内容,但是由于缺乏可操作性,实践中非营利组织会计信息披露的真实性、及时性、准确性和完整性仍有待全面提高。而且大量未依法注册社团还处于法律监管的真空地带,如果不承认其合法性,很难将之纳入法律的监管之下。

(四)社团内部治理能力有待提高

我国政府对社团的双重管理体制对社团的内部治理机制具有深刻的影响,特别是对行政体制内的社团,领导人往往由政府领导兼任,对社团理事长、副理事长和秘书长等重要职位人选的任命也是由业务主管部门进行的;社团重大事项的决策权往往不是掌握在社团权力机构或执行机构的手中,而是由该社团的业务主管部门掌握和行使。由此,这类社团丧失了内部事务的决策权和人事任免权,失去了社团本应具有的组织和人事方面的独立性,从而具有了官方或半官方色彩。为解决这一问题,实行政社分开,适应我国政治体制改革、经济体制改革以及机构改革工作的需要,加快政府职能的转变,发挥社会团体应有的社会中介组织作用,1994年国务院办公厅下发了《关于部门领导同志不兼任社会团体领导职务的通知》,1998年中共中央办公厅和民政部又发出了《关于党政机关领导干部不兼任社会团体领导的通知》。以上两个通知的发布一方面反映了一些社团所具有行政化倾向的事实,同时体现了党和政府对实现政社分开,注重培育社团独立性和发挥社团中介作用的政策导向。

有学者经调研认为,目前我国社团内部的"政府参与治理主导型和分散治理导向型的治理结构相当普遍。"①前者指政府参与治理社团，主要指自上而下设立的社团，集中体现于对理事长等重要领导的任免和资金支持两个方面。后者指理事会、秘书长、分支机构、工作机构分散治理无主导的治理模式，主要存在于多学科、多分支机构的社团。从社团自身角度讲，治理理念、治理文化和治理能力普遍不够发达，由于目前我国社团立法缺少对社会团体组织机构的设置和运行机制的具体可操作性规定，导致其内部治理整体水平普遍偏低的局面。主要表现为权力机关的行为能力不强、权威不足；理事会权力集中、缺乏监督；监事会设置率低、监督职能不到位。即使有些社团章程中具有关于内部治理机制的规定，但是真正落到实处的并不多。以学者对京、浙、黑三地社团调查结果为例，理事会一年开会次数为零的社团占被调查社团的2.2%（多达51个），常务理事会一年开会次数为零的社团占被调查社团的2.8%（多达57个），然而这些社团都通过了年检。② 另外由于对社团的内部监督机构即监事会的设置缺少强制性法律规定，因此多数社团选择不设立监事会。汶川地震后社会通过社团、基金会等社会组织向灾区进行捐助的款物在分配和管理方面出现的一些问题，一方面暴露出部分社会组织的能力不足，特别是在突发事件面前应急和管理水平仍有待提高；另一方面如果从深层次挖掘原因，那么这些组织缺乏科学、合理、有效的内部治理机制是一个非常重要的原因，个别社会组织暴露出来的贪腐丑闻与内部监督机制不健全密不可分。根据清华大学 NGO 研究中心对23个非营利组织相关情况的个案统计，没有一个组织内部设置了监事会或类似的内部监督机构。由于社团的内部组织机构和治理机制不够健全，因此给社团发展带来了相当大的困难，包括对社团内部资金控制不足或缺失、监督评估机制不完善、利益冲突等等，都会带来社团公信力下降、服务水平不高甚至违法犯罪等问题。更为重要的是，社团内部治理能力的欠缺会导致社团整体能力和水平的低下，从而影响到其社会功能的正常发挥，特别是政策倡导水平的提高和功能的发挥，而这一点足以对建设和发展成熟的中国社会主义市民社会带来不可低估的负面影响。

---

① 王名主编．中国民间组织30年——走向公民社会[M]．北京：社会科学文献出版社，2008：179.
② 参见褚松燕．中外非政府组织管理体制比较[M]．北京：国家行政学院出版社，2008：250.

（五）社团资金短缺成为发展瓶颈

目前缺乏资金已经成为大部分社团公认的发展瓶颈之一，北京大学中国社会团体研究中心对浙江和北京两地的社团进行的问卷调查结果显示，对当前存在的不利于社会团体发展的最严重问题中，缺乏资金和场地居于首位，其中北京被调查的社团有38.7%这样认为，浙江则有40.8%。① 而另一项对上海民间组织的调查结果显示，认为民间组织所面临的主要挑战来自资金的有99家（共154家参与调查），占37.8%。② 目前我国社会团体的筹资模式主要包括会费收入、服务收费等经营性收入、政府资助和社会捐赠等四种形式。其中会费收入在社团的各项收入中占主导地位；其次为服务活动收费、利息、咨询费、培训收费等经营性活动收入，再次为政府财政拨款和补贴，最后为社会捐赠。有学者通过对京、浙、黑三地社团实地调查发现，在参与调查的社团经费来源中，政府拨款仅占22.2%，各类捐款占13.7%，会费则占近40%。③ 虽然会费收入占社团收入比例最高，但是从会员交纳会费的实际情况来看是不容乐观的，根据对京、浙、黑三地社团的调查，能够交纳会费的会员人数仅占50%左右。④ 对于大多数社团来说，资金不足仍然是其发展壮大的最大困境之一，我国对社团的筹资适用"原则禁止主义"，仅允许社团通过投资经营实体获取利润并应用于宗旨事业，虽然在一定程度上缓解了部分社团的资金困境，但是和非营利部门发达的国家相比，我国社团筹资渠道仍然偏窄，直接从事商业活动的筹资权尚未获得法律认可。

（六）社团政策倡导水平发展不平衡

要发展中国社会主义市民社会，就要注重全面培育和发挥社团的各项社会功能，特别是政策倡导功能，这是一个成熟的社会主义市民社会的重要条件和标志。

从长远发展趋势来看，除了提供多元化的公共产品和服务以外，社团更为重要的社会功能在于参与并影响公共政策的制定，通过适当的方式与政府合作，共

---

① 何增科. 中国公民社会发展的制度环境影响评估[A]. 见:何增科. 公民社会与民主治理[M]. 北京:中央编译出版社,2007:127.
② 郑乐平. 上海民间组织报告[A]. 见:黄晓勇主编. 中国民间组织报告(2008)[M]. 北京:社会科学文献出版社,2008:187.
③ 参见褚松燕. 中外非政府组织管理体制比较[M]. 北京:国家行政学院出版社,2008:274.
④ 同上:135.

同参与社会管理活动,并进行有效的互相监督和制约。要实现这一目标,既有赖于一个良好的外在制度环境,也需要不断加强社团的自身能力建设,积极培养社团参政议政、建言献策的意识和能力。唯其如此社团才有能力、有条件更好地履行作为真正的市民社会意义上独立社团的社会功能。

但是目前我国不同的社团对公共政策的倡导力差距还相当悬殊。总体来讲,由政府主导的"自上而下"设立的社团,诸如:八大人民团体[①]、律师协会等行业协会、村民委员会等基层群众组织,由于设立之初便具有承接政府转移出去的部分行政职能、整合社会资源以及满足单位体制改革人事安排需要等目的,行政色彩浓厚,在获取资源方面具有草根社团所无法比拟的优势。这类社团在贯彻党和政府的路线、方针、政策,联系群众,在各自的行业和领域里协助政府进行行业管理等方面做出了突出贡献。以参加中国人民政治协商会议的八大人民团体为例,它们可以通过参加政治协商会议参政议政、建言献策,在公共政策倡导力方面具有一定的优势,享有制度性保障。在基层民主领域,村民委员会和居民委员会的性质、地位和职能均具有明确的法律依据,两者均是基层群众自治组织,特别是村民委员会,在实现村民自治、扩大基层民主方面发挥了重要作用。但两者并非纯粹的独立社团,是在特定事项上依法享有行政职能的行政主体。其他经法律、法规授权具有行政主体资格的行业协会,如律师协会、医师协会,在行使法律、法规授予的行政权力时也是以行政主体的身份在履行对本行业的特定行政管理职能的。

可以说自上而下设立的社团在公共政策的倡导力方面较之自下而上设立的社团而言具有明显的优势。但是在实际履行职能的过程中,更加倾向于如何实现政府意图,而在"政府部门利益或领导人意图与社会公益或社会意愿形成冲突时,民间组织的取向便变得模糊不清,最直接的结果是其行为的回避性与懦化,继发的效应则是营利倾向。在自上而下的民间组织,特别是会员制组织里,回避关键问题,热衷"无价值"事务,是一种普遍倾向。比如行业协会热衷办培训、做交流、

---

① 指参加中国人民政治协商会议的人民团体,包括:中华全国总工会、中国共产主义青年团、中华全国妇女联合会、中国科学技术协会、中华全国归国华侨联合会、中华全国台湾同胞联谊会、中华全国青年联合会、中华全国工商业联合会等八个人民团体。

评优选优,在行业治理方面反而难以触及。①

而基于结社意愿自下而上设立的互益性和公益性草根社团,在成立和发展过程中则面临着很多外在制度性困境,譬如成立门槛高、法人资格难以取得、业务主管部门难以找到等问题,都是草根社团遇到的大麻烦。即使部分社团有幸满足了成立条件,找到了业务主管部门,取得了法人资格,在满足本群体的利益或提供公共服务方面做得比较多也比较好,但是在公共政策的建议和倡导方面则做得比较少,公共政策的倡导力比较弱,无法适应和满足各个群体对社团在公共政策的建议和倡导方面的客观需求。从目前我国的实际情况来看,在自下而上设立的社团中,在政策参与方面享有比较充分的制度保障的是市场经济条件下企业自发设立的行业协会和商会,《国务院办公厅关于加快推进行业协会商会改革和发展的若干意见》(国办发[2007]36号)中强调要"积极拓展行业协会的职能","充分发挥桥梁和纽带作用",并提出了具体要求:"在出台涉及行业发展的重大政策措施前,应主动听取和征求有关行业协会的意见和建议。行业协会要努力适应新形势的要求,改进工作方式,深入开展行业调查研究,积极向政府及其部门反映行业、会员诉求,提出行业发展和立法等方面的意见和建议,积极参与相关法律法规、宏观调控和产业政策的研究和制定,参与制定修订行业标准和行业发展规划、行业准入条件,完善行业管理,促进行业发展。"该意见还强调要"坚持政会分开。理顺政府与行业协会之间的关系,明确界定行业协会职能,改进和规范管理方式。"②而这一政策在实践中也得到了从国务院到地方政府的高度重视,在2009年7月7日和9日国务院召开的两次经济形势座谈会上,温家宝总理就分别听取了经济专家和企业、行业协会负责人的意见和建议。2008年7月和12月,深圳市领导举办了两场与部分行业协会商会代表的座谈会,围绕如何应对金融危机、如何加快产业优化升级等问题展开了集中研讨。③

---

① 王名主编.中国民间组织30年——走向公民社会[M].北京:社会科学文献出版社,2008:194.
② 国务院办公厅关于加快推进行业协会商会改革和发展的若干意见.中华人民共和国国务院办公厅政府信息公开专栏 http://www.gov.cn/xxgk/pub/govpublic/mrlm/200803/t20080328_32571.html,2007年5月13日.
③ 参见黄晓勇主编.中国民间组织报告(2009~2010)[M].北京:社会科学文献出版社,2009:36.

但是我们同时应该注意到,更多其他的自下而上设立的社团在政策参与和倡导方面并没有充分的制度性保障。我国大多数草根社团,特别是网络社团对于加强自身能力建设和增强社会影响力并没有强烈的意愿和兴趣。正如一位中国学者所观察到的,虽然目前中国的环境污染状况不容乐观,但是我们很少能够在网络上看到来自中国环保社团的第一手资料,它们更加倾向于从政府和大众传媒那里获取这些资料,以便为己所用。即使是在相对自由的 BBS 上面进行的争论在西方标准看来更像是一种情绪化的宣泄,而非合乎理性的辩论。由于中国的广大网民以前很少有机会公开讨论公共事务,这一现象是可以理解的。然而既然互联网已经给予广大网民以公开讨论公共事务和发表意见的机会,那么每个草根社团和普通人都应该珍惜并充分利用这一全新的平台来实现表达自由。① 这一洞见恰恰反映了我国广大草根社团在参与公共事务的讨论方面缺乏主观能动性和外在驱动力,更加缺乏这方面的历史积淀和文化底蕴的事实。即使在互联网这一崭新的交流平台上有所言论,大多会呈现出浓厚的情绪化色彩、经验不足和缺乏建设性等特征,反映出草根社团在政策倡导能力方面的不足,是社团自身能力的有限性制约了其在市民社会中发挥更具价值的社会功能的可能性。深层次的原因则在于激励型和保障型制度供给不足,不仅仅是缺乏促进草根社团健康发展的法律制度,而且欠缺在社团能力和水平均有大幅度提高的基础上,发挥其政策倡导功能的参与机制。

第二节　中国社团立法现状

一、立法框架

(一)宪法

我国《宪法》第三十五条规定:"中华人民共和国公民有言论、集会、结社、游

---

① 参见 Boxu Yang. NPOs in China: Some Issues Concerning Internet Communication. Know Techn Pol (2008) 21:41.

行、示威的自由。"因此公民享有依法组建社团、自愿加入社团、退出社团、进行社团活动的自由。宪法是我国的根本大法,具有至高无上的权威和法律效力,任何其他法律文件与宪法相冲突都是无效的。宪法的这一规定承认了结社自由权为我国的一项宪法性权利,为制定落实结社自由权的专门法律法规提供了宪法依据和基础。

(二)法律

我国社团法律体系中至今尚无一部落实结社自由、调整社团权利、义务关系的社团法,仅在相关法律中具有涉及社团的条款以及就一些重要社团制定的专门法,前者包括:《民法通则》、《律师法》、《妇女权益保障法》、《体育法》、《注册会计师法》、《执业医师法》、《残疾人保障法》、《公益事业捐赠法》、《企业所得税法》等;后者包括《村民委员会组织法》、《居民委员会组织法》、《工会法》等。

(三)行政法规

行政法规主要是指《社会团体登记管理条例》,是目前我国规范社团成立和对其进行行政监督管理最基本的、最重要的法律文件。

(四)行政规章等行政法律文件

由民政部等国务院职能部门制定的部门规章等行政法律文件,涉及社团的名称、经营活动、日常管理、税收管理等方方面面。诸如:《民政部关于对部分社团免予社团登记的通知》、《民政部关于成立以人名命名的社会团体问题的通知》、《民政部关于重新确认社会团体业务主管单位的通知》、《关于全国性社会团体异地设立分支(代表)机构问题的通知》、《民政部关于社会团体清理整顿审定工作有关问题的通知》、《关于社会团体兴办经济实体有关问题的复函》、《民间非营利组织会计制度》、《关于对社会团体收取的会费收入不征收营业税的通知》等等。此外,由地方各级人民政府根据相关法律法规,结合当地社团发展的实际情况制定的地方政府规章,诸如:《浙江省社会团体登记业务规程》、《上海市社会团体管理规定》等等。目前包括部门规章、地方政府规章和其他行政规范性文件在内的社团法律文件的数量可谓相当可观,它们大多是以《社会团体登记管理条例》为依据制定的,也有一部分是由民政部制定的关于社团的政策性文件,对各地社团的行政管理具有重要的导向作用,体现了我国政府对社团进行规范和管理的一些新变化,但是效力位阶偏低、稳定性不高。

二、法律形式

《社会团体登记管理条例》第三条规定:"成立社会团体,应当经其业务主管单位审查同意,并依照本条例的规定进行登记。社会团体应当具备法人条件。下列团体不属于本条例规定登记的范围:(一)参加中国人民政治协商会议的人民团体;(二)由国务院机构编制管理机关核定,并经国务院批准免于登记的团体;(三)机关、团体、企业事业单位内部经本单位批准成立、在本单位内部活动的团体。"因此目前我国免于登记的社团包括参加中国人民政治协商会议的八大人民团体,如中国科学技术协会;国务院批准的团体,如中国作家协会、中国法学会;经单位批准在单位内部活动的团体,如校内学生社团等。除了以上三类无须登记的社团以外,社会团体应该依法经业务主管单位的审查同意并办理登记取得法人资格,否则属于非法社团。根据《取缔非法民间组织暂行办法》第二条第二项的规定,未经登记,擅自以社会团体名义进行活动的属于非法民间组织,应当依法予以取缔。因此根据我国目前的法律规定,绝大部分社团必须以社会团体法人的形式存续并开展活动;而对于未依法注册登记的社团,除了免于登记的社团是被法律所认可的以外,其他未经依法注册登记取得法人资格的非法人社会团体均是非法的。

三、设立模式

根据《社会团体登记管理条例》第九条,申请成立社会团体,应当经其业务主管单位审查同意,由发起人向登记管理机关申请筹备。第十条规定了成立社会团体应当具备的条件以及名称要求:

(1)有50个以上的个人会员或者30个以上的单位会员;个人会员、单位会员混合组成的,会员总数不得少于50个;

(2)有规范的名称和相应的组织机构;

(3)有固定的住所;

(4)有与其业务活动相适应的专职工作人员;

(5)有合法的资产和经费来源,全国性的社会团体有10万元以上活动资金,地方性的社会团体和跨行政区域的社会团体有3万元以上活动资金;

(6)有独立承担民事责任的能力。

社会团体的名称应当符合法律、法规的规定,不得违背社会道德风尚。社会团体的名称应当与其业务范围、成员分布、活动地域相一致,准确反映其特征。全国性的社会团体的名称冠以"中国"、"全国"、"中华"等字样的,应当按照国家有关规定经过批准,地方性的社会团体的名称则不得冠以"中国"、"全国"、"中华"等字样。

申请筹备成立社会团体,发起人应当向登记管理机关提交以下文件:

(1)筹备申请书;

(2)业务主管单位的批准文件;

(3)验资报告、场所使用权证明;

(4)发起人和拟任负责人的基本情况、身份证明;

(5)章程草案。

具有下列情形的登记管理机关不予批准筹备:

(1)有根据证明申请筹备的社会团体的宗旨、业务范围不符合本条例第四条的规定的;

(2)在同一行政区域内已有业务范围相同或者相似的社会团体,没有必要成立的;

(3)发起人、拟任负责人正在或者曾经受到剥夺政治权利的刑事处罚,或者不具有完全民事行为能力的;

(4)在申请筹备时弄虚作假的;

(5)有法律、行政法规禁止的其他情形的。

筹备成立的社会团体,应当自登记管理机关批准筹备之日起6个月内召开会员大会或者会员代表大会,通过章程,产生执行机构、负责人和法定代表人,并向登记管理机关申请成立登记。社团筹备期间不得开展筹备以外的活动。

登记管理机关应当自收到完成筹备工作的社会团体的登记申请书及有关文件之日起30日内完成审查工作。对没有不予批准筹备所列情形,且筹备工作符合要求、章程内容完备的社会团体,准予登记,发给《社会团体法人登记证书》。登记事项包括:

(1) 名称；
(2) 住所；
(3) 宗旨、业务范围和活动地域；
(4) 法定代表人；
(5) 活动资金；
(6) 业务主管单位。

对不予登记的，应当将不予登记的决定通知申请人。

自批准成立之日起即具有法人资格的社会团体，应当自批准成立之日起60日内向登记管理机关备案。登记管理机关自收到备案文件之日起30日内发给《社会团体法人登记证书》。社会团体凭《社会团体法人登记证书》申请刻制印章，开立银行账户。社会团体应当将印章式样和银行账号报登记管理机关备案。

近年来，党和政府根据社会经济发展的客观需要，在社团设立行为和条件的管理方面进行了局部调整，体现了"重点培育"的社团发展政策。培育重点主要包括农村专业经济协会、慈善类民间组织和行业协会商会等社会中介组织。为此2003年民政部制定了《关于加强农村专业经济协会培育发展和登记管理工作的指导意见》，指出对农村专业经济协会的登记管理工作应本着与时俱进、求实创新的精神，在不违背《社会团体登记管理条例》基本精神的基础上，可以适当放宽登记条件，简化登记程序。明确相应的业务主管单位为县级人民政府有关部门和乡（镇）人民政府；登记管理机关为县级民政部门；县（市、区）、乡（镇）、村区域内农村专业经济协会注册资金应不低于2000元；对于具备成立条件并经业务主管单位审查同意后的农村专业经济协会，可直接向登记管理机关申请注册登记，对于乡（镇）、村区域内的协会免于公告。[①] 该指导意见是民政部根据目前我国各地农村专业经济协会还处于探索发展阶段，尚不够成熟，大部分协会人员少、规模小、注册资金不足的实际情况制定的，应该说能够反映我国农村专业经济协会的发展特点和客观要求，是对现行《社会团体登记管理条例》的适当变通，降低了条例中

---

① 参见关于加强农村专业经济协会培育发展和登记管理工作的指导意见. 中国社会组织网 http://www.chinanpo.gov.cn/web/showBulltetin.do? id = 16192&dictionid = 1202, 2003年10月29日.

所要求的社团注册资金下限,简化了登记程序,对于培育和促进这类社团的发展具有积极的推动作用。此外,2005年民政部制定了《促进慈善类民间组织发展的若干意见》,指出农村乡镇和城市社区中开展慈善类活动的民间组织,不具备法人条件的,登记管理机关可予以备案,免登记费、公告费。法人条件成熟的,可予以登记。① 从社团角度来讲,该意见对现行《社会团体登记管理条例》关于成立社会团体必须具备法人条件的规定做了变通,在一定范围内允许对不具备法人条件的社团进行备案管理,在一定程度上放宽了对慈善类社团必须以法人资格合法存续并开展活动的强制性要求,但是仍然没有从根本上解决非法人社会团体是否合法的问题,对于不具备法人条件的社团是否进行备案也要取决于地方民政部门的工作实效。尽管如此,应该说以上两个法律文件的制定和实施均是政府对社团管理政策和立法的可贵尝试和向好发展。类似的做法还体现于正在公开征集意见和建议的《中关村国家自主创新示范区条例(草案)》,该草案创立了社会组织直接登记制度,即成立一些特定的包括社会团体在内的社会组织可以直接向民政部门申请登记,不再需要政府部门担任业务主管单位;同时,这些社会组织可以吸收北京以外的单位会员,在京外开展活动。② 这一条例虽尚未出台且适用范围有限,但是客观上反映了政府对社团的双重管理体制及抑制发展政策的改革动向。

从总体上讲,目前我国社会团体的设立仍然是"归口登记、双重负责"的登记设立模式,采取严格的双重许可制,即社会团体必须经业务主管部门的审批后再经登记机关的批准,必须在通过了两个行政机关的实质审查以后才能依法取得法人资格。既没有针对普通社团的自由设立模式,也没有无须行政许可的准则主义设立模式,是一种目前在国际上被较少采用的非常严格的社团设立制度。

---

① 参见促进慈善类民间组织发展的若干意见. 中国社会组织网 http://www.chinanpo.gov.cn/web/showBulltetin.do? id = 21239&dictionid = 3500&catid = 35009,2005年11月20日.
② 参见社会组织设立拟不需挂靠单位. 新民网 http://news.xinmin.cn/rollnews/2010/02/09/3598658.html,2010年2月9日.

四、治理结构

(一)社团章程

1. 必要记载事项

《社会团体登记管理条例》第十五条规定了社会团体章程的必要记载事项:

(1)名称、住所;

(2)宗旨、业务范围和活动地域;

(3)会员资格及其权利、义务;

(4)民主的组织管理制度,执行机构的产生程序;

(5)负责人的条件和产生、罢免的程序;

(6)资产管理和使用的原则;

(7)章程的修改程序;

(8)终止程序和终止后资产的处理;

(9)应当由章程规定的其他事项。

2. 修改程序

对于社团章程的修改该条例仅在第十五条第七项中规定在社团章程中应该记载章程的修改程序,条例本身没有强制性规定。《社会团体章程示范文本》①第三十九条规定,对社会团体章程的修改,须经理事会表决通过后报会员大会(或会员代表大会)审议。第十五条规定,会员大会(或会员代表大会)须有三分之二以上的会员(或会员代表)出席方能召开,其决议须经到会会员(或会员代表)半数以上表决通过方能生效。第四十条规定,社会团体修改的章程,须在会员大会(或会员代表大会)通过后15日内,经业务主管单位审查同意,并报社团登记管理机关核准后生效。该示范文本并不具有强制性的法律效力。

(二)组织机构和运行机制

《社会团体登记管理条例》第十条规定成立社会团体的条件之一是具有"相应的组织机构",第十四条规定应该召开会员大会(或者会员代表大会),通过章程、

---

① 社会团体章程示范文本. 中国社会组织网 http://www.chinanpo.gov.cn/web/showBulletin.do? id=15563&dictionid=1402,1998年11月26日.

产生执行机构、负责人和法定代表人;第十五条规定社会团体的章程应该记载民主的组织管理制度、执行机构的产生程序、负责人的条件和产生、罢免程序。该条例对于社会团体的治理结构只有概括性的规定,只是在不具有强制力的《社会团体章程示范文本》中规定了社团的组织机构,使得社团很难建立起科学合理有效的内部治理结构,从而在一定程度上影响了其运作效率、不利于其健康发展。

《社会团体登记管理条例》等关于社会团体的法律规范并未就社会团体的董事(理事)的义务与法律责任做出明确规定,仅在第三十三条就社会团体及其直接负责的主管人员的法律责任进行了笼统的规定,缺乏可操作性:社会团体有下列情形之一的,由登记管理机关给予警告,责令改正,可以限期停止活动,并可以责令撤换直接负责的主管人员;情节严重的,予以撤销登记;构成犯罪的,依法追究刑事责任:

(1)涂改、出租、出借《社会团体法人登记证书》,或者出租、出借社会团体印章的;

(2)超出章程规定的宗旨和业务范围进行活动的;

(3)拒不接受或者不按照规定接受监督检查的;

(4)不按照规定办理变更登记的;

(5)擅自设立分支机构、代表机构,或者对分支机构、代表机构疏于管理,造成严重后果的;

(6)从事营利性的经营活动的;

(7)侵占、私分、挪用社会团体资产或者所接受的捐赠、资助的;

(8)违反国家有关规定收取费用、筹集资金或者接受、使用捐赠、资助的。

前款规定的行为有违法经营额或者违法所得的,予以没收,可以并处违法经营额1倍以上3倍以下或者违法所得3倍以上5倍以下的罚款。

《社会团体章程示范文本》规定社团的最高权力机构是会员大会(或会员代表大会),会员大会(或会员代表大会)的职权包括:制定和修改章程;选举和罢免理事;审议理事会的工作报告和财务报告;决定终止等社团的其他重大事宜。会员大会(或会员代表大会)须有2/3以上的会员(或会员代表)出席方能召开,其决议须经到会会员(或会员代表)半数以上表决通过方能生效。

理事会是会员大会(或会员代表大会)的执行机构,在闭会期间领导本团体开展日常工作,对会员大会(或会员代表大会)负责。理事会的职权包括：

(1)执行会员大会(或会员代表大会)的决议；

(2)选举和罢免理事长(会长)、副理事长(副会长)、秘书长；

(3)筹备召开会员大会(或会员代表大会)；

(4)向会员大会(或会员代表大会)报告工作和财务状况；

(5)决定会员的吸收或除名；

(6)决定设立办事机构、分支机构、代表机构和实体机构；

(7)决定副秘书长、各机构主要负责人的聘任；

(8)领导本团体各机构开展工作；

(9)制定内部管理制度等其他重大事项。

理事会须有 2/3 以上理事出席方能召开,其决议须经到会理事 2/3 以上表决通过方能生效。

理事长通常是社团的法定代表人。主要职权包括：(1)召集和主持理事会(或常务理事会);(2)检查会员大会(或会员代表大会)、理事会(或常务理事会)决议的落实情况;(3)代表本团体签署有关重要文件。

秘书长由理事会选举产生,主要职权包括：(1)主持办事机构开展日常工作,组织实施年度工作计划;(2)协调各分支机构、代表机构、实体机构开展工作;(3)提名副秘书长以及各办事机构、分支机构、代表机构和实体机构主要负责人,交理事会或常务理事会决定;(4)决定办事机构、代表机构、实体机构专职工作人员的聘用;(5)处理其他日常事务等。

根据《社会团体章程示范文本》,社团的最高权力机构为会员大会(或会员代表大会),其执行机构为理事会,理事会选举的秘书长负责主持日常事务。但是对理事会的规模、监事会的设立没有具体规定。同时,由于该示范文本不具有强制力,对社团仅具有示范意义。

五、筹资模式和营利禁止

(一)筹资模式

《社会团体登记管理条例》第五条规定了社会团体依法开展活动的自主权,即国家保护社会团体依照法律、法规及其章程开展活动,任何组织和个人不得非法干涉。第二十九条规定社会团体的资产来源必须合法,任何单位和个人不得侵占、私分或者挪用社会团体的资产。社会团体的经费,以及开展章程规定的活动按照国家有关规定所取得的合法收入,必须用于章程规定的业务活动,不得在会员中分配。根据《社会团体章程示范文本》,社团经费的主要来源包括:会费、捐赠、政府资助、在核准的业务范围内开展活动或服务的收入;利息以及其他合法收入。从而确立了社团活动的自主权、社团的活动范围、财产的用途和禁止分配原则。

此外,我国还通过《公益事业捐赠法》确立了对依法成立的,以发展公益事业为宗旨的慈善组织等公益性社会团体的资金支持制度。

虽然税收法律制度属于公法范畴,但是国家对社团的税收优惠也是其一项重要的收入来源,而且与社团的筹资权范围密切相关,在此有必要进行阐述。《企业所得税法》第九条规定:"企业发生的公益性捐赠支出,在年度利润总额12%以内的部分,准予在计算应纳税所得额时扣除。"从而确立了对企业的公益性捐赠实行税前扣除的税收优惠制度。

第二十六条第四项规定,对"符合条件的非营利组织的收入"免税。根据《中华人民共和国企业所得税法实施条例》第八十四条:"企业所得税法第二十六条第(四)项所称符合条件的非营利组织,是指同时符合下列条件的组织:(一)依法履行非营利组织登记手续;(二)从事公益性或者非营利性活动;(三)取得的收入除用于与该组织有关的、合理的支出外,全部用于登记核定或者章程规定的公益性或者非营利性事业;(四)财产及其孳息不用于分配;(五)按照登记核定或者章程规定,该组织注销后的剩余财产用于公益性或者非营利性目的,或者由登记管理机关转赠给与该组织性质、宗旨相同的组织,并向社会公告;(六)投入人对投入该组织的财产不保留或者享有任何财产权利;(七)工作人员工资福利开支控制在规定的比例内,不变相分配该组织的财产。"①第八十五条:"企业所得税法第二十六条第(四)项所称符合条件的非营利组织的收入,不包括非营利组织从事营利性活

---

① 中华人民共和国企业所得税法实施条例. 中华人民共和国中央人民政府网站 http://www.gov.cn/zwgk/2007-12/11/content_830645.htm,2007年12月11日.

动取得的收入,但国务院财政、税务主管部门另有规定的除外。"①财政局和国家税务总局发出的《关于非营利组织免税资格认定管理有关问题的通知》(财税[2009]123号)又做了若干补充规定:"其中:工作人员平均工资薪金水平不得超过上年度税务登记所在地人均工资水平的两倍,工作人员福利按照国家有关规定执行;"②"四、非营利组织免税优惠资格的有效期为五年。非营利组织应在期满前三个月内提出复审申请,不提出复审申请或复审不合格的,其享受免税优惠的资格到期自动失效。"③同时财政局和国家税务总局发出的《关于非营利组织企业所得税免税收入问题的通知》(财税[2009]122号)明确了"非营利组织的下列收入为免税收入:(一)接受其他单位或者个人捐赠的收入;(二)除《中华人民共和国企业所得税法》第七条规定的财政拨款以外的其他政府补助收入,但不包括因政府购买服务取得的收入;(三)按照省级以上民政、财政部门规定收取的会费;(四)不征税收入和免税收入孳生的银行存款利息收入;(五)财政部、国家税务总局规定的其他收入。"④

可见,目前我国对社团的税收优惠主要指向公益性社会团体法人和其他具有合法资格的社会团体法人,主要考虑其所从事的是公益性或非营利性事业,如果对其征税无疑会影响其作用的发挥,同时为了避免税收管理漏洞,特别限定了符合免税资格的非营利组织的要件以及免税收入的范围,严格贯彻了"禁止分配原则"。

(二)营利禁止

《社会团体登记管理条例》第二条明确规定社会团体是非营利性社会组织,第四条第二款规定社会团体不得从事营利性经营活动。2002年2月4日民政部给北京市民政局的《关于社会团体兴办经济实体有关问题的复函》(民办函[2002]21号)指出:"作为非营利性组织,社会团体与公司、企业等营利性组织的主要区

---

① 中华人民共和国企业所得税法实施条例. 中华人民共和国中央人民政府网站 http://www.gov.cn/zwgk/2007-12/11/content_830645.htm,2007年12月11日.
② 财政部,国家税务总局. 关于非营利组织免税资格认定管理有关问题的通知. 国家税务总局网站 http://www.chinatax.gov.cn/n8136506/n8136593/n8137537/n8138502/9368034.html, 2009年11月11日.
③ 同上.
④ 同上.

别不在于是否营利,而在于营利所得如何分配。社会团体的资产及其所得,任何会员不得私分,不得分红;社会团体被注销后,剩余财产应移交给同类其他非营利性组织,用于社会公益事业。社会团体不同于机关和全额拨款的事业单位,其经费仅靠会费、捐赠、政府资助等是远远不够的。兴办经济实体、在核准的业务范围内开展活动或服务取得收入,是社会团体活动费用的重要补充渠道,目的是促使其更加健康发展。为此,民政部、国家工商局于1995年7月10日联合下发了《关于社会团体开发经营活动有关问题的通知》(民社发[1995]14号)。这个文件的精神与《社会团体登记管理条例》的规定没有冲突。"①

综上所述,目前对于"社会团体不得从事营利性经营活动"的正确理解是:对于社会团体的资产和从事营利性经营活动所得收入以及其他收入,任何会员不得私分、分红;社会团体注销后,剩余财产应移交给同类非营利性社会组织,用于支持社会公益事业的发展。可见,我国对社团的营利禁止所禁止的是社团直接从事商业活动,但并不禁止社团通过兴办经济实体以扩大收入来源。

因此,社会团体可以投资开展经营活动,民政部和国家工商总局在《关于社会团体开展经营活动有关问题的通知》(民社发[1995]14号)②中规定了开展经营活动的社会团体,必须具有法人资格。社会团体可以投资设立的经济实体的形式为企业法人,或非法人经营机构,但不得以社团自身名义进行经营活动。社会团体从事经营活动,必须到工商行政管理部门注册登记,并领取《企业法人营业执照》或《营业执照》。社会团体申请营业登记,其经营范围应与社会团体设立的宗旨相适应。社会团体负责按照有关规定加强对所投资设立的企业法人和非法人经营机构财务的管理和监督,上述企业和经营机构要建立健全财务会计制度,并接受所从属的社会团体及有关方面的财务监督。社会团体设立的非法人经营机构,其所得的当年税后利润,应全部返还给所从属的社会团体;社会团体投资设立的有限责任公司和股份有限公司,其利润分配,应按《中华人民共和国公司法》规定的有关条款执行;社会团体独资设立的企业法人,应在企业章程中明确载明其

---

① 关于社会团体兴办经济实体有关问题的复函. 中国社会组织网 http://www.chinanpo.gov.cn/web/showBulltetin.do? id=16077&dictionid=1202,2002年2月4日.
② 关于社会团体开展经营活动有关问题的通知. 中国社会组织网 http://www.chinanpo.gov.cn/web/showBulltetin.do? id=15499&dictionid=1102,1995年7月10日.

宗旨是为该社会团体的事业发展服务,其返还给该社会团体的当年税后利润,应符合国家的有关规定。

对于广大社团来说,部分收入可以免税意味着收入的消极增加,体现了政府对公益事业和非营利事业的鼓励和支持态度,但是广大社团发展中所面临的资金困境仍然无法从源头上得到解决,一个非常重要的原因就在于社团的筹资渠道仍然偏窄,而营利禁止义务则比较严格,对于包括商业活动在内的经营活动采用的是"原则禁止主义",社团直接从事商业活动进行筹资的权利受到了限制。

第三节 中国现行社团立法检讨

一、中国现行社团立法的不足

(一)社团基本法缺位

中国全国政协外委会副主任韩方明先生在2009年两会期间提出的将"民间组织管理法"列入立法规划的建议中指出:我国目前的民间组织自身的发展,以及政府和社会对其管理,与发达国家相比还有很大差距。突出矛盾为:一是依法注册登记的民间组织由于挂靠关系,存在身份错位的问题,比如作为二级机构没有发票,其公信力受到质疑,难以调动社会资源,难以独立负责地开展业务活动;而欠缺足够资金和活动场所的民间组织不能进行注册登记,从而处于"非法存在"状态,不利于社会管理和监督。二是民间组织自身的管理存在困难,往往是在员工聘用、劳动权益保障方面无章可循,在财产所有权、财务监管和机构治理方面无法可依,制度风险很大,可持续发展前景堪忧。三是政府不能依照民间组织的管理法律、法规、制度对这类机构进行治理和监管,存在巨大的监管"真空",也使民间组织良莠不齐。四是由于制度欠缺和法律法规滞后等多种原因,使得一些"半官方"性质的民间组织占有和支配较多的公共资源,而更多的"草根"组织却难以调动足够资源为公共事业开展业务。这就无法为民间组织创造一种合理有序竞争的社会环境。而我国现有的对民间组织的管理法规,主要是"两条例、一办法",即《社会团体登记管理条例》、《民办非企业单位登记管理暂行条例》和《基金会管理办法》。按照现行的管理条例,社会团体必须挂靠业务主管单位,同时对团体的活动场所、资金来源等硬件要求也比较高,这已不适应民间社会对于民间非营利组织成立和发展的需要。民间组织作为非政府组织,并不是"反政府组织"。作为能够补充政府职能不足的民间组织,已是现代社会需要的社会组织形式,政府不能任其随波逐流,更不应守着旧有的认识和态度限制其正常发展。因此,对民间组织,应积极调研,根据我国的实际国情,制定相关的法律,来规范民间组织的行为,引导他们朝着健康、有序、有益于社会公众利益的方向发展。建议全国人大常委会将民间组织的管理法规纳入立法规划,组织专家对民间组织的概念、管理体制、社会监督、主体自律和扶持保护措施等进行深入研究,同时委托有关部门对民间组织的资金来源、财务、税收、会计、票据、工资、人事管理和员工社会保障等政策进行全面的立项调研。可以借鉴国际社会对于民间组织(NGO)进行管理的有益经验,在现有"两条例、一办法"的基础上,尽快建立我国规范和治理民间组织的法律法规体系,将民间组织的日常管理工作全面纳入法制轨道。①

这一立法建议虽然没有明确结社基本法应该是民事法律规范的性质,但却集中反映了社会各界对依法规范和管理社团等非营利社会组织的迫切之情。早在1987年国家就已经认识到制定一部结社基本法律的重要性,十三大明确提出了结社法的立法任务,并委托民政部起草,民政部曾十易其稿,于1993年将草案报送国务院,但最终没能出台。② 目前除了《工会法》等几部有限的单项社团法律,或者如《律师法》、《注册会计师法》等法律中关于行业协会的规定以外,其他的法律文件大多属于行政法规、部门规章、地方政府规章以及其他行政规范性法律文件,总体上讲社团立法位阶偏低,无法满足社团发展对健全的法律制度的客观需求。比如《社会团体登记管理条例》对于社团依法成立后的监督和管理的规定比较笼统,条例第四条规定:社会团体必须遵守宪法、法律、法规和国家政策,不得反对宪法确定的基本原则,不得危害国家的统一、安全和民族的团结,不得损害国家利益、社会公共利益以及其他组织和公民的合法权益,不得违背社会道德风尚。由

---

① 参见两会声音韩方明:建议将"民间组织管理法"列入立法规划. 上海市老年学学会网站 http://www.shanghaigss.org.cn/news_view.asp? newsid = 5929,2009 年 3 月 4 日。
② 参见褚松燕. 中外非政府组织管理体制比较[M]. 北京:国家行政学院出版社,2008:264.

于缺乏可操作性,行政机关的自由裁量权大,对社团的事后监管十分不利,易于导致对社团合法权益的侵犯。

因此,目前我国社团立法的最大问题是缺少一部统一的规范和调整社团及其活动的实体法,对社团的基本权利和义务缺乏明确具体的法律规定,有关社会团体的内部治理结构、财产关系方面的民事立法尚处于空白状态,调整与社团相关的民事法律关系的立法还相当薄弱。结社自由是私法自治的表现形式之一,社会团体是自治性社会组织,对于结社自由的落实应该以私法为主,具体应当由民法来实现。从法律性质和效力位阶的角度看,现行社团立法与结社自由权作为一项宪法权利和基本民事权利的地位并不相称。

(二)社团的民事主体地位有待进一步明确

社会团体在社会中具有角色的多重性,既是行政管理相对人,更是民事活动的主体。我国现行《民法通则》仅规定了自然人、法人两类民事主体,其中第二章自然人中规定了个体工商户、农村承包经营户和个人合伙;第三章法人中规定了联营。将法人分为企业法人、机关法人、事业单位法人和社会团体法人。此处社会团体的外延比《社会团体登记管理条例》中规定的社会团体要广泛,"按照中国社会生活中的习惯用语,除国家机关、企业、事业单位以外的社会组织均称为社会团体。"①因而其外延包括了基金会法人。根据《基金会管理办法》的规定,基金会是对国内外社会团体和其他组织以及个人自愿捐赠的资金进行管理以资助推进科学研究、文化教育、社会福利和其他公益事业发展为宗旨的民间非营利性社会组织。其主要特征一是财产来源于社会捐赠;二是与社会团体法人是以会员为基础的人的集合体不同,基金会法人没有会员,是财产的集合体,相当于国外立法上的财团法人。因此基金会法人与社会团体法人是存在本质区别的,社会团体法人的概念难以涵盖基金会法人。另外,《民法通则》没有以法人的成立基础作为分类依据,而是以是否为企业法人为基础构建了现行法人制度框架,企业法人之外的所有法人都属于非企业法人。企业法人作为我国学者创设的特有概念,相当于传统分类中的营利性社团法人,而非企业法人则包括了公法人、私法人中的财团法人、公益社团法人和中间法人。第五十条规定:有独立经费的机关从成立之日起,

---

① 梁慧星. 民法总论[M]. 北京:法律出版社,2007(3):123.

具有法人资格。具备法人条件的事业单位、社会团体,依法不需要办理法人登记的,从成立之日起,具有法人资格;依法需要办理法人登记的,经核准登记,取得法人资格。因此,《民法通则》一方面肯定了社会团体法人的民事主体资格,但是尚未明确区分社会团体法人、基金会法人和民办非企业单位法人;另一方面并没有赋予非法人组织以民事主体资格,因此作为非营利性非法人组织的非法人社会团体,目前在我国还不具有民事主体资格。可以说我国现行民事主体制度已经无法满足广大社团生存与发展的客观需要,更没有反映和适应中国市民社会关系最新发展变化的趋势和内容。

(三)社团合法资格难以取得

根据 1989 年的《社会团体登记管理条例》,非法人社会团体与法人社会团体一样属于社会团体的法律形式,也就是说社会团体的合法存在形式不以法人为限,也可以非法人的形式存在,并且非法人社会团体在条件具备的前提下经过登记可以过渡为社会团体法人。1992 年民政部在发给上海市民政局的《民政部关于非法人社会团体改为法人社会团体登记问题的复函》(民社函(1992)220 号)中指出:"由非法人社会团体改为法人社会团体,应先办理非法人社会团体注销登记,后履行法人社会团体成立登记手续。经注销登记的非法人社会团体,其代码同时废置。"①民政部当时做出的这一答复的法律依据就是 1989 年的《社会团体登记管理条例》,但是在 1998 年该条例经过修订之后这一情况发生了改变,非法人社会团体丧失了法律合法性。

目前我国对社团实行"归口登记、双重负责、分级管理"的行政管理体制。现行《社会团体登记管理条例》第六条规定:国务院民政部门和县级以上地方各级人民政府民政部门是本级人民政府的社会团体登记管理机关。国务院有关部门和县级以上地方各级人民政府有关部门、国务院或者县级以上地方各级人民政府授权的组织,是有关行业、学科或者业务范围内社会团体的业务主管单位。法律、行政法规对社会团体的监督管理另有规定的,依照有关法律、行政法规的规定执行。

---

① 民政部关于非法人社会团体改为法人社会团体登记问题的复函. 中国社会组织网 http://www.chinanpo.gov.cn/web/showBullteltin.do? type = pre&id = 16032&dictionid = 1202&catid = ,1992 年 7 月 16 日.

与上述法律法规相配套,民政部和其他行政机关发布的大量的规定、政策性文件也都是政府管理社团的依据,对于社团的发展产生了重要影响。条例第九条规定:申请成立社会团体,应当经其业务主管单位审查同意,由发起人向登记管理机关申请筹备。第三条规定"社会团体应当具备法人条件",这里的"条件"是指第十条所规定的成立社会团体应当同时具备的六个要件。第二十七条规定:登记管理机关履行下列监督管理职责:(一)负责社会团体的成立、变更、注销的登记或者备案;(二)对社会团体实施年度检查;(三)对社会团体违反本条例的问题进行监督检查,对社会团体违反本条例的行为给予行政处罚。第二十八条规定:业务主管单位履行下列监督管理职责:(一)负责社会团体筹备申请、成立登记、变更登记、注销登记前的审查;(二)监督、指导社会团体遵守宪法、法律、法规和国家政策,依据其章程开展活动;(三)负责社会团体年度检查的初审;(四)协助登记管理机关和其他有关部门查处社会团体的违法行为;(五)会同有关机关指导社会团体的清算事宜。业务主管单位履行前款规定的职责,不得向社会团体收取费用。由此可见,目前在我国成立社团必须依法取得法人资格,否则为"非法社团",非法社团得不到法律保护,可能随时被依法取缔。对社会团体法人的外部监管采用的是双重管理体制。

该条例规定了较高的会员人数、物质、资金等方面的法人条件,为社团获取法人资格订立了较高的"门槛",使得不具备或不同时具备这六个要件的组织望而却步或干脆顶着"非法社团"的帽子开展社团活动。同时,成立社团所面临的另一个难题是能否顺利找到自己的业务主管部门,业务主管部门对社团享有广泛的行政管理职权,同时意味着不容放弃和随意处置的行政职责,因此一些业务主管部门并不愿意担任这样的角色来增加和扩大自己的管理负担和责任范围,使得一些拟成立的社团因找不到自己的业务主管部门而成立无门。另外,由于我国目前实行的是双重许可主义的社团准入机制,且两个行政部门均享有较大的自由裁量权,因此可能因为登记部门与业务主管部门的审查标准不同而导致社团的设立最终无法获得许可。同时,业务主管部门与登记部门之间对社团的监管权限不明、责任划分不清,实践中导致了两个部门相互推诿,政府监管缺位的不利后果。

与严格的双重许可主义的社团准入机制形成反差的是,一方面,我国对一些没有取得法人资格的社团的监督管理采取了放任主义,这些社团大多为互益性的,譬如民间的花会、读书会、沙龙、论坛等。根据该条例第三十五条的规定,未经批准,擅自开展社会团体筹备活动,或者未经登记,擅自以社会团体名义进行活动,以及被撤销登记的社会团体继续以社会团体名义进行活动的,由登记管理机关予以取缔,没收非法财产;构成犯罪的,依法追究刑事责任;尚不构成犯罪的,依法给予治安管理处罚。《治安管理处罚法》第五十四条规定:有下列行为之一的,处十日以上十五日以下拘留,并处五百元以上一千元以下罚款;情节较轻的,处五日以下拘留或者五百元以下罚款:

(1)违反国家规定,未经注册登记,以社会团体名义进行活动,被取缔后,仍进行活动的;

(2)被依法撤销登记的社会团体,仍以社会团体名义进行活动的;

(3)未经许可,擅自经营按照国家规定需要由公安机关许可的行业的。

有前款第三项行为的,予以取缔。

在实际生活中不乏大量的虽不具备法律合法性,但是却具有社会合法性的"非法社团",它们广泛开展社团活动,并参与民事活动,且具有较高的社会声望,如前文中所述的"北京太阳村",可是却未被纳入到法律规范和调整的范围内,从而影响了对这类社团的外部监管,制约了其健康发展。

(四)对社团治理结构的规定缺乏可操作性

虽然《社会团体章程示范文本》中有一些关于社团内部治理结构方面的内容,但是并不具有强制力,实践中得不到有效执行。《社会团体登记管理条例》中的相关规定显然也无法为完善社团内部治理结构、加强社团自身能力提供明确的法律依据。目前我国大部分社团理事会(董事会)在人员构成与职能运转方面都存在诸多问题:(1)由于缺乏明确具体的法律规定,多数社团并未设立理事会或理事会会员人数过少、规模过小,只设置了一名理事长,事无巨细、大包大揽;有的理事会形同虚设,并无实权。这样的现状带来的消极后果显而易见:无法充分发挥理事会在社团活动中所应起到的作用,反而容易助长个别人利用职权谋取一己之私;抑或理事会对社团事务的执行力有限,在社团内部的威信不够,造成社团运行的低效率以及社会公信力不足等负面后果。(2)理事会与秘书长的职能划分不明确。按照《社会团体章程示范文本》的规定,秘书长是社团日常事务的主持者,应该由理事会选举产生。但是在实际执行中社团日常事务的决策权往往掌握在理事长或副理事长手中,秘书长则退居其次,成为理事会手下的一般执行者或"办事员"。(3)部分社团理事会有行政化倾向。为了落实自己的主管部门,有些社团理事会的理事长或理事往往是由行政部门任命的人选来担任的,而本应成为理事会成员主要组成部分的社团会员人数所占比重却偏低,这种行政化倾向容易对社团内部的民主机制产生消极影响,可能导致理事会内部个别成员的独断专行和一言堂,使理事会无法真正为社团的生存与发展做长远考虑,不能成为社团会员所信服的对外代表,并且抹杀了社团的独立性和自治性。

其次,内部监督机制不健全。目前我国社团内部的专门监督机构的设置率很低,即使已经设置了监事会,其作用力仍然十分有限:(1)监事会的行政化倾向。与理事会一样,监事会成员也基本上是由政府直接任命或由社团的理事长任命的,成员构成单一,来自于社团组织本身的监事人数比例偏低。这样势必导致对理事会及其理事的行为监督不力。(2)监事会形同虚设。由于缺乏明确的法律规定,即使设置了监事会,在社团章程中也没有赋予其充分的监督职权,对监督权的行使缺乏有效的制度保障,无法实现监事会对理事会及理事的有效的内部监督,甚至成为摆设和点缀,难免流于形式。(3)监事会成员的来源问题。由于法律缺乏对社团设置监事会的相关规定,对监事会的成员构成和能力要求也就没有明确的法律依据。但是从增强监事会监督能力的角度出发,监事会应该由对社团组织运作和具体情况非常熟悉的人员、具有相应的专业知识背景和能力的人员构成,并且监事会成员应该独立于理事会成员,不具有与理事会和秘书长的可能影响其监督效果的特定社会关系。

与我国社团在内部治理机制方面的现状形成鲜明对比的是,非营利部门发达国家的社团立法往往为社团提供了组织机构及其运行机制方面的具体明确的法律依据,不仅仅是出于行政管理的需要,更被视为是政府为社团提供的一项重要服务。

(五)社团基本权利受限

目前我国政府对社团的总体发展策略是倾向于以抑制和管理为主的,社团的很多基本权利受到了一定程度的限制,其中最为突出的是影响社团生存和发展大计的筹资权和公平竞争权,而目前这两项权利直接关系到社团能否实现充分的独立、自治和健康可持续发展。

1. 对社团筹资权的限制

《社团登记管理条例》第一条规定,为了保障公民的结社自由,维护社会团体的合法权益,加强对社会团体的登记管理,促进社会主义物质文明、精神文明建设,制定本条例。可见,该条例的立法目的不仅是加强对社团的行政管理,而且包括保障公民的结社自由,维护社团的合法权益。基于这一立法目的,该条例应该既是管理法,又是权利法,然而从该条例的具体内容和法律实效两方面来看,后一目的和功能并未实现。该条例的主要内容包括:总则、管辖、成立登记、变更登记和注销登记、监督管理、罚则、附则共七章,其主要功能就在于确立了对社团的双重管理体制,条例更为注重的是对社团的行政管理和控制。主要原因在于,由国务院制定的这一行政法规在内容上以程序性规定为主,是一部管理性行政法规,并没有关于社团组织和行为方面的具体的权利义务规范。同时对社团采取了抑制发展政策,这一政策取向与该条例的修订时间和背景具有一定的联系。《条例》中一些条款也体现了对社团的抑制政策,诸如:第四条第二款规定,社会团体不得从事营利性经营活动。第三十三条规定,从事营利性经营活动的社会团体由登记管理机关予以处罚。在社会团体的几项经费来源中,有偿服务活动不同于营利性的经营活动,有偿服务可以是社会团体提供的信息服务、咨询服务、举办各种展览等以获取一定收益的活动,与营利性经营活动的主要区别在于是一次性的收费服务,而非作为固定收入来源的经营活动。

虽然《关于社会团体开发经营活动有关问题的通知》已经明确了社会团体能否从事营利性经营活动与《社会团体登记管理条例》第二条所规定的社会团体是非营利性社会组织的法律性质并没有本质矛盾,允许社会团体通过兴办经济实体扩大收入来源。但是允许社团从事营利性经营活动的范围仍然偏窄,筹资权利受限、筹资渠道有待拓宽。

目前我国部分社团由于在资金来源上的行政化导致了社团独立性和自治性的削弱,要使这一现实情况从根本上有所改观,必须使这些社团在资金方面实现自力更生、增强筹资能力、拓展筹资渠道,顺应目前世界上非营利部门筹资行为商业化的发展趋势,允许公益性社会团体法人直接从事商业活动来增加收入,并使用于公益事业。世界上许多国家的立法和实践经验均已经充分证明了这一点,不仅允许社团兴办经济实体,而且允许社团直接从事商业活动,社团可以从事的营利性经营活动的范围相当宽泛。尽管实践中可能遇到很多问题，但是可以通过建立健全配套的法律制度，在拓宽社团筹资渠道的同时，运用税收、反不正当竞争等法律手段对社团所直接从事的包括商业活动在内的营利性经营活动依法进行有效的规范、管理和监督。

同时，政府的资金支持也应该成为社团的一项重要资金来源。以发展的眼光来看，我们不应一味简单地认为社团的独立性与政府的资金支持是必然对立的关系。在现阶段，我国社团总体来讲独立性弱的特点确实与一些社团官方色彩浓厚有关，其重要表现就是资金部分或全部来源于政府的财政拨款。为了使这些社团早日摆脱官方背景，尽快实现其独立性和自治性，政府已经出台政策大幅削减了对某些领域社团的资金支持力度，逐步实现从全额拨款到部分拨款、再到自收自支的过渡和转变。但是我们应该看到，我国很多社团的官方背景并不直接来自于政府资助，还有很多是人事方面的官方背景所致。

根据我国目前社团发展的实际情况，的确首先需要进一步拓宽公益性社会团体法人的筹资渠道，并建立健全外部监管制度，逐步在更广泛的范围内实现和增强社团的独立性和自治性。同时，不要把政府资助与社团自治完全对立起来，当社团普遍的具备了较强的独立性以后，政府资助并不必然会削弱社团的自治性，而切断了政府资助的社团也不必然能够独立、健康发展，关键是要建立起有效的规范和协调政府与社团关系的法律制度。否则只会过犹不及，使社团失去了一项重要的资金来源，从而影响其正常的业务发展，削减对社会服务的数量和品质。正如加拿大非营利社区服务组织 Etobicoke Services for Seniors（简称 ESS）①所面临的两难困境一般，1988 年开始施行的《安大略公平工资法》(the Ontario Pay Equity Act) 要求包括非营利组织在内的广大社会组织认真执行该法，实现男女同工同酬，保障工资公平。而 ESS 的主要资金来源是政府资助、服务收费和慈善捐赠等，目前 85% 的收入来源于安大略省政府。1995 年加拿大政府开始削减直至 1999 年完全取消了对非营利组织在执行公平工资法方面的专项资金支持，这对于

---

① 是加拿大成立于 1984 年的非营利性社区服务组织，致力于为社区老人提供多元化服务。在过去 20 多年的时间里 ESS 取得了很大发展，年度预算从 48000 美元增加至 290 万美元，雇员人数从 2 人增加到 70 人，超过 90% 的雇员为女性。

ESS来说无疑是巨大挑战,使之面临两难选择,要么拒不执行公平工资法而维持现有的服务水平,要么削减服务从而节省开支用于确保工资公平。面对法律权威,ESS最终选择了后者,从而导致该组织社区服务减少、裁员甚至举债。但是有些非营利组织则选择了前者,从而影响了法律实效。① 由此可见,一味减少政府对社团的资金支持,极有可能导致其为了生存而选择减少服务乃至裁员,从而影响社团在实现公共利益、缓解就业压力等方面积极作用的发挥。

因此,随着我国独立性社团的发展壮大,市民社会走向成熟,综合国力的进一步增强,政府可以考虑再次扩大对社团的资金支持力度,为其实现公益事业的飞跃性发展提供助力。

2. 对社团之间公平竞争权的限制

《社会团体登记管理条例》对社团还采取了限制竞争的规定。条例第十三条第二款规定,在同一行政区域内已有业务范围相同或者相似的社会团体,没有必要成立的,登记管理机关不予批准筹备成立社会团体。第十九条第三款规定,社会团体不得设立地域性的分支机构。然而在事实上,不同的社会团体代表着不同群体的意愿和利益,正如前文所述,市民社会是人们联合起来以促进共同利益的竞技场,作者之所以没有使用传统的"范围"、"领域"等字眼,而是将之概括为一个"竞技场",旨在强调在市民社会里是存在利益上的冲突和斗争的。而这一定义本身正是将社团等市民社会组织作为核心要素的。② 这就意味着在社团之间也存在着竞争关系,而且这种竞争关系往往存在于业务活动范围相同或相近的社团之间。竞争在一定意义上意味着改善、进步和向好的发展,而人为的限制和消除竞争则会导致垄断,诱发道德风险和腐败,不利于社团的可持续健康发展。

前文中提到的"猪肉供货商自发成立行业协会提高代宰价格遭抵制"事件,所暴露出来的问题值得我们对现行的限制社团竞争的政策和立法进行检讨和反思。试想一下,如果允许行业协会以相互竞争的姿态存在和发展,同时通过社团法、行

---

① 参见 Ping Peng, Parbudyal Singh. Pay equity in Ontario: The case ofa non-profit seniors service organization. CANADIAN PUBLIC ADMINISTRATION / ADMINISTRATION PUBLIQUE DU CANADA VOLUME 52, NO. 4 (DECEMBER/DE' CEMBRE 2009), PP. 613 – 625.

② 参见 Kees Biekart. Measuring Civil Society Strength: How and for Whom? Development and Change 39(6): 1172 (2008).

业协会法、反垄断法等法律制度来规范行业协会的行为,为其提供公平、公正、合理的竞争环境,那么势必可以有效遏制行业协会的垄断行为,促进整个行业的健康发展。值得关注的是,我国政府对于行业协会限制竞争的政策已经有所松动,在《国务院办公厅关于加快推进行业协会商会改革和发展的若干意见》(国办发[2007]36号)①中提出了"行业协会之间可通过适度竞争提高服务质量"的政策导向,国务院法制办目前正在起草制定的《行业协会商会法》已经列入全国人大的五年立法规划,通过该法全国近6万家行业协会头上的"二政府"帽子有望被摘掉,未来它们可能脱离政府主管部门这个婆婆,最终走上民间化、市场化之路。②从而反映了我国政府对社团由重在控制向选择性培育的转变趋势。但是对于其他类型的社团尚无类似政策和立法规划出台,因此从总体上来讲,我国对社团所采取的政策仍然是以限制竞争为主的,对于促进社团通过公平竞争实现优胜劣汰、提高服务和产品质量、不断增强自身能力从而实现健康发展十分不利。从发展中国社会主义市民社会的角度来讲,既不符合市民社会中社团本身对发展环境的要求,也不利于社团在自身获得健康发展的基础上完成推动市民社会发展的历史使命。

(六)立法观念滞后

从中华民族几千年的历史中我们可以看到,在封建王朝的专制统治下,特别是在阶级矛盾激化的情况下,广大农民的结社往往带有浓厚的"民反官"的色彩,革命结社成为农民反抗官府的强大工具和武器,在人们的思想中遗留了结社等同于与政府对抗的印迹。因此很多人认为,结社是维护和保障社会秩序稳定的大敌,结社会导致社会秩序混乱,特别是结社自由中蕴含的个人表达和行动能量的乘积效应使其包含着政府无法控制的巨大社会力量,这种力量可能在某些情况和条件下对社会稳定构成威胁。而对于大多数发展中国家来讲,国内处于经济和社会发展的转型时期,以经济建设为中心保持社会秩序的稳定是国家发展大计,在

---

① 国务院办公厅关于加快推进行业协会商会改革和发展的若干意见. 中华人民共和国中央人民政府网站 http://www.gov.cn/zwgk/2007-06/05/content_636815.htm,2007年5月13日.

② 参见国务院法制办起草《行业协会商会法》. 人民网 http://gongyi.people.com.cn/GB/10541613.html,2009年12月9日.

此背景下需要一个具有高度权威的政府,尽量克服地方分散主义,优化资源配置。因此对于结社自由对社会稳定的作用易于从消极方面去理解。受这一"秩序中心主义"观念的影响,从维护和保障社会秩序稳定的角度出发,对社团和结社自由采取了抑制政策,并且通过修订1989年的《社会团体登记管理条例》为社团准入设立了更高的门槛。

然而这种担忧完全没有必要,有关结社自由在当代中国的现实意义问题已经有各个学科领域的诸多学者进行过深入细致的研究,可以说结社自由与社会秩序之间的确存在密切联系,但是两者关系的走向取决于若干中介性变量,并不是封闭性的此消彼长的对立关系。我们不能因为受到传统观念的干扰而抛弃结社自由和社团发展可以给国家和社会带来的种种裨益。仅从个人层面来讲,结社和参与等社会活动与个人生活质量是具有一定关联性的。从实践来看,有学者经过对多个国家和地区市民社会的个人参与和生活质量之间的关系进行了专门的调查研究并在此基础上得出结论,市民社会的结社和参与生活能够提高个人的生活质量。不仅可以带来间接的社会性回报,譬如接触朋友、关系网和工作机会等社会资源,而且可以带来直接的私人性回报,譬如通过付出和给予给个人带来满足感、通过工作获得尊严、满足激情、致力于各种事业等等,均有助于个人融入社会。虽然市民参与与提高个人生活质量之间的关联微弱但却非常明显,可以为人们带来快乐、人生的满足感乃至对公共机构的满意感。[1] 从理论上讲,"根据共同生产的理论,公民的这种参与有助于改善公共品的质量。由此不仅提高了公民对国家的满意度,而且弱化了他们对国家行为的批评,确切地说是推动了他们对政府的正面看法"[2]。从这个意义上讲,鼓励市民的结社活动和政治参与的热情不仅在私人层面上有利于提升个人对生活的满足感,而且从国家和社会层面来讲更有利于提高个人对政府机构的满意度,因此是有利于维护社会秩序稳定的。

目前我国社团立法滞后的根本原因并不在于立法技术水平不够,而是因为受到了观念因素的影响和制约。只要能够转变观念、解放思想、实事求是,正确认识

---

[1] Claire Wallace, Florian Pichler. More Participation, Happier Society? A Comparative Study of Civil Society and the Quality of Life. Soc Indic Res (2009) 93:271-272.

[2] [德]托马斯·海贝勒,君特·舒耕德. 张文红译. 从群众到公民——中国的政治参与[M]. 北京:中央编译出版社,2009:8.

和对待目前我国所面临的社团立法问题,所有问题都能迎刃而解。同时我们还应认识到,我国正处于社会转型的关键时期,社会关系富于变化,问题的解决尚需一个过程,不可能一蹴而就。

二、社团立法不足对中国社团及市民社会发展的影响

市民社会理论认为,市民社会决定国家,同时需要国家的管理,而法律应该是国家管理市民社会的手段与内核。法律环境是衡量一个国家市民社会发展水平的一项重要指标,如果一个国家的社团立法无法为社团的健康发展提供适度而宽松的法律环境,那么无疑将对这个国家市民社会的发展带来负面影响。反之,完善的社团立法可以通过为社团活动提供法律服务、为政府管理社团提供法律依据、为政府与社团之间的有效合作提供制度保障,从而全方位地推动社团的各项社会功能的有效发挥,进而促进市民社会的发展,与政府一道进行良好的公共治理。毋庸置疑,我国政府对市民社会同样需要进行管理,目前我国的社团法律制度一方面为政府规范和管理社团活动提供了法律依据,同时也存在一定的问题,社团立法的不足是制约中国市民社会发展的重要环境因素。

根据前文对我国社团及其立法现状和不足的分析和阐释,社团特别是非法人社会团体的民事主体资格尚未明确,导致相当数量的非法人社会团体游离于法律的规范和管理之外,它们一方面广泛参与民事活动,同时又处于监管真空,民事权利、义务和法律责任均不明确,即使接受社会捐赠,也无法以自己的名义成为所有权主体,类似由于非法人社会团体民事主体资格的欠缺所导致的法律问题不胜枚举。更为困难的是,大量未经依法注册登记取得法人资格的非法人社会团体尚属非法,与市民社会自由与平等的基本精神不符,与结社自由的本义背道而驰。而这一社会现实正是由于我国对社团所采取的严格的双重许可主义设立模式和社会团体法人资格的高门槛所导致的。

与互益性社会团体相比,公益性社会团体作为非营利性社会组织,开展日常活动和公益活动均需要大量的资金支持,目前我国对社团的非营利性的认识已经发展到一个新水平,明确表示社团的非营利性与通过举办经营实体增加收入并不违背,然而仍然无法满足公益性社会团体对资金的需求,资金困境已经成为制约社团发展的一大瓶颈。然而目前我国对社团直接从事商业活动的筹资权利仍然

是禁止的,与立法观念滞后和相关法律制度尚未建立健全是有直接关系的。

社团的内部治理能力普遍不高,一方面是由于我国社团的治理意识还不强,更为重要的是缺乏来自法律的可操作性强的规范和指引,因而导致目前我国社团内部监督机构设置率极低或形同虚设;同时内部组织机构的运行与社团章程的规定相脱节,治理实效低下等现实,进一步影响到社团综合能力的提升。

市民社会理论主张市民社会是人们联合起来促进共同利益的竞技场,这里的联合包括基于结社自由而组建的社团,社团作为不同利益群体的代表者,理应可以通过开展公平竞争以争取自己的合法权益,然而目前我国对社团所采取的限制竞争、抑制发展的政策导向和法律规定已经将社团竞争权压抑近乎零,使同一地域范围内无法存在相同或相似的社团通过公平竞争来优化管理水平和提高服务质量,甚至个别社团利用垄断地位谋取经济利益,大大降低了其社会公信力。同时也不利于通过社团之间的公平竞争实现优胜劣汰,使优秀社团在竞争中胜出,形成优秀的代表团体,从而更好地发挥对政府公共政策的影响力和倡导力,为党和政府建好言、献良策,为促进中国社会主义市民社会逐步走向成熟服务。

综上所述,我国现行社团立法已经严重滞后于社团发展的实际水平和客观需求,非法人社会团体的民事主体资格没有解决、社团实体法空白、对内部治理结构缺少强制性和指引性法律规范、各类社团参政议政的制度化渠道有待拓宽等问题,导致大量社团法外生存、缺少监管、筹资渠道偏窄、无法进行公平竞争、治理能力不足和政策倡导水平不平衡等现实问题。同时,社团的社会责任意识和民主参与意识也有待进一步加强。要解决以上问题,必须从完善社团立法入手,以摆脱法律困境为起点,逐步加强社团自身能力,培养参政议政意识,从而促进中国社会主义市民社会的发展和成熟。

一个善治的国家不仅需要政府对公共事务进行管理,也需要市民社会中的社团通过与政府的合作和互动共同参与公共治理。中国是社会主义国家,党和政府作为最广大人民群众根本利益的代表,已经反复强调了社团等社会组织是社会主义现代化建设不可或缺的重要力量。中国社会主义市民社会的发展和成熟需要社团,社团的健康发展是以健全的法律环境为条件的,而党和政府在完善社团立法和促进中国社会主义市民社会发展进程中具有不容忽视的主导和推动作用。

第四节 完善中国社团立法的总体思路

一、转变立法观念、解放思想、实事求是

"一个国家或民族传统习惯的暗流涌动的力量确实非常强大,这一支配人的社会行为的事实规则往往并不都与法律的规则一致,或者从实证意义上,法律只是形式的规则,只有行为和对行为的判断本身才是真正的规则。当然这不能否定法律规则的规范与引导作用。因此,我们应当在全社会逐渐培养一种与私法价值一致的法律文化与思想价值,使人们能够自觉地认识法律并遵守法律,最大程度地发挥法律对人的社会行为的调控功能,以实现人的私法地位。"[①]根据我国现行社团法律法规实效偏低,社团立法严重滞后于社团发展现状和客观需求的实际情况,以往对社团的缺乏信任、抑制发展、限制竞争等保守观念、指导思想和法律规定均亟待扭转和改变。真正的解放思想、实事求是的做法是进一步明确结社自由权是私权的本质属性,客观分析社团对于分担政府社会治理的压力、满足人民群众对公共产品和服务日益多元化的需求、推动民主政治的发展、促进中国社会主义市民社会的健康发展、实现人的自由全面发展等方面的积极的、不可替代的作用,正确认识社团的健康发展与长足进步的重要意义。在进一步转变社团立法观念的基础上积极付诸实际行动,变缺乏信任为信任先行、制度保障;变抑制发展为积极培育、依法管理;变限制竞争为鼓励竞争、优胜劣汰。只有从观念、意识上进行深刻反思并积极转变,才能正确对待结社自由,重视社团立法的完善并积极开展立法调研,这应该是完善我国社团立法的逻辑起点和出发点。

二、通过制定民法典明确社团的民事主体地位

根据目前我国民事关系发展变化的实际情况和客观需求,完善社团立法应该

[①] 王利民. 论人的私法地位——从一个制度的分析[M]. 北京:法律出版社,2007:348-349.

以民法典的制定为契机,明确社团在我国民法典民事主体制度中的基本法律地位。基于目前我国公益事业取得突飞猛进发展的现实情况,在制定民法典时有必要建立起我国的公益法人制度,为进一步通过配套的法律法规来建立健全公益法人运作制度提供民法典上的依据和组织基础。因此,在进行法人分类时应该按照是否具有公益性为标准,将非营利法人划分为公益法人和互益法人,社会团体法人根据是否具有公益性而分别归属于公益性社会团体法人和互益性社会团体法人。在公益法人中,公益性社会团体法人、民办非企业单位法人和基金会法人均是重要的公益法人形式,在推动我国公益事业发展进程中发挥着核心作用。同时,应该尊重社会生活实际,明确承认包括非法人社会团体在内的非法人组织的民事主体资格,非法人组织以是否营利为标准,划分为营利性非法人组织和非营利性非法人组织,前者包括合伙企业等不具有法人资格的非法人组织,后者主要指非法人社会团体。从而在民法典中确立三元民事主体结构,为广大社团能够以自己的名义作为独立的民事主体参与民事活动、明确权利义务关系提供法律依据,这应该是完善我国社团立法的基础。

三、抓紧制定社团法

在私法自治所包含的五项内容中,财产自由、合同自由、婚姻自由和遗嘱自由四个方面已经分别通过《物权法》、《合同法》、《婚姻法》和《继承法》予以落实,唯独结社自由仍面临着基本法缺位的局面。纵观各国社团立法实践,普遍承认结社权乃私权的范畴,因此通过民法典或民事单行法等私法来规范和调整社团及其活动是比较通行的做法。以宪法为纲领,民法或社团法为核心,配套法律法规为辅助的多层次的社团立法框架已经被多国的立法实践证明为科学有效的社团立法模式,是值得我国社团立法借鉴的有益经验。根据目前我国社团及其立法的实际情况,社团法应该是一部民事单行法,以落实结社自由为基本宗旨,以保障社团的基本权利为主要目的,包括社团依法开展活动的自主权、筹资权、公平竞争权等实体性权利。以规范社团的设立行为、完善社会团体法人的内部治理结构以及明确社团财产关系和法律责任等实体性法律规范为主要内容,这应该是完善我国社团立法的核心。

四、建立健全配套法律法规

目前我国社团法的配套法律法规尚不完备,以对社团等非营利组织的税收优惠制度为例,虽然已经通过一系列的税收法律文件对其实施了比较优惠的税收制度,但是制度本身仍有不足,而且缺乏统一的专门针对社团等非营利组织的特别税法。同时,随着社团在民事主体制度中法律地位的明确,社团法将进一步对不同类型的社团做出具体规定,我国社团的法律形式会有所增加,而不同类型的社团对配套法律制度的需求也会有所差异。因此,在填补社团基本法空白的基础上,还需要建立健全与之配套的法律法规,全方位地完善社团立法,从而为社团的健康发展提供完备的法律保障,并且实现对社团外部监管的法治化。通过完善社团的信息公开和披露制度、税收优惠制度,建立反不正当竞争制度、社会保障制度来提升社团的社会公信力,加大对社团公益事业的支持力度,进一步鼓励社会对社团的捐赠热情,增强社团的人才吸引力和人力资源的稳定性,避免社团利用税收优惠待遇参与市场经济活动而导致的不正当竞争现象,促使社团摆脱目前普遍面临的资金和人才短缺的双重困境。同时通过建立健全针对特定种类社团的特别立法,为规范和管理不同种类的社团提供有针对性的法律依据。这应该是完善我国社团立法的必要补充。

第四章

中国社团在民法典中的民事主体地位

第一节 民法典草案及学者建议稿之民事主体制度评析

2002年提请全国人大常委会审议的《中华人民共和国民法(草案)》规定了企业法人、事业单位和社会团体法人、以捐赠财产设立的基金会、慈善机构等公益性组织、有独立经费的机关等四种法人类型。与《民法通则》相比，取消了按照所有制划分企业法人的规定，取消了联营的规定。在法人的分类上没有以设立基础、成立目的等标准作为划分依据。

以中国社会科学院梁慧星教授为代表完成的《中国民法典草案建议稿》对法人采用了大陆法系营利法人和非营利法人的划分方式，将非营利法人分为机关法人、事业单位法人、社会团体法人和捐助法人等四种类型。没有采取社团法人和财团法人的划分方式。同时以专门一节规定了"非法人团体"[1]的成立条件、成立方式、法定代表人、活动范围和民事责任。非法人团体是指"虽不具有法人资格但可以自己名义参加民事活动的组织体"[2]。在德国被称为无权利能力社团，在日本被称为非法人社团和非法人财团，在我国台湾地区被称为非法人团体，本文称

---

[1] 本文主张使用"非法人组织"这一概念，以此避免"非法人团体"与"非法人社会团体"两个概念易于混淆的弊端；另外，这一概念除了非法人社会团体以外，还包括了以营利为目的的不具有法人资格的个人独资企业、个体工商户、农村承包经营户以及合伙企业，组织形式不仅仅是团体，因此称为非法人组织更为贴切。
[2] 梁慧星．中国民法典草案建议稿附理由(总则编)[M]．北京：法律出版社，2004：120．

之为"非法人组织"。作为稳定的组织体,实际生活中非法人组织的表现形式相当广泛,譬如合伙企业、不具有法人资格的中外合作经营企业以及一些非法人社会团体等等。但是,由于非法人组织所具有的独立于其成员的组织人格特征,目前实际生活中存在的组织松散、存续期短、稳定性低的个人合伙则不属于非法人组织的范畴。非法人组织以是否以营利为目的作为标准,可以划分为营利性非法人组织和非营利性非法人组织两种类型。

以中国人民大学王利明教授为代表完成的《中国民法典草案建议稿》以企业法人和非企业法人的分类为基础来构建法人制度,规定了企业法人、机关法人、事业单位法人和社会团体法人四种类型的法人,没有规定非法人组织。

随着市场经济的发展,我国出现了许多新的企业形态和非企业组织,以王利明教授为代表完成的民法典草案以企业法人和非企业法人的分类为基础来构建法人制度,主要理由是:区分企业法人和非企业法人有利于确定法人设立的法律依据,决定法人的目的范围和管理机关,比较适合中国国情和现代社会的发展趋势,两者在以下方面存在区别:第一,目的不同。企业法人是以营利为目的的经济组织,可以从事广泛的经营活动。非企业法人不以营利为目的,以从事非营利性活动为主,从事经营性活动的能力应当在法律上受到严格的限制,只有对企业法人和非企业法人的目的进行区别,才能在此基础上建立稳定的市场经济秩序。第二,设立依据不同。企业法人的设立依据为特别法,非企业法人有的依据特别法,有的依据民法设立,而且登记部门不是工商行政机关,而是依法在其他部门进行登记。某些非企业法人,如国家机关法人,只需要审批,不需要办理登记手续。第三,设立原则不同。企业法人依准则主义设立,只需符合法定条件,经登记即可设立。而非企业法人大多需要通过有关国家机关批准才能设立。第四,对组织机构的要求不同。企业法人通常要求有健全的组织机构,而法律对非企业法人的组织机构方面的要求不那么严格。第五,清算程序不同。企业法人在终止前必须经过清算程序,非企业法人没有从事广泛的交易活动,一般并不要求其完成清算程序,或者不以清算作为终止的前提。[①] 该建议稿同时反对承认非法人团体的第三类

[①] 王利明. 中国民法典学者建议稿及立法理由(总则编)[M]. 北京:法律出版社,2005:122 – 123.

民事主体资格,主要理由包括:第一,传统民法认为非法人团体不具有独立的权利能力、责任能力,仅具有诉讼能力;第二,法人以外的形形色色的社会组织有的是营利性的,有的是非营利性的,在法律上没有办法抽象出统一的非法人团体的概念;第三,非法人团体种类繁多,各类团体应适用不同的规则;第四,从民事责任的角度讲,非法人承担的责任类型不具有共通的特殊性。如果没有取得法人资格就要承担无限责任,在总则中没有必要从责任的角度进行特别规定;第五,从比较法上考察,各国立法较少采用非法人团体的概念,大部分国家就非法人团体问题主要由判例和学说充实其内容。①

以梁慧星教授为代表完成的民法典草案建议稿专门规定了非法人团体的主要理由是:第一,《民法通则》将"个人合伙"规定于自然人一章,将"联营"规定于"法人"一章,旨在不承认合伙组织为"第三主体"。但是个人合伙和联营都是人合组织,与自然人和法人均有本质区别,这样的安排与法律逻辑不符。持"三主体说"的学者根据《民法通则》对个人合伙和联营的规定,认为《民法通则》实际上已经承认了自然人、法人以外的第三主体不无道理;第二,当代中国的市场经济已经有了相当的发展,各类营利性组织和非营利性组织已经有了充分的发育,现实中存在着各种不具备法人资格的组织体。《民事诉讼法》和《合同法》均已承认了非法人团体的主体资格。这些组织体可以自己的名义参与民事活动,与法人的区别仅在于是否具有法人资格和承担责任的方式,因此有必要突破传统民事主体理论的局限,在民法典中明文规定非法人团体的法律地位;第三,从比较法上考察,与非法人团体概念相当的有德国民法的"无权利能力社团",日本民法的"非法人社团"和"非法人财团"。②

在我国,一方面社会团体法人广泛存在并在社会政治生活和市民社会生活中发挥着越来越重要的作用,是现代市民社会的重要组织形式,因此社会团体法人在民法典中应占有重要一席③。另一方面,关于民法典是否应当承认非法人组织

---

① 王利明. 中国民法典学者建议稿及立法理由(总则编)[M]. 北京:法律出版社,2005:125－126.
② 梁慧星. 中国民法典草案建议稿附理由(总则编)[M]. 北京:法律出版社,2004:119－120.
③ 刘士国. 中国民法典制定问题研究[M]. 济南:山东人民出版社,2003:92.

的民事主体资格尚未达成共识。本文认为我国未来民法典应该进一步明确社会团体法人的民事主体地位和分类,同时应规定"非法人组织"作为第三类民事主体,构建一个开放的民事主体结构,以适应不断发展的市民社会关系的需要。

第二节　非法人组织的民事主体资格及其立法模式

一、非法人组织的民事主体资格

学术界针对非法人组织的民事主体资格的论争一直没有平息,对于是否在民法典中承认非法人组织的民事主体资格的回答不仅直接关涉民法典民事主体结构和法人制度框架的构建,而且将会在实际生活中直接影响到数量庞大、客观存在的非法人组织在民事交往活动中的角色定位和社会关系。学术界之所以对非法人组织的民事主体资格问题如此纠结,原因是多方面的。

第一种原因是对民事主体判断标准的认识存在差异。关于民事主体的判断标准,大致包括以下六个标准:一是抽象人格论,以是否具有独立的法律人格为标准判断是否为民事主体;二是权利能力论,以是否具有民事权利能力为标准判断是否为民事主体;三是社会功能论,以赋予民事主体资格能否满足和实现一定的社会功能为标准判断是否承认为民事主体;四是独立意志论,以是否具有独立的意志为标准判断是否为民事主体;五是财产载体论,以是否能够成为财产的载体,完成一定的交易为标准判断是否为民事主体;六是独立责任论,以是否能够独立承担法律责任为标准判断是否为民事主体。

本文认为以上六种判断标准可谓尺有所短、寸有所长,不应该以单一的某一项标准作为判断是否赋予非法人组织以民事主体资格的依据。非法人组织作为一种客观的社会存在,已经在诸多场合以独立于其成员的组织形式出现,如诉讼活动、公益活动。并且是具有独立的意思和相对独立的财产的组织体,其广泛的社会功能更不必多言。至于独立责任论,是法律对特定民事主体法律责任承担方式的规定,国外公司法上有具有独立民事主体资格的两合公司,股东并非对公司债务均承担有限责任,可见能否独立承担法律责任并不是具备民事主体资格的要件。对于民事主体资格的判断标准不应是一成不变的,而是与时俱进、发展变化的,其决定性因素在于是否符合社会和经济发展变化的客观要求,能否满足社会关系发展变化的客观需要,是否是一定社会经济条件下的客观存在。"法律赋予何人以主体资格是以其存在独立享有民事权利、负担民事义务的必要性为前提的。要成为民事权利主体,首先须是适于享有民事权利之社会存在。"①如果是符合这些客观规律的,那么就应该承认其民事主体资格,而不应该寓于现有的所谓成熟的法律制度框架中作茧自缚、无法自拔。同时,民事主体资格需要国家通过法律的形式加以确认才能获得,而法律是统治阶级意志的体现,只有符合统治阶级的意志才能通过国家的立法活动上升为法律。因此我国的广大非法人组织能否获得民事主体资格,不仅取决于其是否为一定社会经济条件下的客观存在,还取决于其是否符合广大人民群众的根本利益。

第二种原因是对我国民法典的立法技术水平的担忧。在民法典中明确承认非法人组织的民事主体资格,将会引发现行民事主体结构的巨变,如何保证民法典结构的严密性和内容的可行性,是对立法技术的一项重大考验。而且在民法典中明确承认第三类民事主体,在世界民事立法中都是开创之举,由于缺乏充分的实践检验,对于法律实效的担忧也在情理之中。基于此,还引发了另外一种顾虑。

即第三种原因,出于对承认非法人组织的民事主体资格的后果的揣测与不安。虽然单纯地在民法典中承认第三类民事主体并非难事,但是如何规定,采用何种立法模式尚无定论,也无前人经验可供借鉴。特别是作为非营利性非法人组织的非法人社会团体,在我国现行的法律制度下是非法的社会组织,与具有合法地位的合伙企业等营利性非法人组织相比而言,非法人社会团体不具有民事主体资格的制度缺陷还没有充分暴露出来。它们虽然数量众多,但是毕竟头顶非法的帽子,在民事活动中难免不够理直气壮,从而错失许多发展良机,合法权益也根本得不到法律保障,更何谈能为立法提供有重大参考价值的实践依据?这对于稳定性要求颇高的民法典来讲,的确是很大的挑战。

有学者认为,如果承认非法人组织的第三民事主体资格,将会给传统的团体人格理论和法人制度带来巨大震撼。按照团体人格理论,团体人格分为形式人格

---

① 郭明瑞,房绍坤,唐广良. 民商法原理[M]. 北京:中国人民大学出版社,1999:90.

和实质人格,形式人格是指法人得以自己的名义独立实施法律行为;实质人格是指法人得独立享有财产权利,独立承担财产责任。而非法人组织不具有独立的法律人格,因此不可能像法人一样独立享有财产权利,独立承担财产责任。[1] 本文则认为,承认非法人组织的第三民事主体资格与团体人格理论并不矛盾,非法人组织的财产完全可以实现与成员和投资人的财产相对独立,没有必要因为在某些情况下非法人组织无法独立承担法律责任就不赋予其独立的法律人格。从司法实践的角度讲,"刺破公司面纱"原则的适用并没有因为打破有限责任而由股东对公司债权人承担无限责任而否认该法人的民事主体资格。正如前文中所提到的,多国非法人社团的立法实践均反映了这一立法趋势。《德国民法典》所规定的无权利能力社团最初是适用合伙的相关法律规定的,但是通过法律实践人们已经越来越认识到与无权利能力社团相关的很多问题无法从适用于合伙的法律规定中找到适合于该社团结构的规则,因此在司法判决中呈现出无权利能力社团与有权利能力社团的法律地位越来越接近的趋势,以便解决无权利能力社团的姓名权、财产归属、债务责任、机关责任和诉讼主体资格等现实问题。美国专门制定了一部《统一非法人非营利社团法》来改变传统的普通法规则,基于非法人非营利社团中有些成员对社团决策过程没有充分的控制权或参与权,将之认作其他成员的代理人是有失公正的事实,该法已经承认非法人非营利社团在处理不动产和动产的相关事宜、合同和侵权法律关系以及诉讼等解决纠纷的活动中是独立于其成员的法律主体。其实质是在该法所规定的情形下明确承认了非法人非营利社团的独立法律主体资格。同时,美国在司法实践中已经确立了"刺穿非营利社团面纱"原则,在特定情况下为了实现正义,判决由社团总裁为他本人以社团名义签订的合同承担责任。此时的非营利社团法人与非法人非营利社团并无区别,由成员或投资人对社团债务承担无限责任。该法第六条的注解中已经明确规定立法机关可以将该原则推广到其他关于非营利社团的法律中去。

作为判例法国家的美国尚且通过专门的成文法来修正普通法规则的做法对于成文法国家来说无疑具有重要的启示性意义。以非法人社会团体为例,对于其法律责任完全可以确立以有限责任为原则,以会员个人有条件的承担无限责任为

---

[1] 参见尹田. 非法人团体的法律地位[J]. 现代法学,2003,25(5):15.

例外的制度形式,而这一制度的建立应该以赋予非法人社会团体的事务执行者和对外代表者将社团债务限于其财产范围内的法定义务为前提。有学者认为目前我国民法在事实上已经确立了合伙企业等营利性非法人组织的两个层次的法律责任承担方式,即对于组织的债务首先以组织本身的财产来清偿,在组织的财产无法全部清偿的情况下再由个人财产清偿。但是实则不然,正所谓"名不正则言不顺",现行的法律责任承担方式的确具有相当的可行性,但是并不能从根本上解决非法人组织的独立的法律主体资格问题。目前非法人组织独立的法律主体资格的欠缺恰恰是很多现实问题的根源,譬如组织的财产权,特别是对不动产的独立财产权问题,而这一点对于非法人社会团体来说是更为重要的,在社会对其进行捐赠的情况下,尤其是捐赠财产如果为不动产的,对于不动产的所有权是不能像对动产一样以单纯的占有为公示的,那么如果要在法律上实现非法人社会团体对该不动产所拥有的独立的财产所有权,则必须以该组织具有明确的、独立的民事主体资格为前提。

从目前国内学术界的主要观点来看,对于承认非法人组织的民事主体资格的必要性的认识分歧并不是最大的,基于后两种原因,对其可行性的担忧和顾虑则颇多。这一点在关于非法人组织立法模式的五种构想中就有明显的体现,立法模式的构思不约而同地将焦点集中于如何平衡和兼顾承认非法人组织的民事主体资格与维持民事主体结构和法人制度框架的逻辑性、严密性和可行性方面。人们应该认识到:"承认和保护人的私法地位,不仅要有制度与措施并举,而且还要文化与观念并行。"①现实的社会经济生活已经向我们证明,目前包括合伙企业、不具有法人资格的中外合作经营企业在内的广大非法人组织虽然无法以自己的名义独立承担法律责任,但是却以自己的名义广泛地参与民事活动和经济贸易活动,组织财产与成员和投资人的其他财产相对独立,在一定业务范围内享有权利并承担义务,能够以自己的名义参加诉讼活动,已经成为一定社会经济条件下的客观存在,而且赋予非法人组织以民事主体资格是众望所归,符合广大人民群众的根本利益,这一点是毋庸置疑的。正如著名的法哲学家博登海默先生所概括的:"一个法律制度,如果跟不上时代的需要或要求,而且死死抱住上个时代的只

---

① 王利民. 论人的私法地位——从一个制度的分析[M]. 北京:法律出版社,2007:348.

具有短暂意义的观念不放,那么显然是不可取的。在一个变幻不定的世界中,如果把法律仅仅视为一种永恒的工具,那么它就不可能有效地发挥作用。我们必须在运动与静止、保守与创新、僵化与变化无常这些彼此矛盾的力量之间谋求某种和谐。作为使松散的社会结构紧紧凝聚在一起的粘合物,法律必须巧妙地将过去和现在勾连起来,同时又不忽视未来的迫切要求。"①至于在立法中可能遇到的困难,完全可以逐一克服,能否确立一个科学合理的非法人组织的立法模式将是解决问题的关键。

二、非法人组织的立法模式

虽然学术界对于民法典应当承认非法人组织的民事主体资格存在一定范围内的共识,但是关于非法人组织的立法模式仍存在很大分歧。大致形成五种观点:

第一,法典化模式。即在民法典民事主体制度中明确承认非法人组织的第三民事主体资格,赋予其以独立的法律人格。从而形成自然人、法人和非法人组织的三元民事主体结构。

第二,法人模式。承认非法人组织的民事主体资格,将其纳入法人制度框架下,赋予原有的法人概念以更为宽泛的外延,不仅包括传统的能够独立承担民事责任的法人,还包括不能独立承担民事责任的非法人组织这一新的法人形式,从而维持现行的自然人和法人的二元民事主体结构。但是现行的法人制度将发生重大改变,对传统的法人制度是一项新的挑战,同时对传统法人概念的理解和认识也会带来巨大震动,法人将不再是能够独立承担法律责任的组织的代名词。

第三,次法人模式。在现有的法人之外,赋予非法人组织以次法人人格,建立具有针对性的双重责任结构,非法人组织在特定民事交往活动方面具有类似于法人的地位,能够以非法人组织的名义独立承担民事责任。非法人组织在承担一般债务时具有相对独立的法律人格,可以独立地享有权利和承担义务,承担的是有限责任。如果非法人组织的债务超过组织财产总额,组织成员则必须以各自的财

---

① [美]E.博登海默.邓正来译.法理学:法律哲学与法律方法[M].北京:中国政法大学出版社,1999:326.

产承担无限清偿责任。因此非法人组织并不完全等同于法人,被称为"次法人"。在这一立法模式下,在维持原有的法人制度框架的基础上,创立了一个新的概念,以之取代非法人组织的提法,旨在强调这类组织在能否独立承担法律责任方面与法人的差异。这一立法模式实质上是相对保守的,除了非法人组织在法律上的称谓改变为次法人以外,我国现行非法人组织单行法在法律责任方面的规定采用的就是双重责任结构,比如《合伙企业法》第三十八条规定:"合伙企业对其债务,应先以其全部财产进行清偿。"第三十九条规定:"合伙企业不能清偿到期债务的,合伙人承担无限连带责任。"

第四,单行法模式。非法人组织不在民法典中予以规定,而是针对不同类型的非法人组织分别制定单行法,如现行的《合伙企业法》、《中外合作经营企业法》等,未来的《社会团体法》或《非法人社会团体法》等。在这一立法模式下,现行的二元民事主体结构维持不变,对民法典的立法技术挑战不大。但缺点也非常明显,特别是在我国即将完成民法典的制定工作的背景下,如果仅在单行法中分别承认不同类型非法人组织的民事主体资格,却没有在民法典总则中有所规定,这在立法逻辑上显然是有失严谨的。

第五,民法典与单行法相结合的模式。这一立法模式首先要求在民法典中明确承认非法人组织的民事主体资格,将非法人组织作为第三民事主体进行概括性规定,改变现有的二元民事主体结构,确立包括自然人、法人和非法人组织在内的三元民事主体结构,这一步骤与法典化模式基本一致。但是与此同时还要制定非法人组织单行法,针对不同类型的非法人组织分别制定单行法来进行规范和调整,做出具体的有针对性的法律规定,从而形成民法典与非法人组织单行法相结合的立法模式。这也是本文所十分赞同的非法人组织的立法模式,主要理由如下:

首先,我国《民法通则》制定于20世纪80年代中期,当时的中国改革开放不久,市场经济体制尚未成熟,计划经济体制下遗留的问题还很多,个体经济和私营经济的发展尚处于起步阶段,政治体制改革还不深入,独立于国家的以社会团体为中坚力量的市民社会尚未形成,非营利部门还不发达。各种社会团体的行政色彩浓厚,还不具备独立性和自治性的本质特征,草根社团还没有大规模出现,在参与民事活动等方面还不活跃,不具备成为民事主体的条件。因此《民法通则》中没有明确规定非法人组织的民事主体资格,而是将个人合伙规定于第二章公民(自然人)的第五节,将联营规定于第三章法人的第五节,这样在自然人与法人之外没有承认第三类民事主体,从而建立了二元民事主体结构。之后陆续制定并修订了几部营利性非法人组织单行法,如《中外合作经营企业法》和《合伙企业法》等等。但是,时至今日我国的市场经济体制已经建立并日趋成熟,政治体制改革不断深入推进,个体经济与私营经济得到了突飞猛进的增长与发展,表现得十分活跃,已经成为整个国民经济中不可分割的重要组成部分。中国的社会主义市民社会已经初具雏形并持续发展,社会团体的独立性和自治性也在不断增强,非营利部门异军突起。同时包括非法人经营实体在内的其他非法人组织在参与市场经济活动和民事活动等方面也都有所作为并发挥着不可或缺的作用,譬如,在扩大就业、增加税收等方面,可以说在民法典中确立非法人组织的民事主体资格已经十分紧迫。

其次,从各国民事主体制度的发展趋势来看,总体上都经历了由单一到多元的发展路径。这种演变历程体现的是从专制到民主的运动、是从身份到契约的运动、是从不尊重人到以人为本的运动,具有明显的历史进步性,符合人类历史发展的规律和潮流。1804年的《法国民法典》只规定了自然人这一民事主体,并没有关于法人的规定。1900年施行的《德国民法典》第一次承认了法人的民事主体资格。在民法理论上对于法人的本质的认识经历了从拟制说到实在说的发展过程,从一元结构到二元结构的演变表明民事主体的结构应该是开放的,应该是随着社会、政治、经济发展变化而变化的,而非一成不变、固守僵化,根本原因在于这是社会生活的客观需要,像国家、非法人组织乃至家庭的民事主体资格都曾引发了人们的广泛关注和热烈讨论。对于非法人组织,民法理论和立法实践也经历了一个发展变化的过程,历史上的德国民法规定了无权利能力社团的主要目的是为了满足当时的政治需要,旨在迫使一些宗教、政治性团体登记为法人团体,以便政府对其进行监管和控制,是在当时的历史条件下政府对非法人组织信任度不高的反映和结果。第二次世界大战以后,民法学界对于非法人组织的认识有了重大发展,承认非法人组织具有一定的民事权利能力、民事行为能力以及诉讼能力,也就是说在承认非法人组织的民事主体资格方面迈出了重要一步并初步达成了共识。

此种认识在成文法和判例上均有所体现。① 因此可以说是否承认原有二元民事主体结构之外的非法人组织的民事主体资格已经不再是争论的焦点,如何才能使本国的民事主体制度更好地适应社会的发展要求已经成为问题的焦点与核心,这一点无论是在大陆法系的德国,还是在普通法系的美国均有所体现。虽然非法人组织在是否能够以自己的名义独立承担民事责任方面与自然人和法人还存在一定的差异,但是在自然人和法人之外赋予非法人组织以民事主体资格,完全符合民事主体制度的发展规律,也符合社会发展的客观需要。我国著名法学家江平先生曾先后通过《制定一部开放的民法典》和《再谈制定一部开放的民法典》两篇文章强调,我们应该借鉴英美的做法,永远从现实生活中出现的问题出发,永远有不断更新的判例来肯定社会生活的变化。所以我们应该制定一部开放型的民法典,而不是封闭型的民法典,而主体地位和资格的开放应是整个民法典成为开放型的基础。在实体法中作为总则不承认非法人组织的主体资格,而在分则中却赋予其主体资格和独立权利的做法是荒谬的。"100年前的德国民法典考虑到现实生活的需要,还在'法人'部分中提到了'无权利能力社团'以防止僵化,而100年后我们的民法典不但没有前进一步,将非法人团体作为独立的'第三主体'加以规定,反而退后一步,在总则中连'非法人团体'的字眼也不出现,地位也概不承认,岂不大大落后于现实生活!这种全封闭式的规定只能束缚社会经济生活的发展,是一种僵化、保守的倾向。"② 同时,江平先生还强调:"民法典不能大而全,这就必然要求有各种其他规范来补充其不足。"③ 针对不同类型的非法人组织的单行法恰好是民法典的必要补充。

再次,非法人组织已经具备了成为民事主体的条件。随着我国社会利益和社会主体日益多元化,越来越多的非法人组织在民事活动中发挥着重要作用,非法人组织虽然不具备法人资格,但是能够以自己的名义独立地进行民事活动和商业活动,进行意思表示并享有权利和承担义务,在社会的政治、经济、文化、环保等方面都起着极其重要的作用,扮演着不可或缺的角色。如果拒不承认其独立于成员

---

① 参见魏振瀛. 民法[M]. 北京:北京大学出版社,高等教育出版社,2007(3):99.
② 江平. 私权的呐喊[M]. 北京:首都师范大学出版社,2008:386－387.
③ 同上:405.

的法律主体资格,显然是有悖于人类以社会组织的方式参与民事活动的初衷和规律的,既无法体现组织活动的力量,也不能满足人们参与其中的成就感,更不符合市场经济条件下社会经济生活对效率的要求。事实上我国已经通过其他相关法律规定明确了非法人组织的诉讼主体资格,《民事诉讼法》第四十九条第一款规定了公民、法人和其他组织可以作为民事诉讼的当事人。《行政诉讼法》第二条规定了公民、法人和其他组织认为行政机关和行政机关的工作人员的具体行政行为侵犯其合法权益的,有权依法向人民法院提起诉讼。《合同法》第二条规定"本法所称合同是平等主体的自然人、法人、其他组织之间设立、变更、终止民事权利义务关系的协议。"此外,《著作权法》等法律规范中也都承认了"其他组织"的独立法律地位。法律实践证明这些法律的实施能够有效地调整非法人组织与其他民事主体及行政主体之间的社会关系,以及承认其区别于成员或投资人的独立主体资格的现实需要。但是由于我国《民法通则》没有赋予非法人组织以民事主体资格,这样就出现了实体法与程序法的冲突,反映了二元民事主体结构已经不能适应当前社会主体多元化发展趋势的弊端。还可能导致权利义务关系的混乱,非法人组织的合法权益得不到保护,从而影响到经济秩序和社会秩序的稳定。同时,赋予非法人组织以民事主体资格也是法律面前人人平等的必然要求,非法人组织应该作为民事主体与自然人、法人拥有平等的法律地位。从完善社会主义法律体系的角度出发,赋予非法人组织以民事主体资格是建立和谐统一的社会主义法律体系的客观要求,更是在未来民法典中建立科学的、能够适应社会发展需要的民事主体制度的迫切需要。

最后,采用民法典与非法人组织单行法相结合的非法人组织立法模式具有切实的可行性。目前非法人组织作为不具有法人资格能够以自己的名义进行民事活动的组织体,包括了合伙企业、个体工商户、农村承包经营户、不具有法人资格的中外合作经营企业以及非法人社会团体等组织在内。它们之中有的是以营利为目的的经营实体,如合伙企业;有的则不以营利为目的,如非法人社会团体。以合伙企业为例,是以人为基础的集合体,与自然人和法人均有着本质区别。个体工商户、农村承包经营户、不具有法人资格的中外合作经营企业以及非法人社会团体也不具有法人资格,与自然人同样有着本质区别。从完善民事主体结构的逻辑性和合理性的角度出发,也应该使以上非法人组织在结构上从自然人和法人中独立出来,以第三类民事主体资格存续和开展活动。

民法典的总则编在民法典中的重要地位已成共识,其在整部民法典中的统领地位决定了总则编应以抽象性规定为主,这样才能与各编保持密切的逻辑上的关联性。同时在信息化时代的今天,科学技术的迅猛发展和因特网的迅速普及给人们的生活带来了日新月异的变化,为了应对这一变化,对于法律稳定性的要求不能绝对化,应该在法律的稳定性与灵活性之间寻求平衡,一方面制定稳定性较高的具有一定的抽象性和概括性的民法典,同时制定与之配套的能够及时适应社会发展变化需要的单行法。民法典的总则编应该将各类非法人组织涵摄进来并做出基本规定,包括非法人组织的基本概念、主要类型、设立条件和方式、法律责任的形式等内容。关于组织类型的规定宜采用列举式和概括式条款相结合的立法模式,规定几种典型的非法人组织的类型,然后加上一个兜底性条款,这样既可以保证非法人组织制度的相对稳定性,又可以涵盖将来经济生活中可能出现的新的非法人组织类型,以增加其对社会生活的包容性和法律主体的涵盖性,预留可以发展的空间,从而增强民法典的稳定性和适应性。民法典对非法人组织的设立条件应做出明确规定,成立非法人组织应该具备自己的名称,活动场所,代表人或负责人,组织机构,组织章程,一定的财产或经费。对于各类非法人组织的具体成立条件则分别通过特别立法进行规定,其中对于非法人社会团体而言,就需要通过制定一部社团法将其作为调整对象之一进行具体规定。

第三节 社团在民法典的民事主体制度框架中的基本定位

根据社团是否取得了法人资格,可以将其分为社会团体法人和非法人社会团体两类。社会团体符合法人条件的,可以依法取得法人资格,成为社会团体法人;不具备法人条件的则是非法人社会团体。两者的民事主体资格与我国未来民法典的体例设计均息息相关,应该慎重对待并处理好民法典与社团单行法的关系,凡是民法典对社会团体有规定的,社团单行法就不需要重复规定,反之亦然。而且民法典的总则编对于社会团体法人和非法人社会团体的规定应该是基本规定,对各类团体一一做出具体规定是不现实的。要明确社会团体在民法典民事主体制度框架中的基本定位,离不开对整个民事主体制度的分析和架构。

大陆法系的民事立法和民法学理论,依据不同的标准将法人区分为不同的种类,其中最基本的分类是公法人和私法人,分类标准为法人设立的法律依据。在此基础上私法人又可以分为社团法人和财团法人,分类标准为法人的成立基础,社团法人以会员为基础,是人的集合体。财团法人没有会员,以财产为基础,是财产的集合体。我国立法尚未使用财团法人的概念,对于法人的此种分类,目前仍以学理分析为主。

根据社团法人的成立目的不同,可以将其分为营利法人和非营利法人,营利法人,就是以取得经济利益并分配给其会员为目的的法人。① 以社会公益或其他非营利目的而成立的法人,为非营利法人。② 非营利法人又可以分为公益法人和非公益法人。公益法人是专门以社会公益为目的的法人,如慈善机构、福利院等。非公益法人,也可以称为中间法人,是指不以营利为目的,也不以公益为目的的法人。我国现行《民法通则》中规定的企业法人就属于营利法人,但是非企业法人不能完全等同于非营利法人。非企业法人包括的范围非常广泛,某些非企业法人,如学校、医院、出版社在传统理论上属于公益法人,但在现实中却广泛实施经营和营利行为,大量的私立学校、私立医院、报业集团以企业的形式涌现出来,出版社也在向企业转型,与营利法人并没有实质性的区别。③

时值我国正在抓紧制定民法典之际,能否科学合理地构建法人制度框架并确立社会团体在民事主体制度中的法律地位是对我国民事立法技术的一大考验。对于《民法通则》所确立的以是否为企业法人为标准对法人进行的分类,虽然在一定程度上能够反映我国法人的性质,在过去 20 余年的时间里对于稳定市场经济秩序,明确各类法人的设立依据、程序、确立监管部门以及法律责任的承担等方面具有不可否认的贡献。但是随着我国市场经济体制日趋成熟,改革开放 30 年来社会生活方方面面的巨大变化,政治体制改革的不断深入,社会成员活动的日益丰富活跃,这种单纯的以是否为企业法人为标准的分类依据已经远远不能胜任市

---

① 梁慧星. 中国民法典草案建议稿附理由(总则编)[M]. 北京:法律出版社,2004:99.
② 同上:101.
③ 王利明. 民法总则研究[M]. 北京:中国人民大学出版社,2003:388.

场经济和市民社会生活的现实需要,显得过于呆板、单一和滞后。为了适应这种客观需要,在我国民法典的总则编中构建起科学合理的、涵盖性强、适应性强的法人分类框架势在必行。

根据传统民法理论和我国的实际情况,本文认为应该将法人划分为营利法人和非营利法人。《民法通则》中规定的企业法人是营利法人,同时民法典的法人制度应取消对企业法人以生产资料所有制为根据进行的全民所有制法人和集体所有制法人的划分,而是以营利法人的法律形式是否为公司作为标准将其划分为公司法人和其他营利法人,这样可以涵盖我国目前仍然存在的尚未进行公司化改造的国有企业以及以营利为目的的私立医院、私立学校等非公司形式的营利法人。非营利法人又根据设立目的的不同划分为公益法人和互益法人,公益法人包括了国家机关法人、事业单位法人、公益性社会团体法人、公益性民办非企业单位法人以及基金会法人。

采用以上法人划分方式的主要理由如下:第一,企业法人和非企业法人的二分法不利于与国际接轨,也不利于顺应国内企业进行公司化改造的潮流。第二,可以避开"社会团体法人"与"社团法人"两个不同的法律概念同时出现而容易引起混淆的弊端。第三,可以顺应民商事活动的最新发展动向,满足非营利公益性社会团体法人作为民事主体参与民商事活动的客观需要,同时尊重和满足了人们成立互益性社会团体法人的结社需求。第四,没有使用财团法人的概念,一方面因为没有使用社团法人的概念与之对应,将基金会法人与其他公益法人相并列的进行列举式规定,有利于法律概念的和谐统一并确保分类的科学性和合理性;另一方面,虽然从长远的观点来看,随着经济与社会的发展,以财产为基础的非营利法人不会局限于基金会法人和民办非企业单位法人两种形式,但是目前在我国此类法人的典型形式就是基金会法人和民办非企业单位法人,即使将来出现了其他类型的以财产为基础的非营利法人,仍然可以将其涵盖其中。第五,公益事业已经在我国取得了长足的发展和进步,公益法人在推动公益事业发展进程中发挥了核心作用。在公益法人制度缺失的条件下,我国已经出台了《红十字会法》《社会团体登记管理条例》《基金会管理条例》《公益事业捐赠法》《企业所得税法》以及《个人所得税条例实施细则》,并正在起草旨在促进公益捐赠和慈善事业的《慈善事业促进法》。以上法律法规的出台和起草集中反映了目前我国公益事业的不断发展对于规范和促进公益慈善活动的法律依据的客观需要,但是现行有效的法律法规是以行为法为主的,而公益法人制度却处于空白状态,这样会使公益法人的运作制度失去基础,对于促进我国公益事业的健康发展是十分不利的。从比较法上考察,美国的《非营利法人示范法》规定了公益法人制度,日本新近公益法人制度改革也确立了包括公益社团法人和公益财团法人在内的新公益法人制度,这一制度是国家通过税法等配套法律法规对公益法人进行免税资格认定或给予税收优惠的基础,同时也是其他方面的公益法人运作制度的基础。因此,在制定民法典时应该建立起我国的公益法人制度,从而使民法典的法人制度能够充分反映目前我国的公益性社会团体法人、公益性民办非企业单位法人以及基金会法人等非营利性公益法人异军突起的现实,为建立健全有效的公益法人运作制度提供民法典上的依据。

作为第三类民事主体的非法人组织则根据是否以营利为目的,划分为营利性非法人组织和非营利性非法人组织两种类型。主要理由如下:第一,是否具有营利性,直接关系到对非法人组织设立行为进行行政管理的登记机关。以营利性非法人组织中的合伙企业为例,其登记管理机关应该是工商行政机关;而非营利性非法人组织则应该到民政部门办理登记手续。第二,是否具有营利性,直接关系到对非法人组织营利性活动的管理模式。对于营利性非法人组织而言,其营利性活动的范围虽然也是以登记核准的业务范围为限,却可以直接从事商业活动,营利活动的范围较为广泛。而对于作为非营利性非法人组织的非法人社会团体而言,其可以从事的营利性活动的范围则相对较窄,是不能直接从事商业活动的,因此也没有必要要求其设立专门的商业账簿。第三,是否具有营利性,直接关系到非法人组织的成员构成。根据我国《法官法》、《检察官法》等法律规定,法官和检察官等特定职业的人员是不能从事营利性经营活动的,因此是不能投资合伙企业等营利性非法人组织;但是非法人社会团体在我国获得了合法地位以后,由于是不以营利为目的的非营利性社会组织,因此其成员的范围较之营利性非法人组织要更为广泛。第四,是否具有营利性,直接关系到非法人组织的收入是否能够进行分配。营利性非法人组织的经营利润是可以在投资人或合伙人之间进行分配的;而非营利性非法人组织的收入原则上是不能在成员之间进行分配的,这是由其非营利性所决定的。

此外,毋庸置疑,自然人当然是我国民法典中不可或缺的一类民事主体。

综上所述,本文所构想的民法典民事主体制度的基本框架如下图所示。

自然人			
法人	营利法人	公司	
		非公司营利性法人	
	非营利法人	公益法人	国家机关法人、事业单位法人、公益性社会团体法人、公益性民办非企业单位法人和基金会法人等
		互益法人	
非法人组织	营利性非法人组织	合伙企业等	
	非营利性非法人组织	非法人社会团体等	

第五章

中国社团法的若干立法思考

第一节 总体设想

一、立法目标

广大社会团体在我国社会发展的方方面面发挥着十分重要的作用,并且这种作用正越来越大。同时涉及社会团体等民间组织的法律纠纷及其管理问题屡有发生。事实证明,颁布实施于1989年并于1998年进行过一次修订的《社会团体登记管理条例》已经远远不能适应现实情况的客观需要。尤其是我国加入WTO以后,社团的发展需要与国际接轨,为了进一步规范社会团体,加速和促进与国际接轨的步伐,国务院法制工作办公室正在组织对该条例进行第二次修订。此次修订拟着重解决社会团体发展中所面临的如下问题:第一,行政色彩浓厚。不仅阻碍了社会团体的自主发展,同时社团对行政机关的依赖性过大,事实上有些社团不愿摆脱自身的行政色彩,怠于加强自律性和自治性而获得独立。因此,此次修改的目的之一就是要加强社会团体法人的治理,让社团摆脱行政色彩,变成单纯的法人,减少对行政机关的依赖,从以前的紧密联系转变为和政府之间的合作伙伴关系。同时政府也应该转变自己的行政执法理念,把与社会团体的关系从直接领导转变为间接指导。第二,自律机制不健全。这次修订的最大亮点就是要加强社团的组织管理,让社团朝着自律化、自主管理的方向发展,突出社团章程的重要性,让社团依章程开展活动。对于社团内部出现的意见分歧,解决的方向应该是指导社团制定解决争议的程序,同时要划清会员大会、理事会、秘书长等机构的权利、义务和责任,制定内部议事的民主程序。总之,要厘清社会团体法人的内部治理结构,使社团成为自律的自主管理组织。第三,社会公信力不高,认知度不够。新修订的条例拟增加社团对外发布信息、接受审计等规则。第四,退出机制不健全。现行《社会团体登记管理条例》关于社团退出机制规定得比较笼统,对很多现实问题没有考虑周全,诸如有些社团的会员已经没有了,该怎样进行注销等问题。①

此次修订工作反映了政府意识到了现行《社会团体登记管理条例》已经无法适应社会发展的客观需要,加强社会团体的独立性、自治性和自律性的重要性,具有一定的积极意义。但是我们同时注意到,这次修订工作所要解决的问题尚不全面、彻底:第一,社团基本法缺位问题;第二,筹资渠道偏窄问题;第三,双重管理体制问题;第四,管理导向问题;第五,非法人社会团体的合法性问题。以上问题在前文中已经详细地分析阐述过,不解决这些问题,制约社会团体发展的制度性障碍就无法从根本上得到解决。

在我国解决以上诸问题也绝不是单纯的修订一部《社会团体登记管理条例》就能够"毕其功于一役"的,它是一项涵盖了政策、立法、社会和经济等多方面因素的综合性系统"工程"。标本兼治的解决途径是以制定社团法为重心,社团法作为民法典之外的一部民事单行法,从内容上来说,应该以全面实现结社自由为宗旨,以权利为本位,以实体性法律规范为主,包含对社团内部治理结构的规定、社团权利义务和法律责任的规定,因此说社团法既是一部组织法,也是一部行为法。根据目前我国社团以及市民社会发展的实际情况,增强社团的独立性和综合能力应该是现阶段社团法的核心任务和立法目标,在社团应该享有的诸多权利中,筹资权和公平竞争权是该法应该重点予以规范和落实的两项基本权利。同时,社团法应兼具一定的管理法职能,如针对不同类型社团的设立行为的行政管理法律规范,从而使得广大社团能够依法设立、民主管理、行为规范、自律发展。在该法的基础上以建立健全配套法律法规为必要补充,全面落实结社自由权这一基本的民事权利。

---

① 参见民政部:《社会团体登记管理条例》修订工作正在进行. 人民网 http://society.people.com.cn/GB/41158/7602792.html,2008 年 8 月 3 日.

二、社团法在中国社会主义法律体系中的地位

纵观世界各国的社团立法，无论是发达国家、发展中国家还是处于转型期的国家，大都通过民法这一私法落实结社自由。我国社团立法的关键问题在于落实结社自由的基本法、实体法缺位。在我国未来民法典构建开放的民事主体结构，承认非法人组织的民事主体资格的基础上，无论是社会团体法人，还是属于非法人组织的非法人社会团体，都是重要的民事主体，能够以自己的名义参与民事活动，享有权利和承担义务。在民法典中明确规定社会团体的民事主体资格并就一些基本问题做出概括性规定的基础上，需要通过民事单行法的形式制定一部旨在落实结社自由的社团基本法，即社会团体法（简称"社团法"），从而改变目前我国社团立法框架中行政法规一枝独秀的局面。

根据《立法法》第八条："下列事项只能制定法律：（一）国家主权的事项；（二）各级人民代表大会、人民政府、人民法院和人民检察院的产生、组织和职权；（三）民族区域自治制度、特别行政区制度、基层群众自治制度；（四）犯罪和刑罚；（五）对公民政治权利的剥夺、限制人身自由的强制措施和处罚；（六）对非国有财产的征收；（七）民事基本制度；（八）基本经济制度以及财政、税收、海关、金融和外贸的基本制度；（九）诉讼和仲裁制度；（十）必须由全国人民代表大会及其常务委员会制定法律的其他事项。"第九条："本法第八条规定的事项尚未制定法律的，全国人民代表大会及其常务委员会有权做出决定，授权国务院可以根据实际需要，对其中的部分事项先制定行政法规，但是有关犯罪和刑罚、对公民政治权利的剥夺和限制人身自由的强制措施和处罚、司法制度等事项除外。"对于结社自由权利的规定属于《立法法》第八条第七款"民事基本制度"的范畴，根据该法第九条的规定虽然不属于绝对不能由"全国人民代表大会及其常务委员会有权做出决定，授权国务院可以根据实际需要，对其中的部分事项先制定行政法规"的"法律绝对保留"事项，但是仍然不能否认对于民事基本制度应该最终由法律来规定的基本立法原则。

诚然，改变目前我国社会团体法缺位的问题已经迫在眉睫，一方面现行有关社团的行政法规从性质上讲主要属于程序性规范，侧重于加强对社团的行政管理；另一方面，我国立法机关和政府早在20世纪就已经意识到通过制定一部实体法来落实结社自由和规定社团的权利、义务以及法律责任等内容的必要性，但几经努力均无结果。可以说在立法技术方面，我国早已具备了制定社会团体法的条件,加之我国正在制定民法典,为进一步制定社会团体法创造了有利条件和时机。目前我国政府一再强调发挥社会自治功能的重要性和积极性,也一再强调加强制度建设和社会建设在建设社会主义法治国家进程中的重要地位,能否进一步转变立法观念、解放思想、实事求是,抛弃一切不必要的思想包袱,科学全面地把握社团立法问题,是目前完善我国社团立法的关键。

第二节 立法模式、名称及基本内容

一、立法模式、名称

纵观各国结社法的立法实践,结社法的立法模式可以分为合并立法模式与单独立法模式两种类型。"合并立法模式"是指制定一部统一的规范和调整各类非营利组织及其活动的基本法。"单独立法模式"是指区分不同类型的非营利组织而分别制定具有针对性的基本法。目前我国非营利组织包括社会团体、民办非企业单位和基金会三种基本法律形式,三者的共性是均为不以营利为目的的非营利性社会组织,主要区别则在于成立基础不同,其中社会团体是人的集合体,而民办非企业单位与基金会均是财产的集合体。

如果采用单独立法模式,根据非营利组织的类型,可以分别以"社会团体法"、"基金会法"以及"民办非企业单位法"为法律名称。但是从长远来看,对我国的结社法应该考虑采用合并立法模式,结社法的名称可以为"结社法"、"民间组织法"、"非营利组织法"或"社会组织法"。从我国的实际情况来看,将来采用"社会组织法"这一名称的可能性较大,原因在于目前对于非营利组织,我国的官方文件中普遍采用"社会组织"这一称谓,比较中性,而且易于被人们所接受和理解。但是从与国际接轨的客观需要来看,本文主张叫作"非营利组织法"更为贴切,一方面能够突出和体现这类组织的共性,同时也符合国际立法惯例,便于与国际接轨。

但是,短期内要制定出一部统一的结社法是不够现实的,主要理由是:第一,我国正处于社会转型期,社会关系变动速度快,政治体制改革还有待深入向前推进,各种非营利组织的发展水平还很不平衡,总体来讲社团增长和发展速度最快、基金会的发展速度次之,民办非企业单位的发展速度则最慢。第二,非营利组织实体法缺位的现实由来已久,立法经验严重不足,直接制定出一部统一的结社法的难度很大,法律实效难以预测。以非营利组织的内部治理机制为例,目前社会团体作为人的集合体,会员大会或会员代表大会是其最高权力机构,而基金会的决策机构通常是理事会,两者之间存在着本质的不同。在这种情况下要以一部结社大法同时兼顾三种不同形式、不同性质的非营利组织的特点和需求可谓难上加难。第三,采用单独立法模式可以是权宜之计,要分阶段、分步骤、有针对性地进行结社立法。即先行采用单独立法模式,分别制定出社会团体法、基金会法、民办非企业单位法,待经过实践检验以后在条件和时机成熟时再行考虑是否制定一部统一的结社法。

无论我国将来的结社法采用何种立法模式,本文所探讨的结社法的立法问题均以社团法这部分内容为限,因此以"社会团体法"或"社团法"为称谓。

二、社团法的一般规定

作为社会主义国家,我国的社会团体法应该以实现人的自由全面发展为终极目标。因此,社会团体法应该是为实现这一终极目标而服务的。

(一)立法宗旨

作为落实结社自由的基本法,当然以实现和保障结社自由,促进社会主义市民社会的发展为根本宗旨。

(二)立法目的

以促进和增强社团的独立性和自治性,落实社团的基本权利和义务,规范社团活动,保护社团和社团会员的合法权益,维护社会主义社会秩序为立法目的。

(三)基本原则

尊重和保障结社自由;公民享有自愿的依法成立、加入和退出社团的权利;社团内部事务不受任何机关、组织和个人的非法干涉;社团活动应当体现其非营利的基本属性,以实现和增进社团利益或公共利益为目的;鼓励社团依法进行公平竞争;社团活动应当遵守法律、法规,遵守社会公德,不损害社会公共利益。

(四)成立社团的禁止性条件

社会团体法中应当以列举式和概括式相结合的条款规定成立社团的禁止性条件。对于社团的宗旨和目的存在违反法律、法规,危害国家安全,破坏民族团结,违背社会公共利益等情形的,应当禁止其成立。

三、社团法的内容概要

以规范社团的设立行为、会员的权利和义务、财产关系、内部组织机构的设置和运行机制、法律责任等事项为基本内容。社会团体法人应该是该法的主要规范和调整对象，除了针对非法人社会团体的设立行为和组织章程的必要记载事项以及法律责任的规定以外，其他条款对非法人社会团体应不具有强制力，但是可以准用相关规定。

社团法应该由以下几个部分组成：第一章总则，包括一般规定、社团的定义、权利能力、名称和住所；第二章设立和章程，包括发起人、社团章程的必要记载事项、申请、登记和登记之前的活动等事项；第三章会员，包括会员人数、会员资格的取得、丧失及其权利义务；第四章组织机构，包括会员大会、理事会和监事会；第五章目的、权利义务，包括社团的成立目的、可以从事的活动以及享受优惠的条件和内容；第六章财产，包括社团财产的组成、所有权、管理和支出以及终止后的财产处理；第七章变更和终止，包括社团的合并、分立、解散和清算；第八章法律责任。

第三节 关于社团法中若干法律问题的具体思考

针对前文中所论述的现行中国社团立法中所存在的不足和缺陷，有很多问题是需要通过社团法来规范和解决的。其中，各种法律形式的社会团体的设立模式、会员的权利和义务、社会团体法人的内部治理结构、社团的财产关系、社团的筹资权和营利禁止义务、社团之间的公平竞争权和法律责任等问题均是社团法必须规定的重要法律问题。

一、社团的设立模式及条件

根据本文对民法典民事主体制度的设计构想，我国的社团分为具有民事主体资格的社会团体法人和非法人社会团体，以及不具有民事主体资格的任意性非法人社会团体（简称为"任意团体"）。其中社会团体法人包括公益性社会团体法人和互益性社会团体法人；具有民事主体资格的非法人社会团体在民法典上属于非法人组织的范畴;而任意团体则既不具有法人资格,也不是非法人组织,是基于结社自由权利而自愿组建的社团,一般是组织结构松散、团体人格不强的普通社团。社团法有必要对不同类型社团的设立条件和程序分别进行明确规定。

对于社团的设立模式,必须改变现行严格的双重许可制,转而采用相对宽松的设立模式。首先,社团法应充分尊重结社自由的本义,即人们享有自由组建社团的权利,承认不具有法人条件和没有取得法人资格的社团的合法地位。

其中,任意团体无须登记即可成立且具有合法性,但是不具有民事主体资格,既不是法人、也不是非法人组织,其成员应该对社团债务承担无限连带责任。对任意团体的规范和管理可以准用对个人合伙的相关法律规定,任意团体无法享受税收优惠,以促使更多的任意团体经过登记转变为具有民事主体资格的非法人社会团体。

而成立属于非法人组织的非法人社会团体的,则应该具备两个以上的发起人、合法的名称、活动场所、对外代表人、社团章程和一定的组织机构。民政部门对于符合法定条件的应该予以登记,从而使该非法人社会团体取得民事主体资格。法定条件的门槛不宜过高,应采用准则主义设立模式,民政部门只负责审核该社团的条件是否符合法律要求,并无实质审查权。其主要原因在于:在民法典已经承认了非法人社会团体的民事主体资格的前提下,必须通过业务范围明确其民事权利能力和民事行为能力,因此不具有法人资格的社团如果要取得民事主体资格,有必要在符合法定条件的基础上到民政部门办理登记手续,使其有权在社团章程规定的业务范围内开展活动。非法人社会团体可能是公益性的,也可能是互益性的,并且可以根据会员的共同意愿和自身条件自主决定是否提出申请以获得法人资格,从而成为社会团体法人。依法取得民事主体资格的非法人社会团体可以依法享受一定的税收优惠。

对于具备法人条件,经过法定程序注册登记为社会团体法人的社团,则必须以法人的名义开展社团活动,会员对社团债务只承担有限责任。这样一方面有利于降低社团发起人及其会员的责任和风险,鼓励人们从事非营利活动的积极性,促进社会公益事业的发展;另一方面有利于提高社会团体法人活动的公开性和透明度,加强社团自身能力建设,提升社团的社会公信力,便于政府和社会对其进行管理和监督,鼓励社会对其捐赠,促进社团的健康发展和长足进步。鉴于根据现行的《社会团体登记管理条例》的规定,无论是会员人数、固定场所,还是资金下限,社团取得法人资格的条件均偏高,是一般草根社团难以具备的,因此其依法取得法人资格的难度相当大。因此社团法有必要降低取得社会团体法人资格的条件,不同类型的社会团体法人的注册资金等最低要求可以区别对待,促使更多的社团特别是草根社团能够依法取得法人资格。

社团申请成立互益性社会团体法人的,宜采用准则主义设立模式,行政部门对于符合法定条件的社团均应给予注册登记,没有行政自由裁量权。

社团申请成立公益性社会团体法人的,只需在满足法定条件的基础上获得相关行政部门的许可,然后到注册登记部门进行注册登记即可。换言之,对于经过许可的社团,登记部门必须予以注册登记,无须再次获得登记部门的许可。许可部门应该根据社团法所规定的详细的公益认定标准作为审查依据,最大限度地减少行政自由裁量权对社团设立行为的干预和影响。

这样不仅简化了社团取得法人资格的程序,缩短了申请时间,提高了行政效率,而且可以有效避免在现行双重许可制条件下因业务主管部门与民政部门的认定标准不同所导致的法人资格难以获得、行政效率低下等弊端。依法取得法人资格的社团能够享受更多的税收优惠,获得更多来自国家的政策支持,对这类社团进行社会捐赠的组织和个人也可以享受更多的税收优惠,是国家鼓励发展社会公益事业的体现。

这样就形成了任意团体的自由主义设立模式,非法人社会团体和互益性社会团体法人的准则主义,公益性社会团体法人单一许可主义相结合的宽严并济的社团设立模式,设立条件由低到高,设立程序由宽到严,优惠待遇由少到多。

二、会员资格的取得和丧失

(1)会员资格的取得:会员根据自愿原则组建和加入社团从而取得会员资格。社团的会员资格原则上不得转让、赠与和继承,但社团章程可以做出不同规定。

(2)会员资格的丧失:①因退会而丧失。会员根据自愿原则可以自由退会,对此社团章程根据社团利益可以做出合理的时间等方面的限制性规定,如要求会员只能在社团一个财务年度届满时或完成对社团事先承担的一定的义务以后才能退会。这是会员基于自愿入会以后对社团所应负有的忠实义务和服从义务的客观要求。②因社团罚而丧失。会员不遵守社团章程、严重违反会员义务或严重损害社团利益的,根据社团章程规定的条件和程序,可由会员大会决议将其开除,社团章程所规定的程序应该旨在通过规范的程序确保对会员的处罚结果是公平、公正、合理的,确保会员的合法权益不受侵犯。由理事会等非会员大会机构决议开除的,应该以社团章程有明确的规定为前提,会员应该有权向会员大会提出申请,要求对该开除决议进行审查,会员大会有权认可该开除决议或宣布其无效。如果会员对被开除的决议不服的,有权以社团为被告向人民法院提起民事诉讼来维护自身的合法权益,社团的主要负责人,如理事长,应作为社团的法定代表人代表社团参加诉讼。这是社团与其会员的法律人格相互独立的客观要求。

三、会员的权利和义务

会员的权利和义务属于社团章程规定的范畴,法律不宜做过多强制性的规定,但是社团章程对于会员权利不能进行过多和不当限制,下列会员权利在社团章程中应该得到明确承认和保障:①入会和退会的自由;②参加会员大会的权利;③表决权;④选举权和被选举权;⑤优先获得社团服务权;⑥批评建议权;⑦监督权;⑧获得救济权。

会员在享有以上权利的同时对社团也负有一定的义务,社团章程有权规定会员对社团负有以下义务:①对社团的忠实义务;②按时足额交纳会费的义务;③对社团的服从义务。社团的成立从本质上来讲是基于契约关系而建立的,契约关系的本质要求会员必须遵守社团章程和组织纪律,忠实地履行会员义务。当然社团章程也有权规定免除特定会员的特定义务,比如对于经济条件特别困难的会员可以免除其交纳会费的义务。同时对于严重违反社团章程、严重损害社团利益或违反法律法规的会员,社团有权对其给予纪律处罚甚至将其开除。

四、治理结构

无论是否具有法人资格,社团均必须具备组织章程,作为社团自治的纲领性文件。社会团体法人的治理结构应该是社团法的重点规范对象,并借鉴公司法人治理结构的模式,要求其必须设立会员大会、理事会和监事会(或监事)。会员大会是社团最高权力机构和意思形成机构,理事会是对外代表机构和事务执行机构,监事会为内部监督机构,以此实现社团决策权、执行权和监督权的相互分立、平衡与制约。

(一)社团章程

社团章程是社团自治的纲领性文件,严格意义上讲确定社团章程的内容属于社团自治的范畴,但是为了更好地规范和调整社团活动及相关社会关系,社团法有必要对社团章程的必要记载事项进行明确规定,在此基础上再由社团会员自行决定社团章程的具体内容。结合非营利组织发达国家的立法实践以及我国实际情况,本文认为法人社团章程的必要记载事项应该包括以下几个方面的内容:①成立本社团的宗旨和目的;②社团的名称和住所;③社团的业务活动范围;④社团的最高权力机构及其召集条件、程序和决策机制;⑤社团对外代表机构和日常事务执行机构及其决策机制,人数、任期和任免;⑥社团内部监督机构及其职权,人数、任期和任免;⑦会员资格的取得和丧失,会员的入会和退会,会员的权利和义务;⑧社团罚的事由、程序和种类,会员的陈述权、申辩权和救济权,以及开除会员的决议机构;⑨关于社团终止和解散时财产分配的规定。社团的非营利性决定了社团章程不得规定社团收入在会员之间进行分配或分红,也不能规定社团终止和解散后剩余财产归会员所有;⑩社团章程的修改程序。

社团章程的修改应遵循以下原则:①必须通过召开会员大会进行,参加会员大会的人数应该达到法定最低人数;②在召开之前向会员发布会员大会的书面通知,通知中应当载明召开会员大会的目的或目的之一为修改社团章程,以便给会员以必要的准备时间;③修改社团章程必须以特别决议的程序经与会人数四分之三以上多数通过才能生效;④通过修改社团章程改变社团宗旨或目的的,属特别重大事项,必须经全体会员以书面形式明确表示同意并报相关行政部门许可。社团章程其他必要记载事项的变更应当报相关行政部门备案。

依法取得民事主体资格的非法人社会团体的组织章程的必要记载事项包括:①成立本社团的宗旨和目的;②社团的名称和活动场所;③社团的业务活动范围;④组织机构的设置和运行机制;⑤社团对外代表人及其权利、义务;⑥社团解散后的财产分配。社团法应明确规定其必须具备对外代表人,且组织章程应该要求其对外代表人负有将社团债务限定于社团财产范围内的义务,以及对社团的忠实义务、勤勉义务、谨慎注意义务和服从义务。

(二)会员大会

1. 法律地位

社会团体法人应该成立会员大会。会员大会是社团的意思形成机构和最高权力机构,其在社团中的地位十分类似于公司法中所规定的公司的股东(大)会在公司中的地位。

2. 会员大会的组成、召开和决策机制

会员大会由全体会员组成,根据会议召开时间的不同,分为年会、例会和特别会议三种形式。会员大会会议须有三分之二以上会员出席才能召开。会员大会会议的决议分为一般决议和特别决议两种形式,一般决议须经与会人数过半数通过才能生效;特别决议必须经与会人数四分之三以上通过才能生效,变更社团宗旨或目的等特别重大事项须经全体会员明确表示同意才能通过。社团章程中也可以就会员大会的法定最低人数以及有效决议的票数做出更高规定。

3. 会员大会应享有下列职权:变更社团章程的权力;做出对会员惩罚的决议;理事、监事和财务人员的选任权、监督权以及解任权;终止或解散社团权。以上权力的行使都应该遵守社团章程中所规定的程序进行。

(三)理事会

社会团体法人应该建立理事会,理事会由理事组成,由会员大会选举和任免。理事会是社团的对外代表机构和日常事务的执行机构,对社团、会员大会及全体会员负责,是会员大会的执行机构,对外代表社团活动。理事长是社团的法定代表人。理事应当接受会员、会员大会和监事会的监督。社团章程中应该规定理事会的人数、理事的条件、职权、义务、责任、免责事由、任期和任免程序等内容。

理事会享有的职权:(1)对外代表权,理事会对外代表社团,在职权范围内执行事务的法律后果归属于社团承担;(2)社团事务执行管理权,作为会员大会的执行机构,理事会负责社团日常事务的执行和经营管理。

理事的义务:(1)忠实义务,要求社团理事把社团利益放在高于自身利益的位置,不能为了一己私利而损害社团利益,不能以权谋私;(2)勤勉义务,作为理事会的会员,理事应当具有勤勉敬业的职业道德,执行社团事务负有不得懈怠的义务;(3)谨慎注意义务,理事会对外代表社团,理事负有善意、尽普通谨慎之人在相同情况下的注意义务,以理事合理的认为符合社团最高利益的方式行事。理事违反谨慎注意义务给社团造成损失的应当承担赔偿责任,同时为了避免理事因担心会承担此责任而瞻前顾后、犹豫不决从而影响社团的活动效率,理事在履行职责时依法和社团章程行事而最终被证明对社团不利的,仍然可以免责。同时理事因合理并具有充分理由而信赖社团财务等专业人员提供的信息而做出的决策也可作为免责事由;(4)服从义务,理事应严格贯彻社团宗旨并模范遵纪守法。在以上法律规定的基础上社团章程可以做出具体的或补充性规定。

至于理事会是否必须选举和任命秘书长,基于实践中理事会与秘书长的责权划分难,秘书长的职权往往掌握于理事长手中并且易于导致政出多门的事实,社团法宜采用"可替代模式",即不强制性地要求社团必须设置秘书长作为日常事务的执行人,而是将是否设置秘书长的决定权留给社团本身,根据社团章程的规定,决定是否需要由理事会选举秘书长作为日常事务的主持者。如果没有设置秘书长一职,那么理事会就是社团日常事务的主持者和执行者。

(四)监事会

社会团体法人应当设立监事会,监事会是社团的内部监督机构,由社团会员组成,会员大会任免,与理事会的地位平等,负责对理事会、理事和社团高级管理人员的行为进行监督和纠正。应该享有以下职权:(1)监督理事对社团事务的执行情况;(2)监督社团的财产状况,有权查阅社团会计账簿,要求理事及财务人员接受其质询;(3)就上述情况向理事会提出建议;(4)针对理事等高级管理人员和理事会的违法或不当行为提出纠正或改善意见,必要时向会员大会报告并召集会员大会。社团章程中还应该规定监事会的人数、监事的条件、职权、义务、责任、免责事由、任期和任免程序等内容。

对于监事会成员的构成,社团法应该要求其中必须包含具有法律、财务知识背景和能力的成员,以便提升监事会的监督能力,将监督职责落到实处。同时对监事会成员的资格应做出具体规定,包括必须是完全民事行为能力人,与理事会或秘书长之间不存在可能影响其监督职责正常履行的社会关系等禁止性条件。

五、财产关系

社团的固有财产、会费收入、政府资助、社会捐赠以及经营收入构成社会团体法人的财产,这些财产归社团及其全体会员共有。理事会及其理事负有保证社团财产保值增值的义务,社团经营管理过程中产生的债权债务由社会团体法人享有和承担,理事会对外代表社团活动的法律后果也由法人承担。社团支出应当考虑其自身性质、社团宗旨、目的事业和财产来源。因此社团财产应受到以下限制:①非营利性决定了社团不能将营利作为社团的宗旨和目的;社团从事营利性投资活动或经营活动的范围和方式要符合法律、法规的要求;社团开展经营活动所得收入不得用于向会员分配或分红,只能用于社团活动经费和目的事业。②社团终止或解散后剩余财产不能向会员分配,只能转移给性质相同或近似的社团组织。无法转移的则须上缴国库,国库应当尽可能以符合该社团宗旨和目的的方式使用该财产。③对于公益性社会团体法人而言,在财务支出的数量和方向上,有必要遵守社团法所确立年度最低支出(Annual Minimum Expenses)制度,并且只有满足了这一条件才能享受对其直接从事商业活动所得收入的税收优惠。税收优惠应该作为社团的共有财产,并主要使用于社团的目的性公益事业。④虽然财产自治属于社团自治的范畴,但是为了确保社团的财务安全、透明、合法,社团有义务首先自行聘请专门的注册会计师对社团财务进行审计并制作财务报告,并有义务接受和配合行政部门的审计监督。

六、权利、义务和法律责任

社团法应对社团的权利和义务做出专门规定,在明确社团的活动不受任何组织或个人非法干涉的基础上,社团依法在业务活动范围内进行的活动应该受到法律保护。现阶段,为了充分实现社团的独立性和自治性,促进社团健康发展,培育出更多的真正市民社会意义上的独立社团,社团的筹资权和公平竞争权应该是该法重点规定的内容。这两项权利作为社团的基本权利,直接关系到社团的生存与发展大计。

(一)社团的筹资权利和营利禁止义务

对于社团的筹资权,民政部对于《社会团体登记管理条例》第四条第二款所规定的"社会团体不得从事营利性经营活动"的解释明确了社团只要贯彻"禁止分配原则",即"对于其资产及其所得任何会员不私分、不分红,被注销后剩余财产移交给同类其他非营利组织,用于社会公益事业",即可从事投资性经营活动,这在一定程度上拓宽了社团的收入来源,但是仍然无法满足社团生存与发展的需要,特别是无法满足社团扩大公益活动的资金需求,从而成为社团发展公益事业的一个重要制约因素。在市场经济条件下,允许社团从事商业性活动,通过参与市场经济活动来获取利润,用于社团的目的事业,而非用于会员的分配,并不影响其非营利性,这一点已经成为很多国家的共识。诚然,目前允许社团从事投资性经营活动,如果没有健全的法律制度促使社团充分自律并对其进行有效的外部监管,同样可能导致社团背离其非营利性的本质。因此关键在于如何通过法治化路径实现对社团商业活动的引导、规范和监管,而非简单的一禁了之。正如弗斯顿伯格所概括的,现代非营利机构必须是一个混合体:就其宗旨而言,它是一个传统的慈善机构;而在开辟财源方面,它是一个成功的商业组织。当这两种价值观在非营利组织内相互依存时,该组织才会充满活力。

基于目前我国社团筹资渠道仍然偏窄,资金短缺已经成为社团发展瓶颈的现状,有必要通过社团法明确社团的筹资权利和营利禁止义务。具体而言,在原有的各项收入来源,包括会费、社会捐赠、政府资助、业务活动范围内的经营和服务收费、投资兴办经济实体收益以及其他合法收入来源的基础上,应该允许公益性社会团体法人通过直接从事商业活动增加收益。之所以仅将直接从事商业活动的筹资权赋予公益性社会团体法人,是由其同时具有的公益性和法人资格所决定的,一方面有利于通过社团法贯彻和落实对公益事业的各项支持和鼓励政策,有利于促使更多的社团通过努力争取获得公益性社会团体法人资格;另一方面因其具有法人资格,根据社团法的规定应该具备健全的组织机构和规范的运行机制,较之公益性非法人社会团体而言,能力更强、水平更高,因而其成为商业筹资权的主体更具合理性和可行性。

商业活动应理解为在一段时间内连续不断地从事同一性质的营利活动。为了确保公益性社会团体法人的非营利性和公益性与商业活动实现和谐统一,有必要在社团法中为公益性社会团体法人从事商业活动确立必要的基本原则。

1. 商业活动范围限制原则

对于公益性社会团体法人可以直接从事商业活动的范围,应该以其核准的业务活动范围为限。一方面,该法人设立时所核准的业务活动范围与其所属的公益领域是密切相关的,允许其在业务活动范围内从事商业活动,对于其公益事业本身就具有积极意义;另一方面,如果允许公益性社会团体法人从事的商业活动范围过于宽泛,易于导致其偏离自身的公益事业的方向,影响其业务活动的针对性。这一原则同时意味着公益性社会团体法人所能直接从事商业活动范围的有限性,从而确立了"附条件许可主义"的商业筹资模式。

2. 遵守商业活动法律规范原则

公益性社会团体法人直接从事商业活动,与相关市场主体形成了一定的竞争关系,其活动本身都是以营利为目的的,唯一不同的是公益性社会团体法人所获得的利润是禁止分配的。因此必须符合市场经济中等价有偿、诚实信用等基本规律和交易规则,同时遵守针对商业活动所制定的各项法律规范,如《消费者权益保护法》《反不正当竞争法》《反垄断法》等法律法规。通过参与市场竞争,有利于公益性社会团体法人和市场主体致力于提高各自的产品和服务品质,市场交易规则的适用有利于督促公益性社会团体法人依法行事,维护市场经济秩序。

3. 有条件税收优惠原则

对于公益性社会团体法人在业务活动范围内从事的商业活动所获得的利润,应该建立与其他收入相互独立的账簿,依法纳税。并与年度最低支出制度相结合,对于公益性社会团体法人每年用于目的事业的支出额度须达到法定标准,经过申请才可以获得商业活动收入的税收优惠。而在此之前无法直接享受该税收优惠,一方面可以避免公益性社会团体法人低价竞争,扰乱市场秩序;同时有利于对其进行收入用途控制,只有达到年度最低支出标准才能依法最终获得该年度商业活动所得的税收优惠。

4. 风险控制原则

由于公益性社会团体法人所具有的公益属性,因此世界各国对其监管往往比对营利部门更为宽泛和严格,特别是在一定条件下可以享受税收优惠、政府资助和社会捐赠等比营利部门更为广泛的收入来源,因此其财产具有公共性,必须承担对社团财产保值增值、控制风险的法定义务。基于该项原则,公益性社会团体法人所进行的投资活动必须严格受到限制,对于市场风险较大的投资项目应该严格禁止,社团法可以借鉴我国对社会保障基金的相关法律规定,将社团财产的投资方向限定于银行存款、购买国债等稳健的投资方式。

5. 禁止分配原则

公益性社会团体法人的各项收入均不得用于向会员分配和分红,必须严格贯彻禁止分配原则,特别是在放宽对其直接从事商业活动的限制以后,通过商业活动所获取的利润同样不得用于分配和分红,取得的收入除用于社团日常事务的必要支出以外,必须全部用于登记核定或章程规定的公益性目的事业;按照登记核定或章程规定,社团注销后的剩余财产应用于公益性目的,或由登记管理机关转赠给与该社团性质、宗旨相同或相似的组织,并向社会公告;社团工作人员工资福利开支应控制在规定的比例范围内,不得变相分配该组织的财产。对此可借鉴目前我国的相关规定,即社团工作人员平均工资薪金水平不得超过上年度税务登记所在地人均工资水平的两倍,工作人员福利应按照国家有关规定执行。

以上五项原则必须同时适用、缺一不可，共同规范和管理公益性社会团体法人的商业筹资行为。同时，为了进一步规范公益性社会团体法人的活动，增强社团的自律性，社团法有必要要求社团建立财务审计制度、信息公开和披露制度，以此为监督社团理事的行为，增加社团信息的透明度，提升社团的社会公信力提供更为充分的制度保障。首先，财务审计制度：社团应当接受行政主管部门委派或聘请的注册会计师负责对社团财务进行审计和监督。其次，信息公开和披露制度：①社团应当保留以下文件：会员大会以及理事会的会议记录、会计档案、会员档案，包括其行使表决权情况的记录；②社团应当在其住所地和主要营业地置备下列文件副本：社团章程、会员信息、会员大会的会议记录、理事会和理事信息、近三年的财务报告。

互益性社会团体法人所享有的筹资权可以现行《民间非营利组织会计制度》规定的范围为限，包括：捐赠收入、会费收入、提供服务收入、政府补助收入、投资收益、商品销售收入等主要业务收入和其他收入形式。税收优惠制度仍可适用现行的《企业所得税法》及其实施条例的相关规定。原因在于与公益性社会团体法人相比，互益性社会团体法人不具有公益属性，主要以会员私人利益为目的而从事活动，即使允许其从事更为广泛的商业活动，也无法要求其将收入所得使用于社会公益事业，这是由社团的性质所决定的，因此没有必要允许其直接从事商业活动来进一步扩大筹资渠道。总之，对互益性社会团体法人仍然采用现行的"原则禁止主义"的筹资模式，即允许其在贯彻禁止分配原则的条件下从事投资性经营活动，但是不享有直接从事商业活动的筹资权，因此与公益性社会团体法人相比，互益性社会团体法人的营利禁止义务的范围更广。

非法人社会团体的营利禁止义务的范围应该与互益性社会团体法人相一致，并且可以依法享受一定的税收优惠。

（二）社团之间的公平竞争权

针对现行《社会团体登记管理条例》对社团所采取的限制竞争原则应该在社团法中予以改变，依法竞争也是社团所应享有的一项基本权利。建议社团法取消《社会团体登记管理条例》第十三条第二款关于在同一行政区域内已有业务范围相同或者相似的社会团体，没有必要成立的，登记管理机关不予批准筹备成立社会团体的规定，明确承认社团之间的公平竞争权，根据自由设立的原则，不对同一行政区域内业务范围相同或相似的社团进行行政干预，而是放手让社团进行公平、公开竞争,这样不仅有利于增强社团的社会竞争力,特别是对于公益性社会团体法人而言,在允许其有条件的从事商业活动的条件下,有利于通过社团之间的相互竞争提高社会服务和产品的品质。而且有利于避免社团利用垄断地位侵犯会员或他人的合法权益。通过社团的优胜劣汰,使优秀社团能够在良性竞争的环境中脱颖而出,获得更多来自国家和社会的支持,优秀社团在政策倡导方面所提出的意见和建议更易于具有代表性、建设性和说服力。因此鼓励社团竞争应该成为我国社团法所确立的一项基本原则,并通过具体的法律规定予以落实,这对于建设和发展成熟的中国社会主义市民社会具有重大而深远的意义。

(三)社团的法律责任

社团以财产为限对社团债务承担法律责任,而社团会员的法律责任形式则根据社团是否具有法人资格而有所不同。社会团体法人的会员对社团的债务承担有限责任,这是由其所属社团的法人资格所决定的。而对于依法取得了民事主体资格的非法人社会团体而言,要求其社团章程规定对外代表人负有将社团债务限定于社团财产范围内的义务,并确立"刺破社团面纱原则",当社团对外代表人违反相关法律或社团章程时,如将社团财产用于个人投资等行为,那么该社团对外代表人个人必须对该社团债务承担法律责任,以维护社团及其债权人的合法权益。同时有必要确立非法人社会团体对外代表人的免责事由,在社团对外代表人没有违反法律和社团章程时,并且主观上没有故意或重大过失的,得以免除其法律责任。而对于对社团事务不具有控制力的会员,对社团债务则仅承担有限责任,这样有利于避免非营利性和严格的无限连带责任对非法人社会团体发展所带来的制度性障碍。对于任意团体,由于其既不具有法人资格也不是非法人组织,对于既不具有法人资格,同时也不是非法人组织的任意性非法人社会团体而言,会员对社团债务须承担无限连带责任,对其规范和管理可以准用个人合伙的相关法律规定。

结 论

行文至此已近尾声,回顾本文的结构和内容,虽然是经过一番慎重思考之后才动笔的,但是应该说还有很多问题尚待深入细致的分析和研究,有些问题是需要向师长和同行请教以后才会有醍醐灌顶之后的新思路的。另外,对于社团立法问题的研究是一项综合性的系统工程,涉及多个学科领域,仅就法学领域而言,它不仅是民法学问题,也是行政法学和经济法学需要研究的问题。受本文研究方向所限,对于民法学以外的社团立法问题特别是公法问题并未多做探讨。

本文综合运用了多种研究方法,以市民社会理论为视角,以民法为基本研究范畴,以中国社团立法问题为主要研究对象。分别选取了社团及其立法比较发达的德国、日本、英国和美国作为比较研究的对象,从各国社团的发展历史和现状中寻找规律,从四国社团立法中总结值得中国借鉴的立法经验,以期对完善中国社团立法有所启示。同时对我国社团的发展历史进行了简要梳理,重点分析了新中国社团及其立法的发展现状、问题和主要原因。在此基础上,提出了完善中国现行社团立法的总体思路,并立足于解决问题的核心,即从民法的角度研究了完善中国社团立法的基本途径,提出应该以民法典的制定为契机,通过在民法典中明确规定社会团体法人和包括非法人社会团体在内的非法人组织的民事主体资格,确立三元民事主体结构,为社会团体开展民事活动提供相应的法律依据。同时抓紧时间制定社团法,社团法应是一部以权利为本位的民事单行法,以社团的设立行为、内部治理、财产关系、权利义务和法律责任等实体性法律规范为主要内容。并对社团法的一般规定、立法宗旨和目的、基本内容及其逻辑顺序,以及必须解决的重大法律问题提出了总体构想和具体建议。旨在通过社团法为增强社团的独立性和自治性,以及培育出更广泛的市民社会意义上的独立社团提供良好的法律环境。

本文基本观点如下:

第一,随着中国市场经济体制的逐步确立和完善,当代中国社会正处于转型时期,中国社会主义市民社会已经初步形成并正在不断发展。

第二,作为市民社会的组织形式和中坚力量的社团已经取得了突飞猛进的发展,在促进中国社会主义市民社会的发育、形成、建设和发展进程中具有不可或缺的重要地位。

第三,按照市民社会指标体系,法律环境是衡量一个市民社会发展水平的重要指标,它对市民社会及社团的发展具有至关重要的影响力。然而在我国社团发展过程中出现的诸多问题均直接或间接的与法律环境因素有关,目前的社团法律环境已经成为阻碍中国社会主义市民社会进一步发展的重要外部因素。因此必须尽快完善现行社团立法,从民法这一私法的角度来探求完善中国社团立法的途径,以制定作为民事单行法的社团法为核心,建立健全与之配套的法律法规,全面贯彻和落实结社自由,推动中国社团进一步摆脱其他困境,进而推动中国社会主义市民社会的发展和成熟。

第四,社团具有多元化的社会功能,成熟的社团应该具备强烈的民主意识和高度的社会责任感,应该是公共政策的有力倡导者,这将是成熟的中国社会主义市民社会的一项重要条件和标志。要充分发挥社团的这项功能,必须及时完善社团立法,为社团不断提高自身能力、实现进一步的发展目标提供健全的法律环境,只有这样才能完成其在建设成熟的中国社会主义市民社会进程中的历史使命。

第五,完善社团立法,建设和发展中国社会主义市民社会是离不开党和政府的大力支持的,这是由中国国情以及党和政府的性质所决定的。

第六,目前中国社团发展中出现的主要问题集中于其合法性问题、民事主体资格问题、独立性问题、筹资权利和营利禁止义务问题、社会公信力问题、公平竞争权问题、法律责任问题以及政策倡导发展水平不平衡问题,根据以上问题可以概括出现阶段我国社团独立性不强和综合能力有待提高的发展现状,反映了中国市民社会的法律环境有待完善的客观需要。

第七,根据目前中国社团发展的实际情况,增强社团的独立性和综合能力应该是社团立法的核心任务。为实现这两项目标,首先应该在民法典中建立三元民事主体结构,明确社会团体法人和非法人组织的民事主体地位,使之能够以合法的民事主体身份参与民事活动。其次,必须抓紧制定社团法,社团法是一部以权利为本位的民事单行法,在整个社团法律框架中居于核心地位。社团的设立行为和条件、社团章程、组织机构和运行机制、筹资权利和营利禁止义务、财产关系以及法律责任应该是社团法所必须规范和解决的重要法律问题。

参考文献

1. [古希腊]亚里士多德. 颜一,秦典华译. 政治学[M]. 北京:中国人民大学出版社,2003.
2. [法]卢梭. 何兆武译. 社会契约论[M]. 北京:商务印书馆,1980(2).
3. [德]黑格尔. 范扬,张企泰译. 法哲学原理[M]. 北京:商务印书馆,1961.
4. [法]托克维尔. 董果良译. 论美国的民主[M]. 北京:商务印书馆,1988.
5. [英]约翰·洛克. 赵伯英译. 政府论两篇[M]. 西安:陕西人民出版社,2004.
6. [英]密尔. 许宝骙译. 论自由[M]. 北京:商务印书馆,1959.
7. [法]孟德斯鸠. 张雁深译. 论法的精神[M]. 北京:商务印书馆,1959.
8. [英]休谟. 关文运译. 人性论[M]. 北京:商务印书馆,1980.
9. [英]霍布豪斯. 朱曾汶译. 自由主义[M]. 北京:商务印书馆,1996.
10. [英]边沁. 沈叔平等译. 政府片论[M]. 北京:商务印书馆,1995.
11. [美]E. 博登海默. 邓正来译. 法理学:法律哲学与法律方法[M]. 北京:中国政法大学出版社,1999.
12. [英]阿米·古特曼等. 吴玉章,毕小青等译. 结社——理论与实践[M]. 北京:三联书店,2006.
13. [英]马克·尼奥克里尔. 管理市民社会[M]. 北京:商务印书馆,2008.
14. [德]卡尔·拉伦茨. 王晓晔,邵建东,程建英,徐国建,谢怀栻译. 德国民法通论[M]. 北京:法律出版社,2003.
15. [德]迪特尔·梅迪库斯. 邵建东译. 德国民法总论[M]. 北京:法律出版社,2001(2).
16. [美]莱斯特·M. 萨拉蒙等. 陈一梅等译. 全球公民社会——非营利部门国际指数[M]. 北京:北京大学出版社,2007.

17. [美]莱斯特·M. 萨拉蒙等. 贾西津,魏玉等译. 全球公民社会——非营利部门视界[M]. 北京:社会科学文献出版社,2007.

18. [美]B. 盖伊. 彼得斯. 吴爱明,夏宏图译. 政府未来的治理模式[M]. 北京:中国人民大学出版社,2001.

19. [日]星野英一. 张立艳译. 民法劝学[M]. 北京:北京大学出版社,2006.

20. [英]基思·福克斯. 陈崎,耿喜梅,肖咏梅译. 政治社会学[M]. 北京:华夏出版社,2008.

21. [德]托马斯·海贝勒,君特·舒耕德. 张文红译. 从群众到公民——中国的政治参与[M]. 北京:中央编译出版社,2009.

22. [美]里贾纳·E. 赫兹琳杰等. 非营利组织管理[M]. 北京:中国人民大学出版社,2000.

23. 谢怀栻. 大陆法国家民法典研究[M]. 北京:中国法制出版社,2004.

24. 江平. 私权的呐喊[M]. 北京:首都师范大学出版社,2008.

25. 郭道晖. 社会权力与公民社会[M]. 南京:译林出版社,2009.

26. 梁慧星. 中国民法典草案建议稿附理由(总则编)[M]. 北京:法律出版社,2004.

27. 梁慧星. 民法总论[M]. 北京:法律出版社,2007(3).

28. 王利明. 民法总则研究[M]. 北京:中国人民大学出版社,2003.

29. 王利明. 中国民法典学者建议稿及立法理由(总则编)[M]. 北京:法律出版社,2005.

30. 刘士国. 中国民法典制定问题研究[M]. 济南:山东人民出版社,2003.

31. 何增科. 公民社会与民主治理[M]. 北京:中央编译出版社,2007.

32. 李锡鹤. 民法基本理论若干问题[M]. 北京:人民出版社,2007.

33. 魏振瀛. 民法[M]. 北京:北京大学出版社、高等教育出版社,2007(3).

34. 史尚宽. 民法总论[M]. 北京:中国政法大学出版社,2000.

35. 张文显. 20世纪西方方法哲学思潮研究[M]. 北京:法律出版社,1996.

36. 渠涛编译. 最新日本民法[M]. 北京:法律出版社,2006.

37. 徐国栋. 人性论与市民法[M]. 北京:法律出版社,2006.

38. 苏永钦. 走入新世纪的私法自治[M]. 北京:中国政法大学出版社,2002.

39. 赵万一. 法性自然——民法精神散论[M]. 北京:法律出版社,2009.

40. 赵万一. 民法的伦理分析[M]. 北京:法律出版社,2003.

41. 谢邦宇主编. 罗马法[M]. 北京:北京大学出版社,1990.

42. 吴玉章主编. 社会团体的法律问题[M]. 北京:社会科学文献出版社,2004.

43. 王新生. 市民社会论[M]. 南宁:广西人民出版社,2003.

44. 王思斌. 社团的管理与能力建设[M]. 北京:中国社会出版社,2003.

45. 王建芹. 非政府组织的理论阐释——兼论我国现行非政府组织法律的冲突与选择[M]. 北京:中国方正出版社,2005.

46. 王建芹. 从自愿到自由——近现代社团组织的发展演进[M]. 北京:群言出版社,2007.

47. 褚松燕. 中外非政府组织管理体制比较[M]. 北京:国家行政学院出版社,2008.

48. 周少青. 中国的结社权问题及其解决——一种法治化的路径[M]. 北京:法律出版社,2008.

49. 刘培峰. 结社自由及其限制[M]. 北京:社会科学文献出版社,2007.

50. 俞可平主编. 治理与善治[M]. 北京:社会科学文献出版社,2000.

51. 俞可平等. 中国公民社会的兴起与治理的变迁[M]. 北京:社会科学文献出版社,2002.

52. 俞可平. 增量民主与善治[M]. 北京:社会科学文献出版社,2005(2).

53. 俞可平. 民主与陀螺[M]. 北京:北京大学出版社,2006.

54. 俞可平等. 中国公民社会的制度环境[M]. 北京:北京大学出版社,2006.

55. 王名,刘培峰. 民间组织通论[M]. 北京:时事出版社,2004.

56. 王名,李勇,廖鸿,黄浩明编著. 日本非营利组织[M]. 北京:北京大学出版社,2007.

57. 王名,李勇,黄浩明编著. 英国非营利组织[M]. 北京:社会科学文献出版社,2009.

58. 邓正来,[英]J.C.亚历山大编. 国家与市民社会——一种社会理论的研究路径[M]. 北京:中央编译出版社,2005.

59. 邓正来. 市民社会理论的研究[M]. 北京:中国政法大学出版社,2002.

60. 马长山. 国家、市民社会与法治[M]. 北京:商务印书馆,2002.

61. 马长山. 法治进程中的"民间治理"——民间社会组织与法治秩序关系的研究[M]. 北京:法律出版社,2006.

62. 李佃来. 公共领域与生活世界——哈贝马斯市民社会理论研究[M]. 北京:人民出版社,2006.

63. 袁祖社. 权力与自由[M]. 北京:中国社会科学出版社,2003.

64. 邓正来. 国家与社会:中国市民社会研究[M]. 北京:北京大学出版社,2008.

65. 秦国荣. 市民社会与法的内在逻辑——马克思的思想及其时代意义[M]. 北京:社

会科学文献出版社,2006.

66. 朱世达. 美国市民社会研究[M]. 北京:中国社会科学出版社,2005.

67. 金锦萍,葛云松. 外国非营利组织法译汇[M]. 北京:北京大学出版社,2006.

68. 金锦萍. 非营利法人治理结构研究[M]. 北京:北京大学出版社,2005.

69. 李本公主编. 国外非政府组织法规汇编[M]. 北京:中国社会出版社,2003.

70. 王名,李勇,黄浩明编著. 德国非营利组织[M]. 北京:清华大学出版社,2006.

71. 黄晓勇主编. 中国民间组织报告(2008)[M]. 北京:社会科学文献出版社,2008.

72. 黄晓勇主编. 中国民间组织报告(2009~2010)[M]. 北京:社会科学文献出版社,2009.

73. 王名主编. 中国民间组织30年——走向公民社会[M]. 北京:社会科学文献出版社,2008.

74. 魏定仁主编. 中国非营利组织法律模式论文集[M]. 北京:中国方正出版社,2006.

75. 刘太刚. 非营利组织及其法律规制[M]. 北京:中国法制出版社,2009.

76. 郑杭生主编. 中国社会发展研究报告2006,走向更讲治理的社会:社会建设与社会管理[M]. 北京:中国人民大学出版社,2006.

77. 卢汉龙主编. 上海社会发展报告(2009)[M]. 北京:社会科学文献出版社,2009.

78. 国家民间组织管理局编. 2008年中国社会组织理论研究文集[M]. 北京:中国社会出版社,2009.

79. 高丙中,袁瑞军主编. 中国公民社会发展蓝皮书[M]. 北京:北京大学出版社,2008.

80. 罗谟鸿,邓清华,胡建华,李芳编著. 当代中国社会转型研究[M]. 重庆:西南师范大学出版社,2007.

81. 莫纪宏主编. 全球化与宪政[M]. 北京:法律出版社,2005.

82. 张勤. 中国公民社会组织发展研究[M]. 北京:人民出版社,2008.

83. 王利民. 论人的私法地位——从一个制度的分析[M]. 北京:法律出版社,2007.

84. 郭捷. 劳动法学[M]. 北京:中国政法大学出版社,2007(4).

85. 谢海淀. 中国民间组织的合法性困境[A]. 见:吴玉章主编. 社会团体的法律问题[M]. 北京:社会科学文献出版社,2004:48-77.

86. 任振兴. 发展民间组织与完善社会管理[A]. 见:郑杭生主编. 走向更讲治理的社会:社会建设与社会管理[M]. 北京:中国人民大学出版社,2006:275-296.

87. 吴玉章. 从结社权利角度看社团管理问题[A]. 见:魏定仁主编. 中国非营利组织法律模式论文集[M]. 北京:中国方正出版社,2006:164-173.

88. 许安标. 非营利组织立法方略简论[A]. 见:魏定仁主编. 中国非营利组织法律模式论文集[M]. 北京:中国方正出版社,2006:139-147.

89. 郇爱其. 我国社会组织内部治理结构研究[A]. 见:国家民间组织管理局编. 2008年中国社会组织理论研究文集[M]. 北京:中国社会出版社,2009:134-150.

90. 田凯. 中国非营利组织治理结构的演变[A]. 见:高丙中,袁瑞军主编. 中国公民社会发展蓝皮书[M]. 北京:北京大学出版社,2008:178-190.

91. [德]多利斯·雷兰克. 德国:结社之国[J]. 中国改革,2005,(11):56.

92. 尹田. 非法人团体的法律地位[J]. 现代法学,2003,25(5):12-16.

93. 高丙中. 社会团体的合法性问题[J]. 中国社会科学,2000,(2):100-109.

94. 刘培峰. 欧盟国家的社团立法:一个初步的介绍[J]. 环境法律评论,2004,(秋季号):288-294.

95. 贾西津. 历史上的民间组织与中国"社会"分析[J]. 甘肃行政学院学报,2005,(3):41-46.

96. Walter H. Moos, Jon C. Mirsalis. Nonprofit Organizations and Pharmaceutical Research and Development. DRUG DEVELOPMENT RESEARCH 70: 461-471 (2009).

97. Boxu Yang. NPOs in China: Some Issues Concerning Internet Communication. Know Techn Pol (2008) 21:37-42.

98. Ping Peng, Parbudyal Singh. Pay equity in Ontario: The case of a non-profit seniors service organization. CANADIAN PUBLIC ADMINISTRATION / ADMINISTRATION PUBLIQUE DU CANADA VOLUME 52, NO. 4 (DECEMBER/DE'CEMBRE 2009), PP. 613-625.

99. Gregory E. Goering. Socially concerned firms and the provision of durable goods. Economic Modelling 25 (2008) 575-583.

100. Nobuko Kawashima. GOVERNANCE OF NONPROFIT ORGANIZATIONS: MISSING CHAIN OF ACCOUNTABILITY IN NONPROFIT CORPORATION LAW IN JAPAN AND ARGUMENTS FOR REFORM IN THE U. S. UCLA Pacific Basin Law Journal. Fall, 2006. 24 UCLA PAC. BASIN L. J. 81.

101. PAUL DAVIS. THE EFFECTIVENESS OF RELATIONAL CONTRACTING IN A TEMPORARY PUBLIC ORGANIZATION: INTENSIVE COLLABORATION BETWEEN AN ENGLISH LOCAL AUTHORITY AND PRIVATE CONTRACTORS. Public Administration Vol. 85, No. 2, 2007 (383-404).

102. STEPHEN ACKROYD, IAN KIRKPATRICK AND RICHARD M. WALKER. PUBLIC

MANAGEMENT REFORM IN THE UK AND ITS CONSEQUENCES FOR PROFESSIONAL ORGANIZATION: A COMPARATIVE ANALYSIS. Public Administration Vol. 85, No. 1, 2007 (9 -26).

103. Chong Un Pyon, Min Jung Lee, Sang Chan Park. Decision support system for service quality management using customer knowledge in public service organization. C. U. Pyon et al. / Expert Systems with Applications 36 (2009) 8227 -8238.

104. Marc Maes. Civil society perspectives on EU - ASIA free trade agreements. Asia Eur J (2009) 7:97 -107.

105. Peter Grajzl, Peter Murrell. Fostering civil society to build institutions, Why and when. Economics of Transition Volume 17(1) 2009, 1 -41.

106. ERIKA MEIN. Literacy, Knowledge Production, and Grassroots Civil Society: Constructing Critical Responses to Neoliberal Dominance. Anthropology & Education Quarterly, Vol. 40, Issue 4:350 -368.

107. Claire Wallace, Florian Pichler. More Participation, Happier Society? A Comparative Study of Civil Society and the Quality of Life. Soc Indic Res (2009) 93:255 -274.

108. Jeffrey Church. The Freedom of Desire: Hegel's Response to Rousseau on the Problem of Civil Society. American Journal of Political Science, Vol. 54, No. 1, January 2010:125 -139.

109. Kees Biekart. Measuring Civil Society Strength: How and for Whom? Development and Change 39(6): 1171 -1180 (2008).

110. Diana Coole. Repairing Civil Society and Experimenting with Power: A Genealogy of Social Capital. POLITICAL STUDIES: 2009(57):374 -396.

111. David J. Hess, Rensselaer Polytechnic Institute. The Potentials and Limitations of Civil Society Research: Getting Undone Science Done. Sociological Inquiry, Vol. 79, No. 3, August 2009, 306 -327.

112. Sonja K. Pieck, Sandra A. Moog. Competing entanglements in the struggle to save the Amazon: The shifting terrain of transnational civil society. Political Geography 28 (2009):416 -425.

113. Shannon Gleeson. From Rights to Claims: The Role of Civil Society in Making Rights Real for Vulnerable Workers. Law & Society Review, Vol. 43, No. 3 (2009):669 -700.